凶宅·鬼墓天书

天下霸唱

天下霸唱◎著

作家出版社

图书在版编目(CIP)数据

凶宅·鬼墓天书/天下霸唱 著.—北京:作家出版社,2014

ISBN 978-7-5063-6231-3

Ⅰ.①凶… Ⅱ.①天… Ⅲ.①长篇小说—中国—当代
Ⅳ.①I247.5

中国版本图书馆CIP数据核字(2014)第264038号

凶宅·鬼墓天书

著　　者:天下霸唱
责任编辑:汪　洋　晓　寒
装帧设计:姚姚工作室
出版发行:作家出版社
社　　址:北京农展馆南里10号　邮　编:100125
电话传真:86—10—65930756(出版发行部)
86—10—65004079(总编室)
86—10—65015116(邮购部)
E—mail:ZUOjia@ZUOjia.net.cn
http://www.haozuojia.com(作家在线)
印　　刷:北京凯达印务有限公司
成品尺寸:710mm×1000mm
印　　张:21
版　　次:2014年2月第1版
印　　次:2014年2月第1次印刷
ISBN 978-7-5063-6231-3
定　　价:35.80元

目 录

第一卷　凶宅猛鬼

我是广州人,二十九岁,名叫冯一西。我一直觉得这名字很奇怪,一西一西,这岂不是说要一命归西吗?以前,我问过父母为什么要给我起这么个名字,老爹说:“这是你二舅给起的,他曾经是个有名气的作家。我跟你娘都没什么文化,所以生你的时候就让你二舅给你起的名字。”我又问:“这名字好吗?”我爹就反问我:“难道不好吗?又响亮,又洋气。”不过二舅在我四岁的时候就去世了,所以懂事之后也就没机会问他给我起的名字是什么意思了。

大学毕业之后,在北京的一家外企找了份工作。在接下来的几年里,还算混得不错,当上了部门经理,薪水比刚参加工作的时候简直是不可同日而语。同时也交往了一位条件相当不错的女朋友,她叫韩雯娜,长得漂亮,模特身材,而且性格开朗善良。我这个人也没有什么远大的志向,找个好老婆,多赚些钱,安安静静地过日子,我就觉得很满足了。所以照这么看,这二十七八年来我的人生大概也算一帆风顺了。

可是常言道:“天有不测风云,人有三衰六旺。”命运有时候真的像是在捉弄人,也许是我这些年太顺了,所以老天爷要考验考验我(也许说折磨折磨更恰当)。从2004年开始,我的生活发生了翻天覆地的变化,在这一年中很多恐怖而又难以想象的事情在等待着我。

2004年初,我到杭州出差。公干之余,我顺便游览了天下驰名的灵隐寺。

那里因活佛济癫而闻名，数百年来香火十分旺盛，我慕名已久，一直都很想去看看。那日因为贪睡，起得晚了，到灵隐寺的时候早晨的法事表演已经结束了。不过，我向来不信神鬼之事，所以也没觉得有多遗憾，心想只不过没看到一场热闹而已。就随意闲逛，观看风景古迹，那寺庙与飞来峰果然气势非凡，我这么走走看看的，不知不觉已经过了中午，感到肚子饿了，于是到庙外寻了间卖素斋的店铺，随便点了两样菜，要了壶龙井茶，虽无酒肉，倒也吃得十分香甜。我坐的位子紧挨着临街的窗户，看见外边有个摆摊测字算命的老者，他身前的桌子上挂着一块牌子：测字十元，解签二十。我心想这旅游景点怎么也有摆摊算命的？这不是宣扬封建迷信吗？随即又一想：噢，大概也是景区的特色服务吧，特意要制造一些古代的氛围。我一向对测字算命很感兴趣，虽然我没有迷信思想，但是觉得这门学问很深奥，测得好的人智商一定不低，便决定吃完饭后也去找那测字先生测几个字。

我之所以对此感兴趣，是因为以前听过一段刘宝瑞的单口相声，十分有趣，相声大概的意思就是说有个测字先生，测字测得很准，有三个地痞想找他的麻烦，这三个无赖都要测“猪”字，测字先生给他们测的结果分别是，老大被人请客吃饭，老二被人送一套衣服，老三被人暴打一顿。结果应验了，三个无赖十分好奇，就问先生这是何故，为何三人都测“猪”字，结果却有好有坏？先生说：“这并不奇怪，你们三位都报‘猪’字，这第一个猪啊，这叫肥猪拱门，养猪的主人就想猪为什么拱门呢？大概是饿了，所以给猪点吃的。第二次猪又来拱门，主人想猪吃饱了还拱门，大概是冷了，给加点草吧。第三次猪来拱门，主人就不高兴了，猪吃饱了盖暖了还拱门，这不是找打吗？”我对相声中这位测字先生的机智佩服得五体投地。

不多时吃得茶足饭饱了，就付了饭钱；径直走到测字先生面前。这位测字先生大约六十岁上下的样子，容貌清癯，身上穿的衣服也是一尘不染。

他见我走过来，就对我一笑，招呼我坐下。问我：“年轻人，要测字还是求签啊?"

我说:"老先生,我先测个字吧。"

测字先生点点头,递给我一张纸和一支笔,让我把要测的字写在上面。我想我名字里有个"一"字,这个字写法最为简单,而且"一"有第一的意思,算的结果必然不错。心里虽然明白君子问祸不问福的道理,但是还是担心测出不好的结果来,就算不迷信的人,也希望听别人说点好话。于是就提笔在纸上写了个"一"。

测字先生对着我写的这个字,面色沉重,很久没有答话。我觉得纳闷,就连声催促:"是好是坏,您倒是给解释一下啊。"

测字先生叹了口气:"小伙子,这个'一'字,是生的最后一笔,也是死的头一笔。一者,生末死初也。主有大凶,九死一生矣。"

我一听这话,也觉得有点担心,就忙问怎么能避凶免祸。还没等那位测字先生回答,就连忙又说:"你算得准不准啊?要不然我换个字成吗?这'一'字不算,咱就当没测过怎么样?"

测字先生苦笑一下:"字为心画,心乱则字乱,运衰则字衰,可一而不可再,这是改变不了的。不过我看你这个字写得笔意饱满昂扬,毫无衰败之象,说明你身体健康,性格达观,这样未必便无生机,如果能谨慎言行,万事顺其自然,勿强行逆施,多行善举,凭你的造化也许能渡过此劫。"我听他这么说才算放心,我历来胆大,不信怪力乱神之事,今天听这测字先生一说,不知为什么很是害怕,不由得暗骂自己没用,再说他也许就是个跑江湖骗钱的,肯定是信口开河。怎么就叫他给唬住了。但是看那测字先生的气度举止,又丝毫不似那些街边的骗子。觉得自己找的理由不太妥当。

心烦意乱之下也不想再多说别的了,交了钱之后就匆匆忙忙地回了宾馆。过了一两日,这件事便抛到脑后去了。

回到北京之后没有多久我就迷上了赌球,刚开始抱着玩玩的心态,买了几场亚洲盘,竟然全都赢了,觉得这个可比上班轻松多了,然后人就像是着了魔一样。开始每星期都玩,但是玩得越多,输得也就越多。然而输得越多,也就越停不了手。到了后来头脑一热,辞了工作,在家里没日没夜地下注。三个多月不停地输,当我彻底明白过来我根本不可能再把输掉的钱捞回来的时候,我已经欠了庄家四十多万。

我不得不把我一切值钱的东西全都卖掉,再加上我准备结婚时买房子的存款(这些钱里有很多是我父母给我结婚用的),全部用来还了赌债。在和庄家结了账之后,我已经倾家荡产,身上只剩下一千多块钱。

回到家之后,我悔恨交加,想哭又哭不出来,啪!啪!啪!啪!自己抽了自己几个耳光。躺在床上,感觉身体像被掏空了一样,脑子里一片混乱。最后好不容易让心情平静了下来,整理了一下思绪:如今工作没了,钱也没了。还怎么去面对女友,她对我实在是太好了。唉,一想到她,忍不住心里一酸,又是愧疚,又是难过。还有在广州的父母,父母都是普通的医生,一辈子省吃俭用,供我上学读书,我现在这个样子,他们知道了会有多伤心。

最后我选择了逃避,我给我的女朋友用手机发了一条短信,跟她提出分手,然后把手机卡拿出来扔了。揣着仅剩的一千多块钱,收拾了几件随身衣服和一些必需品就离开租住房。在北京火车站买了张到天津的火车票。其实我实在是舍不得韩雯娜,之所以选择到天津去,是因为这两个城市离得很近,想到和她离得近一些,我心里便稍微舒服一点。

到了天津之后,我联系了以前大学时的同学,他是和我关系很铁的柴勇。我们毕业之后虽然各奔东西,但仍然保持着战友加兄弟般的友谊。因为他体形很胖,我称他为"肥佬"。他是天津土著,在银行工作,已经结婚一年多了。

我们见面之后,肥佬带我回到他家里把行李放下,然后请我到一家火锅店吃饭,我们喝了不少啤酒,我对哥们儿自然没什么隐瞒的,再加上这些事憋在心里很久了,正需要找个人倾诉一番。酒入愁肠,很快就醉了,等意识恢复的时候发现躺在肥佬家的床上。

肥佬告诉我他老婆这些天被他打发回娘家住了,让我就先住在这里,等他帮我找到住的地方再走。肥佬又劝我:“给韩雯娜打电话把实情说出来,你们俩的感情那么好,她肯定不会责怪你的。”

我说:“别说了,别说了。你就给我留点尊严,行吗?我要是能跟她说我早跟她说了,我赌球输得精光,哪还有脸再见她,这事要是让她知道了,我还不如死了算了。总之我这辈子对不起她,下辈子去给她当牛当马补偿好了。”

肥佬又劝了一会儿,见我的态度坚决,也就不再多说了,拿出一沓钞票来说:“这是两千五百块钱,是我这月的工资,还没交给我家的母老虎,你现在缺钱,先拿着用去。”

我心里感动,嘴里说不出话来。我知道肥佬性格厚道真诚,用不着跟他客气,就把钱接了过来。想说点什么,眼泪却止不住流了出来。

肥佬结婚了,我不能在他家里长住。我盘算着先租个房子住下,马上去找份工作。第二天,肥佬去上班,我就出去租房子。在中介中心看了几个都不合适,租金都太高,我给自己定的预算是三百到三百五一个月,在没确定工作之前,一定要省着过。

我正在贴满租房信息的墙上翻看,忽然其中一张掉了下来,我捡起来一看,哎,这挺合适的,租金三百三一个月,十五平方米,家具齐备,地点靠近第一工人文化宫,离东站不远。于是我交了信息费,要了详细的地址和房东的联系电话,和房东约好了时间,过去看房。

房东是个又矮又胖的中年女人,特别能说,一开口就跟挺小机关枪似的哒哒哒地说个没完,让我称她“梅姐”。梅姐热情地带我看了我想租的房子,这一带都是解放之前的老式洋楼,房子格局都差不多,都是一个小院里面带一幢小楼,有三层的和两层的,每一幢小楼里面大约住了六到八户。

我打算租的那间在一楼楼道的尽头,说是楼道,其实没多长,七八步就能走到头,一楼一共四个门,房东说这栋楼的一楼只有两家有人,上面也是住了两家。我问梅姐这房子的地点这么好,怎么空一半没人住呢?梅姐好像没听见,只顾着掏钥匙开门。

开了门,扑鼻而来的是一股发霉的潮味。

我说:“这房子有年头没人住了吧,这味儿可真够猛的啊。”

梅姐说:“这房子我买了才一个月,以前一直空着,也不知道空了多久了。”

我们一边说一边进了房间,在迈过门口的那一瞬间,我突然产生了一种冷得起鸡皮疙瘩的感觉,身上像是被泼了一盆冰水,但是这种感觉转瞬即逝,快得就好像根本不曾发生过。我想可能是最近一段时间受的打击太大,睡眠不足,产生了错觉,也就没多想。

进屋一看,房间不大,我和梅姐两个人往屋里一站,就觉得空间局促。屋顶上正中是一盏兰花形吊灯,屋里也没什么家具,一个衣柜,一张桌子,一张老式单人床,连把椅子都没有。最里面的墙角还有个带着一面镜子的梳妆台,镜子上全是灰尘,已经脏得照不见人了。看来这以前是个女人住的房间。我觉得这间房除了脏一些潮一些之外也没什么缺点,收拾收拾完全能住。于是和梅姐商量了一下,要定下来,先付三个月的房租。

梅姐说:“兄弟你先别着急呀,着嘛急啊,这房子的事我得先跟你说道说道。这房啊,是我刚买的,当时我就图便宜了,后来一打听才知道,这地方不干净,是处凶宅,以前死过人,所以没人愿意来这儿住。你大姐我也是一实在人,不能蒙你。我看你是一大小伙子,人高马大的,阳气这么足,可能也不在乎这些乱七八糟的事;所以才带你来,你再考虑考虑,敢住吗?”

我一想:死人就死人呗,这世界上从古到今都死了不止几千亿人了,要是真有鬼,哪还有活人能住的地方啊。死过人的地方,顶多是有些晦气,反正我已经倒霉到底儿了,无所谓了。何况这地方第一便宜,第二地处市中心,交通便利,找工作也方便。再者说来,我一个大男人要说不敢,岂不让梅姐这女流之辈笑话,于是把心一横说:“大姐您放心,没事,弟弟我还就不信邪的,这房子我租了,不就死过人吗?我父母在医院工作,医院停尸间我都进去看过几十回了,死人我见多了。”

梅姐一听乐了:“兄弟你可真能贫啊,那停尸间是随便进着玩的吗?不过既然你不怕,大姐我就放心了,以后万一有什么缘故你不想住了,我按日子退给你钱。”

然后梅姐又交代了一些水电之类的事项,草草写了份合同,钱契交割妥当之后,天已经黑了。

我回到肥佬家,肥佬见我这么快就找到房子,也替我高兴,说我比昨天刚到天津时精神好多了,我知道他接下来又想劝我给韩雯娜打电话,就赶紧递给他一支烟把他的话堵了回去。

第二天,肥佬请了假帮我收拾房子买生活用品。我们一早先去超市,买了些锅、碗、电炉、方便面之类的,肥佬从他家给我搬了一套全新的铺盖和一台五十三厘米的北京牌旧彩电说是给我晚上解闷。开着他的白夏利,一起来到了我租的房子。

我们俩正手忙脚乱地从车里往外拿东西,一个十一二岁的小男孩跑过来问:“大哥,你们是新搬来住的吗?”

我一看是个小孩,就没想理他,心说这小孩真烦人,星期三大早起来不去上学,在这儿捣什么乱啊。

这时从楼门里出来一个年轻女孩,约有二十岁,长得十分秀气可爱,对那个看我们搬东西的小男孩说:“小弟,别淘气,快回屋里去。”

小男孩一撅嘴:“不嘛,他们是新搬来的,我要帮他们搬家。”

小孩的姐姐看他不听话显得有点生气,向我和肥佬点点头打个招呼,就转身进去了。

我赶紧问那个小男孩:“那女的是你姐姐是吗?我听你们口音不像天津

人，你们也在这楼里住吗？”

我话刚说一半，脑袋后面挨了一巴掌，扭头一看是肥佬。

“你小子昨天还想自杀呢，无精打采的跟个行尸走肉一样，今天一看见漂亮姑娘就又复活了。赶紧搬东西，再起花花肠子，我先替韩雯娜抽你一顿。”

我挨了一巴掌，心想这小子怎么最近长脾气了，正想教育他几句，听他一提韩雯娜的名字，马上就没了脾气。一声不吭地往屋里搬东西，小男孩也帮忙搬。

肥佬一进屋就捂鼻子：“这屋潮气够大的，你在这儿住小心得关节炎啊，等过些天我再给你找个别的地儿。这地方不是人住的。”

我说：“放心啦，我是特殊材料制成的人，哪里艰苦我就要到哪里去，不会让党和人民失望的。”

肥佬说：“我靠，党和人民要指望你，中国早完了。”想了想又补上一句：“你什么时候混成党员了？”

我说：“呵呵，我开玩笑呢。”

我们俩拌着嘴，可手里没停，不一会儿就把屋子从上到下彻底打扫了一遍，肥佬拿了块布想擦梳妆台的镜子，刚一擦就觉得不对劲，用手一抹，从镜子上撕下来一大片黄纸，不仔细看还以为是灰太多把镜子遮住了。镜子上贴纸，把肥佬搞得莫名其妙，他骂了一句，就把纸撕下来，用抹布在镜子上乱擦一通。

我看了一眼他扔在地上的那张黄纸，上面用红墨水画了很多符号，像古代的篆书，又像是甲骨文，不知道在镜子上贴这东西搞什么鬼。我心想：这他奶奶的才叫鬼画符呢，没人能认识。一扫帚把这张破黄纸扫到土簸箕里，小男孩接过来拿到楼外的垃圾箱里倒了。

十几平方米的房间很小，三个人没用多久就收拾了一遍，我们就坐下来休息，肥佬从外边买了几瓶可乐分给我们喝。屋里没椅子，小男孩坐在桌子上，我跟肥佬坐在床上，三个人的体重（肥佬一个顶俩）压得那破床“咯吱咯吱”地响，我们边喝可乐边闲谈。

通过跟那个爱帮忙的小男孩聊天，我得知他叫杨宾，是安徽人，父母都去世了，跟他姐姐杨琴来天津做生意，在滨江道开了个小店卖服装，也是在这儿租的房子，已经住了半年多。这时已经差不多中午了，肥佬说咱们弄点吃的吧，我留杨宾一起吃饭，杨宾说还要帮他姐看店，就走了。

我对肥佬说："这个孩子真不错，天生热心肠，还勤快。"

肥佬冲我一翻白眼说："是个人就比你强。你还不如小孩呢，你现在连敢于面对自己的勇气都不具备。"

我无话可说，不停地抽烟，真想死了算了。肥佬见我不接他的话，也点了支烟抽起来，房间本来就不大，两人一起抽烟，顷刻间便烟雾弥漫。

肥佬好像突然想起来什么，对我说："我刚一进门觉得这屋里潮气很大，好像有什么东西泡得发霉了，但是咱们收拾房间的时候，清理了不少灰尘。按说如果房间湿气很重，不应该有这么多落灰。"

我一想还真是的。总觉得有点奇怪，但是一直没想到这个："是啊，我看各处都很干燥，也没有什么受潮漏水的地方。"

肥佬说："柜子里看了吗？是不是里面有什么东西受潮了？"

我说："柜子里能有什么？我觉得应该是空的。"说着话，就从床上下来，打开下层的柜门一看，里面横七竖八地放着几本书和一些杂物，肥佬一见柜子里有东西，也走过来看。

我们俩把柜子里面的东西都掏出来，书都是些宋词元曲选辑之类的，书页并未发黄，没有什么受潮的迹象，杂物包括一把浅绿色的塑料梳子，一个搪瓷茶缸，一支没有笔尖的钢笔，一个没有字的红皮记事本等，从里面还钻出来两只蜘蛛，我抬脚踩死一只，另一只跑得快，钻柜子底下去了。

我们看了看这些东西，没什么特别的，就顺手堆在地上。但是柜子的上层让人大吃一惊：六枚长钉子钉在一张黑白照片上。

我拔起其中之一看了看，钉子又扁又长，钉身上生了不少铁锈，拿在手里感觉沉甸甸的,似乎是年深日久之物。

我说:“这种钉子我好像在哪儿见过,似乎是木匠用的,对了,这是棺材钉。”肥佬胆子小,忙说:“这屋里怎么会有这种东西?赶紧扔了吧,真晦气。”

我说:“怕什么,钉(定)财的,大吉大利。”肥佬摇摇头说:“这玩意儿还是少碰为妙,现在都实行火葬了,怎么还会有棺材钉,我看这钉子上面全是锈,看来有年头了,说不好是哪个盗墓的从坟里搞出来的,你听我的没错,免得惹祸上身。”

我把其余的五枚钉子全拔了出来,肥佬把原来被钉子钉在柜内木板上的照片拿起来,我也凑过去一起看。这张照片相当大,呈方形,边长四十厘米左右,是一个女人的半身黑白照片,六枚棺材钉分别钉在照片中女人的双眼双耳鼻口。被钉过的这六个地方都是透明的窟窿,所以看不清楚照片中女人的相貌,不过,她应该比较年轻。虽然是黑白照片,但是仍然能看出来她的脸上没有岁月积累出来的皱纹,脸上的皮肤平滑光洁,看来还不到三十岁。

我越看照片越觉得照片里的女人离自己很近,好像她本人就在眼前一样,看不清五官,却感觉她很年轻很漂亮,忍不住脱口而出:“还很年轻啊。”

肥佬说:“这照片怎么这么大?”

我心中一沉,我和肥佬对望了一眼,同声惊呼:“是遗像。”

肥佬吓得不轻,赶紧把“遗像”摆正,双手合十拜了两拜:“晚辈无知,得罪莫怪,得罪莫怪。”

我一看笑了,说:“哥们儿,咱帮她把钉子拔出来了,她感谢咱俩还来不及,怎么说得上是得罪她,难道你的照片被人钉起来,你会觉得很爽不成?”

肥佬脸色郑重,一本正经地说:“你别扯淡,这些事,宁可信其有,不可信其无,死者为大,拜一拜只有好处,没有坏处。反正在这儿住的是你不是我,我怕你刀一……”

我见他为我担心,也不好再说别的,于是我们商量了一下,把那些书本茶缸暂时都放回了柜子的下层。然后用打火机把遗像烧了。

我拿着遗像点火,本来不想再看照片中的女人,却实在是忍不住又看了一眼,照片中女人的双眼是两个被棺材钉扎破的窟窿,窟窿应该是透明的,但是这眼上的两个窟窿显得黑沉沉的,空洞而虚无,就如同是照片中女人的眼球变成了两个深深的旋涡,而且这两个旋涡死死地盯着我。我想把眼睛移开,不打算再看了,却一点也动不了,身体完全失去了控制,仿佛是被旋涡紧紧地吸住,那是一种强大而又无形的力量,让人丝毫没有反抗的余地。

不知不觉中火已经烧去了大半张照片,烧到了我的手指,我手一疼放开了照片,这才回过神来。火焰终于把照片完全吞没了,我松了口气,怕肥佬为我担心,没把刚才的事告诉他。

肥佬把那六枚棺材钉放到他的手包里,说要在回去的路上扔掉,这种东西扔得越远越好。

房间基本上算是收拾完了,时间已经是下午两点钟,我们俩饿坏了,就把从超市买来的电炉拿出,煮了四五包方便面,还有泡菜、啤酒、酱牛肉等食品饮料。

我喝了几口啤酒,脑海中一直浮现着遗像中女人双眼的空洞,挥之不去,不由得头皮发麻。于是我就问肥佬:“你相信世界上有鬼存在吗?”

肥佬正在吃面,听我这么说一下怔住了,想了想,说道:“这种虚幻之事,实在难说,虽然我没遇到过鬼,但是我至少信六七成。”

我点点头。肥佬又反问我:“你信鬼神这一说吗?我估计你是不信的。”

我说:“我不是不相信,不过我更愿意从科学的角度去理解这些事。美国有一个科学家做成过实验,证明一个成年人的灵魂重量是二十一克。还有俄罗斯的宇航员在太空中收到从‘木卫一号’上传来的信号,信号的内容是人类死后灵魂都聚集在那里。他们还观测到无数微弱的小段电磁信号从地球飞向‘木卫一号’……”

肥佬打断了我说的话,给我夹了一大块酱牛肉放在碗里:“你他娘的赶紧吃吧,我看你是科幻电影看多了。"

我吃了一大口牛肉说:"那你他娘的就是恐怖电影看多了。"

两人连吃带聊,话题越扯越远。正喝着酒,抬头一看肥佬不知道去哪儿了,我心想:这小子肾虚,喝了点啤酒就要放茅,可能去厕所了,几时出去的,我倒没有注意。

我表面上虽然有说有笑,其实心中难过之极,只是不停地喝酒,忽然听到有个女人的声音在我耳边说:"死了算了……还是死了的好……"

我这时已喝了不少啤酒,头脑迷糊,抬头向周围看了一看,哪里有人,正在纳闷,那个女声又在耳边说:"死了就没有烦恼了……死了就一了百了……死了好……死了算了……"

这声音温柔可亲,又娇柔妩媚,我感觉整个身体似乎飘飘荡荡地躺在云端,说不出的舒服。我真想按她说的去做,这时有人用力推我肩膀,我头脑清醒了许多,这一来耳畔的女声也就消失了。

我揉揉眼睛,一看肥佬正在关切地看着我。

"你不要紧吧?心里不痛快就少喝点。"

我问肥佬:"你刚才出去了吗?进来的时候有没有听见女人的声音?"

肥佬说:"我哪出去了,你大概是喝高了吧?哪里有女人说话?我没听着。"

我觉得头疼欲裂,对肥佬说:"是有点喝糊涂了,以后咱得少喝点。"

肥佬帮我收拾了碗筷,让我今天早些休息,明天晚上他再过来跟我商量找工作的事情。我把他送出去之后,回屋躺到床上,迷迷糊糊地也不知睡了多久。

半睡半醒之间,耳边又传来了那个女人的声音:"死了算了……活着没意思……死了才得解脱……"

我睁开眼睛循声望去,黑暗中影影绰绰地看见从地下钻出一个黄衣女子,向我冷笑着走来,边走边说:"死了算了……死了好……死了好……"

我想起身下床,身体却动弹不得。四肢不能动,但是心志清醒,知道这是传说中的勾死鬼,心中骂道:丢你老母,看来老爷我要归位了。

我现在虽然倾家荡产,离开了恋爱四年多的女友,也愧对父母无面目回家,但是我还不到三十岁,实在是不想就此死了。我知道只要这黄衣女鬼再喊我几声,我就再也无法收敛心神了,必死无疑。

黄衣女鬼离我越来越近,面貌也依稀瞧得清楚了,她面容白净丰满,只是口鼻一片模糊,唯独两只眼正如我白天所见相片中的那两个黑色旋涡,房间里虽然黑暗,但是这两个黑色旋涡简直比黑夜更加漆黑,是一种完全没有生命迹象、如同太空黑洞一样的黑暗。在她苍白的脸色映衬下,更显得狰狞可怖。

我吓坏了,我承认我当时如果不是全身僵硬,一定会尿裤子的。她似笑非笑缓缓伸出手,往我的脖子上作势要掐,就在她的手刚碰到我的脖子的时候,忽然怪叫一声,化做一团黄雾散去。

我发一声喊,从床上坐起来,呼呼地大口喘气,只见窗外阳光灿烂,耀眼生花,再看看表竟已是早晨十点了。我环顾左右,房间中一切如常,静悄悄的,只能听见自己急促的喘息声和心脏"怦怦怦"的跳动。

难道是南柯一梦?

若说是梦,梦中的情景怎能如此真切?我下意识地摸了摸自己的脖子。这才想起来脖子上挂着一条楠木项链,这是韩雯娜去泰国旅游时给我买的礼物,项链由三十六个细小楠木数珠串成,数珠上微雕着全卷的《南无妙法莲华经》。

当时韩雯娜送给我的时候,说过这是高僧开过光的护身符,希望它佑护我平安吉祥。想不到昨夜,它竟然救了我的性命,我抚摸着项链,思潮起伏,口里默念着娜娜的名字。

中午我又煮了两包方便面,吃过之后躺在床上胡思乱想,我想到这间房子处处透着古怪,再住下去非神经不可,要不要给梅姐打个电话,把房子退掉?

我性格中有一种重大的缺陷,就是太过心高气傲,都说人不可有傲气,但不可无傲骨。傲骨我是不知道自己有没有的,但我自尊心很强,处处不想被别人看低,又自恃头脑灵活身体素质出众,甚至觉得世间事没有我做不到的。若不是过于高看自己,也不至于混到现在这个地步。

江山易改,本性难移,我虽然知道自己性格上的种种缺点,却无法克服。这时想到要找梅姐退房子,不由得又激起了我破罐破摔的傲慢之气,心想我平生从未见过鬼怪,近日来运气衰落,所以这些不干净的东西才会出现,我要是怕了它们,真是枉为男子汉大丈夫了,不过搬家以来的这几件事说来也十分蹊跷,似是而非,缺少有力的证据能证明确实有鬼,说不定就是睡眠不足产生的幻觉。再退一万步想:就算真是闹鬼,鬼把我杀了,大不了我也变鬼,那时候再找害死我的女鬼算账,他奶奶的,大家都是鬼,我还怕她不成?

时间过得真快,转眼间已经下午四点多了,我既然打定主意住下去,就抖擞精神,来到这小楼的院子里散步,说是院子,实在是小得可怜,左手墙边有个小小的花坛,右边拉了根绳子,晾着几件衣服,地面是正方的大块青砖所铺,时间久了,已磨得毫无光泽。

整个小院配着这幢二层的洋式小楼,虽然破旧,却有一种文物古玩所独有的颓废之美。天津民风淳朴,楼里的居民知道我是新搬来的,都很热情,围着我问东问西。

我跟他们闲聊起来,对我的四家邻居也多多少少了解了一些。在一楼除了我之外还有两户,我住楼道最靠里的单元104,旁边一家103没人住,依次往外是杨琴、杨宾姐弟所住的102,最外边是一家三口,一对夫妻和他们的女儿。这家丈夫王师傅四十来岁,下岗在家闲着,偶尔出去做点小买卖,妻子三十五六岁,是个会计,大伙都称她“王嫂”,家里有个七八岁的女儿小华在念小学。楼上两家,分别是一位姓沈的孤老太太,一家开出租的刘师傅,刘师傅家两口人,他和十九岁的女儿刘凤彩。聊了一阵子,快到吃饭的时间了,各家大人都分别去做饭。我光棍一条,自己吃饱全家不饿,饿的时候随便煮几包方便面吃就行了,所以我仍然在院里闲坐。

六点左右杨琴姐弟回来了,姐姐杨琴回家做饭,杨宾看我在院里坐着抽烟,就凑过来跟我聊天。杨宾不上学,又是外地人,没什么玩耍的伙伴,他见我也是外地的,而且没有大人的架子,说话挺逗,就喜欢找我来玩。

我对他也是比较有好感的,于是就跟他有一搭没一搭地闲扯。侃了一会儿,杨宾问我会不会讲故事,我说:“讲故事啊,那我太拿手了,你想听哪种故事?”

杨宾想了想就说:“西哥,讲个鬼的好不好?我在老家就特别喜欢听吓人的。”

我嘴里答应,心中暗骂:“这臭小子,听什么不好,非要听鬼的。这两天老爷我算是跟鬼缠上了,连讲故事都要讲鬼的。今天有必要吓唬吓唬他,要不然以后他还要让我讲这些怪力乱神。”

我正盘算着要讲哪个惊悚的段子,杨琴把饭菜端了出来,招呼我和杨宾一起吃饭。我本想拒绝,但是饭菜的香气扑鼻而来,这种家常菜我很长时间没吃过了,连忙假装咳嗽一声,借机把口水咽了下去。

杨宾也拉着我的胳膊劝道:“西哥,一起吃吧,我姐姐做的菜很好吃,来嘛,来嘛。”

我假装客套了几句,便跟他们坐在院里一起吃饭。杨宾让我边吃边讲故事,杨琴听说我会讲故事也很高兴,让我快讲。我紧扒了两口饭,已经想到了一个段子,我在大学念书时经常给同学们讲段子,工作之后虽然没什么机会表现,但是当年的经验还是记得的,讲恐怖故事需要营造气氛,于是我压低声音不紧不慢地讲了出来:

我讲的这件事啊,非常悲惨,而且绝对是真的(这是我惯用的伎俩,是一种心理暗示,一个“真”字,就立刻让气氛凝重起来,听众也从放松的状态中变得认真了)。

刚解放的时候,有个从军队转业到地方当警察的男人,此人姓林,他的工作是法医鉴定。所谓法医,就是做解剖尸体、勘察命案现场进行分析的工作。公安局配发给这个姓林的警察一部德国进口照相机,为什么给法医配发照相机呢?因为法医要对被害者的尸体拍照存档。

姓林的法医就用这部德国相机拍了很多死尸的照片,这些死尸没有一个是正常死亡的,有出车祸撞死的,有被人用刀砍死的,也有从高处摔下来死亡的。就这样,林法医干这行业一干就是二十年,这部德国相机他始终合不得换掉,因为非常好用,照出来的相片的逼真程度,让看的人以为是真的在看尸体。

这部相机拍的照片早已经不计其数,但是唯一有一点可以肯定的是,林法医从来没有用它给活着的人拍过照。一次,林法医勘察一个命案现场,他带着这部相机,拍了几张有价值的照片。

正在此时,公安厅的领导来现场视察工作,局长也跟来了,因为领导来得突然,没有记者采访,局长想:如此难得的机会,不跟上级合影留念实在是太遗憾了。正发愁呢,看见林法医脖子上挂着部相机,就让林法医给他和领导照张相。这是上级的命令,林法医怎么能不服从,于是调焦距,按快门,“啪嗒”一声,给领导和局长拍了一张。

晚上回到单位,林法医洗相片,发现今天拍的照片都很正常,唯独两位领导的合影有问题,似乎是曝光的原因,整个画面黑乎乎的,两位领导面目全非。

不!不是面目全非,这,这简直就是给死尸拍照时那些尸体的面目啊!

林法医大惊失色:这要是被领导看见,还不得给我穿小鞋啊?赶紧把照片和底片销毁了,然后收拾收拾东西下班回家了。

没想到第二天一上班,就传来了坏消息:头一天拍照的两位领导坐在一辆车里出车祸,全给撞死了。这种情况法医肯定是要到现场的,到了现场一看,两位领导尸体的脸部扭曲变形,看来死的时候受了不少痛苦。林法医突然觉得有点眼熟,这才想起来,与昨天照片中的情景竟然一模一样。他想这部相机拍了无数死亡的照片，莫非是阴气太重，怨念纠结，所以产生了强烈的诅咒？

想到这里不免心情沉重起来，这天下班回家之后，像往常一样看报吃饭，忽然发现自己的相机带回来了，这相机是公家的，他从来没有带回过家里，大概是今天心神不安，无意中带回家来的。唉，明天赶紧带回局里。

晚上正准备睡觉，发现他老婆正在摆弄相机。林法医大惊，说："快住手，这个千万别乱动，太危险了。你刚才有没有用它给自己拍过照片？"妻子摇摇头，林法医这才放心，忽然妻子目露凶光，恶狠狠看着林法医……

我讲到这里的时候，突然把手指向正听得入神的杨宾："可是，我给你拍了一张！"把杨宾吓得两眼发直，张大了嘴再也合不上了。过了半晌，才缓过劲来，捂着胸口说："西哥，你讲得太吓人了，好像真的发生了一样。"

我讲了大半个小时，正是要这样的效果，心中得意，喜形于色。杨琴也吓得够呛："太刺激了，心脏不好的还不被你吓死了。"

然后我又讲了两个笑话，哄得他们姐弟哈哈大笑。正在这时，肥佬从外边急匆匆地走进来，对我说："你又讲段子呢？快奔三十了，还愿意玩这块儿。别废话了，赶紧跟我走，我有急事找你。"

且说我正在院子里给扬琴姐弟讲笑话，被赶来的肥佬拉了出来，离开家走不了几步就是海河，我们俩就沿着河边散步。我是第一次看到天津海河的夜景，两岸灯火辉煌，映得河水金光闪闪，其美难以言表，只不过我心事很多，无心赏玩。

我问肥佬："什么事这么着急，到我屋里说不行吗？还非要出来讲。"

肥佬说："我晚上真的是不想进你的房间，白天我还能壮着胆子。你那屋里诡异得很，你也要多加小心了，不行就换个地方住，别死要面子硬撑。"

我不想让他为我担心，就把话题扯开说："昨天你走了之后，到晚上还真有个女鬼出来，想和我上床，我一看她长得忒不成啊，一嘴大黄板牙，就给她踢飞了。"

肥佬被我逗得呵呵直笑："你就是个肉烂嘴不烂的人，刀尖顶着胸窝子，也忘不了说些废话。"

我问他："究竟什么急事，不会就是让我换房子吧？这点破事你都说了N遍了，烦不烦呀。"

原来肥佬急着找我是因为他为我找了份工作，等个两三天就能定下来。他怕我急着自己去找活干错过了面试的时间，所以特意赶来告诉我，还为我准备了一张手机电话卡，以便能及时取得联系，我感动得不得了。

肥佬说："行了，快打住吧，这算不了什么，当年我困难的时候，你也没少帮我啊，咱哥们儿之间就别见外了。"肥佬又问我："既然工作有眉目了，今后打算怎么办？是就这么混下去，还是有什么别的计划？"

我说："什么计划不计划的，现在心思太乱，长远的打算暂时还没有，先混一段时间，等把心态调整过来之后再说吧。"

一看时间不早了，都晚上十点多了，我们就分道回家。

院里没有灯，只能借着楼中窗户透出来的灯光勉强看清楚路。我一进院门，正往楼门里走，一瞥之间只见有个穿白衣的女人蹲在院子左侧角落里一动不动。

我心想这是谁呀，大半夜的蹲这儿撒尿。不过既然是女人小便，我也不好意思多看。但因为此事实在太过奇怪，我忍不住进楼门的时候又回头看了一眼，这回看清楚了，原来是二楼的刘师傅的女儿刘凤彩，她是个大学生，今天下午我在院子里跟她说过话，很聪明的一个女孩。

我心想既然是认识的人，就别多管闲事了，可能楼里的厕所都占满了，她憋不住了在院里解手也是万不得已。我要再看她，只怕有些不礼貌了。

我快走几步进了自己房间，开了灯，躺在床上，摸了摸脖子上的楠木项链，随即想到了和韩雯娜相恋的时光，心中一阵甜蜜，又是一阵酸楚。望着头顶天花板上的吊灯，产生了一种两世为人的感觉。几个月以前的美好生活离自己仿佛有无限遥远的距离,那一切都太美好,以至于显得很不真实,美好得仿佛如梦似幻。随后就昏昏沉沉地睡着了……

这一觉睡得十分畅快,一个梦也没做,醒来的时候天已大亮。我伸了个懒腰,觉得精力充沛,心中的郁闷似乎也少了许多。我心想这是住在这里的第三天,什么都没发生,看来前一天被黄衣女鬼勾命的事确实是梦。这一日无话,白天出门逛了逛街,到了晚间回来,楼里出现了骚动:二楼刘师傅的女儿失踪了。

我回到楼里是晚上六点多,几位邻居正围在院子里商量着什么事,人人面色焦虑,我听大家说了几句,了解了原因,原来是刘师傅的女儿昨天晚上八点半出去给父亲买药,到现在为止一直没有回来。

刘师傅从昨天晚上一直找到现在,亲戚朋友以及刘凤彩的同学、老师家都找遍了,拨她的手机也没有信号,去派出所报案,警察说不到四十八小时不算失踪,不给备案。刘师傅的老婆生孩子的时候难产死了,剩下父女俩相依为命,他对这个女儿视如珍宝。刘凤彩是走读的大学生,每天放学都回家,到现在竟然整整一天一夜下落不明,刘师傅如何能不着急。

邻居们都纷纷安慰刘师傅,让他放宽心,说年轻人贪玩,可能忘了回家,明天是周六,早晨大家一起去找,终归是能找到的。我也劝了刘师傅几句,本来想把昨天晚上回来看见刘凤彩蹲在院子里的事告诉他,但是毕竟我刚搬来两三天,不知道其中的详情,而且黑灯瞎火的也许是我看错了,就没再多说。

我回到房间,给肥佬打了个电话,告诉他我一切都好。然后就煮了两包方便面吃,听说中国产的方便面里面防腐剂含量超标很多,如果经常吃,人死后尸体不会腐烂,不过我现在是掉毛的凤凰不如鸡,口袋里没多少钱,只能顿顿都吃方便面了。我开始摆弄肥佬送给我的那台旧彩电,屋里没有有线电视的接口,我就把彩电上自带的RF(射频)天线接好,想试试能不能收点节目看,哪怕只有新闻联播也是好的,要不然晚上实在是太过无聊。

我正在折腾电视,杨宾跑进来说要请我去网吧打CS,我想反正闲着也是闲着,就跟他去了。我们玩得兴起,一直打到晚上十二点网吧要关大门了(天津网吧有规定,晚上十二点之后一律关门),不玩通宵的纷纷结账下机。杨宾要付钱,被我拦住了,我虽然穷,也没堕落到要小孩请客的地步。付钱之后,二人信步走出网吧,正是初夏时节,微风吹面,空气清新,精神也为之一振。

杨宾指了指前面一条胡同对我说:“西哥,这是近路,咱们从这里回去吧。”

我一看这胡同我昨天晚上回家的时候也走过,确实比绕到大街上回去近很多。这条胡同很短很窄,长度也只有十多米。两侧没有院门,都是墙壁,胡同和两端的街道呈工字形,我们几步就走到了头,再往右一拐,就能到我们所住的小洋楼。

快到转弯的时候,我忽然发现拐角处放着个黑色的铁制垃圾箱,上面醒目地印着一排白色号码:9999。我想昨天经过的时候怎么没有这个垃圾箱,这号码这么牛,如果昨天看到应该有印象啊。未曾细想,已经转过了拐角,向右继续走,口中跟杨宾说笑了几句,还没等笑话说完就愣住了,我们面前又是一处丁字路口,右侧的拐角处赫然摆放着编码 9999 的黑色垃圾箱。

杨宾也蒙了:“西哥,咱们是不是走错方向了,怎么又是这个垃圾箱?”我故作镇静:“别管它,咱走咱的。”

我们向右一拐,没走几步,又看到跟前面一样的右侧摆着编码 9999 垃圾箱的丁字路口,我不由得倒吸了一口凉气,心中暗暗叫苦。

看来这果然就是传说中的“鬼打墙”,我对杨宾说:“小兄弟,我最近走背字,今天晚上可能要连累你了,你怕不怕?”

杨宾年纪虽小,却不肯在我面前示弱,勉强做了个笑脸说:“跟大哥在一起,不怕。”

见他笑得吃力,心想毕竟他年纪太小,万一有什么事我须想方设法保护他的安全,他若是有个三长两短,我可没法向他姐姐交代。

我拍了拍他的肩膀以示鼓励:“咱们接着走,我曾经听别人说过鬼打墙的事,只要多走一会儿就能到家,放心吧。"

这次我们到了路口不再往有垃圾箱的右侧转了,改走没有垃圾箱的左侧,不过走到底的时候依然回到了丁字路的竖着的胡同与横着的街道相接之处,往回走也是如此,无论走任何方向,始终离不开这条竖着的胡同。

我情急生智,对杨宾说:"咱们跳墙。"胡同两侧的墙甚是低矮,我一米八的身高,翻这样的墙不成问题,杨宾个儿矮,我用双手垫着他的脚,向上一托,杨宾已攀住了墙头,我说:"你先跳过去,在原地等着我,别乱走。"

杨宾答应一声就翻了过去。我搓搓双手正要往墙上爬,忽然听杨宾在我背后用颤抖的声音说:"西哥,我在这里。"

我头皮发麻,扭头一看,杨宾在我的身后。我说:"你不是跳到墙那边去了吗,怎么会在我身后?"

杨宾吓得不轻:"我从墙上跳下来,就站在你身后了。"

我说:"那你等着,我跳过去看看,你站在这儿千万别乱走,如果那边有路,我再翻回来接你。"

我没费多大劲就翻上了墙头,往下一看,是个小楼的后院,虽然不是大街,却也绝对不是我和杨宾撞上鬼打墙的小胡同。我心中大喜,从墙上跳下来,落地之后大吃一惊,杨宾背对着我正抬头看着墙头,原来我和杨宾一样,从墙上跳下来之后便又回到了小胡同之中。

我们连跑带跳,能想到的招全使了,始终是离不开这条长仅十几米的小胡同,都累得浑身是汗,不得不坐下来休息。正是午夜,天高云淡,明月高悬,星月闪烁,在胡同中看却有说不出的诡异。我看了看手表,刚好零点零三分。

我不禁奇怪:我们从网吧结账出来的时候我看了时间,正好是零点,从网吧走到这条胡同也差不多需要两分钟,我们在这条胡同里转来转去,跳墙上房,折腾了足足有一个多小时,怎么时间才过了两三分钟?看来这地方实在太过邪门,时间空间的逻辑概念在此都不适用了。

想用手机打电话找人帮忙，又落在家里没带。真是屋漏偏逢连雨天。本来昨天还安慰自己世上无鬼，今日身临其境，也不由得不信了。又想如果能飞就好了，又或者有具RPG(反坦克火箭筒)在墙上轰个大洞。

在胡同狭小而又压抑的空间中待得久了，紧张与不安的感觉减轻了几分，却是越想越怒，蛮劲发作，站起身来对着黑暗的胡同一端破口大骂："你个死鬼，想要你爷爷我的性命就尽管放马过来，你奶奶的，摆这种迷魂阵，你滚出来跟老子练一趟，老子还真就能让你没脾气！"

我以前本来是不怎么讲脏话的，最近运气太衰，内心压抑烦躁，经常想骂人发泄。

杨宾看我毫无惧色大叫大骂，他也壮了胆，跟我一起对着胡同尽头的黑暗大骂，他骂的脏话有些是他安徽老家的方言，还有一部分是在天津学的脏话，我听不太懂，反正只求骂个痛快，形式重于内容。

我们二人越骂胆子越大，脏话也越来越恶毒，把鬼的直系亲属都骂遍了，那全国通用的经典"三字经"也不知骂了几百回。不管我们怎么骂，也没有任何反应，似乎它在黑暗中冷笑着看我们还能骂多久。我俩骂到最后实在没有什么创意了，只好相对苦笑，又坐了下来。虽然仍陷于困境，但是心里痛快了不少，多少也出了一些憋闷的恶气。

我骂了半天只觉口干舌燥，正在想念冰镇啤酒，杨宾忽然凑到我耳边小声说："垃圾箱上趴着个人。"

夜色中，我顺着杨宾说的方向看去，看到一幅诡异得难以形容的情景：一个七八岁的小女孩趴在胡同口的垃圾箱上正看着我们两个。我想若不过去瞧个仔细，终究不是了局，管她是人是鬼，瞧瞧再说。

我摸了摸脖子上的楠木项链，向前走了几步，在距离垃圾箱两步远的距离停下，杨宾也跟在我身后。距离很近，虽然天黑但是瞧得十分清楚，这个女孩好像营养不良，瘦瘦小小的很可怜，头上用黄绳扎了两个羊角小辫，脸上无任何表情,只是一双大大的眼睛神采奕奕,在晚上看来,如同两盏明亮的小灯。她趴在垃圾箱上,双手前撑,上半身抬起,冲着我和杨宾看个不停。我被她看得浑身发毛,只是被这狗目的胡同困住,好不容易见到个人,且问问她知道什么情况,再作计较。

我一咧嘴挤出点和蔼可亲的笑容,对小女孩说:“小妹子,你在这儿附近住是吗?怎么这么晚了还不回家?”

小女孩不做声,仍然盯着我看。我又问了几句,她还是不理我,我恼火起来,正要发飙。小女孩突然伸出手来招了两下,示意要我走近些。我向她走近一步停下,仍然和她保持着一步的距离,问道:“小妹子,你要跟我说什么?”小女孩又招了招手,还让我再靠近些。

这时我已经肯定她不是鬼魅,她脸色红润,双眼炯炯有神,肯定是活人,但是这两只眼睛实在是不像人类的,也不像鬼魂的,我觉得那是双猫科动物才有的眼睛。这念头在脑中一闪即过。我又向小女孩走近了一步,此时我们已经脸对脸了。

我笑着说:“让我走这么近干什么?你可别咬我,是不是爬到垃圾箱上玩下不来了?我抱你下来好不好?”

小女孩开口,小声对我说道:“右左左右左左右,无论背后发生什么事,千万不要回头,不然就永远都出不去了。”

她说话的声音太小,好在夜深人静两人离得又近,我还算能听得清楚。

我问:“你也被困在这儿了?”

小女孩不说话,点了点头,从垃圾箱上跳下来,一指丁字路口的右边,示意让我们快走。

我问她:“你也和我们一起走吗?”

她又点点头,表示跟我一起出去。我心想:这小孩跟我素不相识,她的话能不能相信?不过既然知道脱困的方法,先试上一试,到时候见机行事。她要是敢骗我,这笔账咱们就得算算。

我回头嘱咐杨宾一会儿往外走的时候,不论背后怎么样,都不能回头看。杨宾见我说得郑重其事,答应道:“我晓得了,西哥你放心,我肯定听你的。”

我回过头去再找小女孩,她已不知去向。

怪事天天有,今晚特别多。我见那小女孩不知去向,心中焦躁起来,顾虑不了这许多怪事了,只想越快离开这条胡同越好。心中默记了三遍“右左左右左左右”,把脖子上戴的那条刻着全卷《南无妙法莲华经》的楠木数珠摘下来,牢牢地缠在手上。想想还是不放心杨宾,怕他万一在走出去的过程中回头,就让他走在自己前边,嘱咐他等我说可以了才能回头。我站在杨宾身后,问他:“准备好了吗?”杨宾没回头答应道:“准备好了。”我比较满意他的表现,此地不宜久留,走。

按照小女孩指示的方向,杨宾在前,我在后,都到胡同尽头的丁字路口向右转去,走到底后又向左转。转了两次左边的路又改转向右的时候,我发现胡同口右侧的垃圾箱和以前的样子不同了,上面醒目的白色编码少了一个“9”。只剩下了三个“9”。接下来还要转左左右三次,看来每转一次,号码就会消失一个,四个“9”全部消失之后,我们应该就可以走出去了。

我抑制住心中的激动,又对杨宾嘱咐了一遍不可回头,尽量别走太快了,留神脚下,别摔倒了。不出所料,每转一个弯,胡同口垃圾箱上的号码便少了一个。

想到脱困在即,我和杨宾都忍不住兴奋起来。不多时,就走到了最后一次右转的路口,我忽然觉得两条腿变得沉重起来,每一步都迈得很吃力,走不出三步,腰腿酸麻,忍不住就要坐下。

杨宾对我说:“西哥,我好累,歇一会儿好吗?”

我说:“兄弟,坚持住,还差最后十几步了,你觉得很累,应该是幻觉。一定要克服自己的软弱,明白吗?”

这话一是劝他,二也是给自己鼓劲。我们咬紧牙关,又向前走了四五步,杨宾年纪小,身体还未长成,走到这时已经筋疲力尽,向前一跪,趴在地上大口喘气,连话都说不出来。我走到他前边,把他背起来,艰难地向胡同口一步一挨地缓缓走去。双腿就如灌了铅一样沉重,背上的杨宾也出奇得重,累得我气喘如牛。

忽听背后有女人大叫:“救命啊!救命啊!杀人啦!”这声音撕心裂肺,深夜听来,让人汗毛倒竖。我觉得心跳加快,那女人的叫声太过凄惨,忍不住就要回头看一眼,心里想起来小女孩说的话——不论背后发生什么,千万别回头,不然就永远出不去了。

我赶紧定了定神,让杨宾把眼睛闭上,堵住耳朵。不论背后的女人怎样惨叫,我也不去理会,只顾往胡同口走,背后的声音已远远不限于女人的惨叫,时而觉得后面有一列火车向我们呼啸冲来,时而又觉得霹雳炸雷一个响过一个,时而又似乎是虎啸龙吟刀剑劈风……

我背着杨宾不能用手堵住耳朵,被那些声音搞得心胆俱寒,不过我打定了主意,纵然真是有火车从后面撞过来,把我撞成肉酱,我也绝不回头。把心一横,用我们广东的话讲就是:几大就几大了(爱咋咋地)。

我一步一挪,终于到了胡同口,只要再走一两步就出去了。此刻,背后突然万籁俱寂,静得出奇,杨宾也感觉到没了声音,把堵着耳朵的手放了下来。

在这一片死一般的寂静中,忽然从身后很远的地方传来杨宾姐姐杨琴的声音:“宾……宾……小……弟……你……到……哪儿……去……了……”似乎是杨琴见弟弟这么晚不回家,就出来找他。

杨宾最怕姐姐担心,回过头去就叫:“姐姐,我在这儿。”

我想提醒他却是已经来不及了,大骂:“杨宾你这个大笨蛋,中计了。”

身后一股强大异常的力量将杨宾从我的后背上向后拉去,我心中只有一个念头:救人要紧,哪里还管得了回不回头。

此时杨宾已经离开了我的后背，只有一只手还搭在我的左肩上。说时迟，那时快，我还未转身，先抓住他在我肩头的手，然后转身一把抱住他的身体。

我看见在黑暗中伸出几十只长满绿毛的大手，分别抓住了杨宾的臂腰腿，另有数只怪手抓住了我，被抓住的地方疼入骨髓，我强忍疼痛，紧紧把杨宾抱住。

几秒钟之内我们就会被这些怪手拉入无枣的黑暗之中，一只最大的怪手向我头顶抓来。黑夜中，我看见这只巨手上长着像鹰嘴一样的指甲，手上的鳞片在月光下泛着青光，如果被这只手抓到头顶，血肉之躯万难抵挡。人急拼命，生死关头，无暇细想。我左手抱住杨宾，右手把楠木数珠掷向欲抓我头顶的那只巨手，只听得一声闷雷般的巨响，我和杨宾好像被榴弹炮爆炸产生的气浪冲击，双双飞出了这条胡同。

全身的骨骼似乎都给摔散了架，只觉胸口气血翻滚，耳鸣不止，四仰八叉地躺在街上，好长时间也动弹不得。想想刚才在鬼门关里转了一圈，竟然活了下来，劫后余生的心情，难以形容，我想只有在第二次世界大战中把红旗插上柏林国会大厦的苏联近卫军战士才能体会我的感受。

我正躺在街道上享受着劫后余生的喜悦，左边裤腿里“嗖”地蹿出一只动物。我吓了一跳，歪过头去看腿边，是一只似猫非猫、似狐非狐的小动物，身体又长又瘦，尖鼻子尖脑袋，两只眼睛明亮如灯，原来是只黄鼠狼。我小时候在广东经常见到，后来广州市区人口越来越多，就很难见到这种小动物的踪影了。有个念头突然在我心中一闪：这双眼睛……黄鼠狼见我瞧它，“刺溜刺溜”几下就蹿向了街道黑暗的角落。

这时杨宾也缓了过来，扑在我身上哭了起来，不知他是被吓到了，还是因为我救了他而感激涕零。

我拍拍他的后背劝道：“别哭鼻子了，我像你这么大的时候，天天跟比我大的小孩打架，打破了头也不流半点眼泪，刚才在胡同里你不是挺坚强的吗，怎么一出来就跟个妞儿似的哭哭啼啼?"

杨宾眼泪鼻涕全蹭到了我的身上,他又哭了一会儿,对我说:"西哥,我爹妈死得早,大人小孩都瞧不起我,除了我姐姐,就是你对我最好,刚才要不是你救我,我就……我就……"话没说完,心中感动,又哭了起来。

我不会哄小孩,见他哭个没完,不知道该怎么安慰。要是在以前,我早就被他哭烦了,但是一起经历了胡同中的事,共过生死患难,觉得他和自己的亲弟弟没什么区别。只得坐在原地,等他哭够了一起回家。

我看了看手表,零点五分,从网吧出来到现在,只过了五六分钟,胡同里那漫长的几个小时,似乎被夜晚的空气给蒸发掉了。在胡同里遇到的小女孩,莫不是黄鼠狼变的?此事实在太难以想象,想到这里我又看了看我们刚刚离开的那条胡同,平常得不能再平常,普通得不能再普通了。这种小胡同在天津随处可见,谁能想到,就在刚才,在这样一条平平静静的胡同里,发生了如此惊心动魄的事情。

经历了搬家几天以来发生的事情,我的世界观和价值观基本上完全崩溃了,这些事毫无头绪,如果仔细地想下去,脑袋可能会爆炸。想到刚才多亏了那串楠木数珠,看来我又多欠了韩雯娜一条命,下辈子想不给她做牛做马也难了。楠木数珠已经碎成了粉末,这么重要的东西……想到此又不免一阵心疼。

等杨宾哭得痛快了,我对他说:"今晚的事,千万别跟你姐姐说,也不要对任何人讲,能答应我吗?"

杨宾懂事地点点头:"我知道,我不会乱讲的,免得让我姐姐知道了担心。"

我见他很懂事理,对他一笑,甚觉欣慰。

回到家里,觉得全身都疼,衣服懒得脱脚也懒得洗了,索性一头倒在床上,自言自语:"丢你老母,先睡到明天再说。"刚想睡觉,手机不合时宜地响了起来。我闭着眼睛摸到手机,想看看来电显示的电话号码,又实在是困得睁不开眼。按了接听键,放在耳边:"谁呀?"

原来是肥佬打来的电话，安排工作的事有眉目了，明天带我去见个人，再具体谈。然后肥佬又问我现在要不要出来玩玩，到洗浴中心找个小妹按摩按摩。我心里想去，可是身体太疲倦，就对肥佬说："我最近方便面吃得太多，阳痿了，你自己推油去吧。"然后把电话挂了，接着睡觉。

这天晚上我做了个梦：我听到院子里有个女孩在哭，我心中好奇，就出门去看，见到刘凤彩蹲在院角正哭得伤心。我正想过去问问她这两天去哪儿了，梦就醒了。早晨起来洗脸刷牙洗澡，看见身上全是一大道一大道青紫色的淤伤，想想昨晚的事，真有些后怕。

中午十一点左右，肥佬开车来接我，说要领我去见见他姑父，我问他给我找的什么工作，原来是家报社的文字编辑。

我骂道："你奶奶的，咱们都是学金融专业的，你让我到报社去打字，这不是要我命吗?!"

肥佬说："少废话，你又不是不知道现在工作多难找，天津全市下岗的人有上百万，这活你不干有成千上万的人削尖了脑袋想来顶替你。你不是挺能侃的吗？胡乱编点报纸上的内容，能有什么难度？再说了，你以为你有多重要似的，其实给你安排的版面是最最不受关注的，根本没人看，除了广告就是废话。"

我想原来是那种报纸上的弱智版块，这有何难啊，就答应了肥佬。

中午在宴宾楼吃饭，见到了肥佬的姑父，一个姓孙的小老头，我们谈了一些关于报道方针以及相关政策之类的话题。总之，我给孙老头留下的印象很好，他让我后天也就是星期一去报社上班，试用一个月，工资八百，转正后一千三。我虽然觉得钱太少，可是人在矮檐下不能不低头，于是把这份工作应承了下来。

向孙老头告辞之后，肥佬说今天要带我去玩玩，我说："周末你不回家陪你媳妇，合适吗?"肥佬牛哄哄地说："老子在家说一不二，想不回家就不回家，就算那婆娘一步一磕头地来求老子回家，老子也不理她，老子不惯她那毛病。"我说："你他娘的就吹吧，忘了在家跪洗衣板的日子了。"后来肥佬讲了实话，原来这个周末他老婆单位组织员工去盘山旅游了。

我同肥佬商量着去哪儿玩,肥佬没去过什么地方,只知道去洗浴中心找小姐。我经过昨天夜里的事情,忽然变得虔诚起来,就说:“天津有什么灵验的寺庙吗?我想去上炷香,拜拜菩萨。”

肥佬说:“天津寺庙很多,有名的比如大悲院、挂甲寺、蜂山药王庙,南市还有个尼姑庵,我忘了叫什么名字了。”

我说:“你知道得真够详细的,你信佛是吗?”

肥佬说:“我是业余地信,想起来就信,想不起来就不信,有事的时候信,没事的时候就不信。我对这些庙比较熟,是因为我认识一位在大悲院修行的居士,法号叫青莲。他儿子和我在一起工作。我们关系不错,偶尔见到老爷子,他总是给我们讲一些佛理因果之类的事。”

我想让他引见引见这位老爷子。于是肥佬开车带我到了大悲院。从后门进去,走不多远便到了这位居士的住所。肥佬为我引见之后,双方客套一番,闲谈了几句。我听青莲居士谈吐不俗,确实是个通晓佛理的高人。自到天津之后,怪事数不胜数,心中有不少疑问,正好向他请教。

我首先想到的是昨晚见到的黄鼠狼,就问居士:“这黄鼠狼会变成人吗?”

青莲居士微笑着摇摇头:“故老相传,世间有‘五通’,这黄鼠狼类属五通,个别道行深的黄鼠狼能使障眼法,以及模仿人类说话,让看见的人觉得它是人形,但是并不是真能化成人形,幻术而已,而且只有一些特殊的地点和时间它们才能使用障眼法。”

我将昨夜在胡同中碰到鬼打墙迷路的情形讲了出来,但只说是道听途说,并未言明是亲身经历。居士说:“这绝非鬼拉脚、鬼砌墙。如此大的魔障,鬼怪是作不出来的,但是究竟是何事物,我也闻所未闻,不知其详。”

我又问何为五通?居士说:“五通者,胡、黄、白、柳、灰。胡乃狐狸,黄即是你所说的黄鼠狼,民间也称之为‘黄皮子’,白是刺猬,柳乃是长虫(蛇),灰是老鼠。这五通虽是畜生道，却甚通灵性。这些动物，如果活的年头多了，吐纳日月之精华，便会使用一些幻术，然而修为高低不同，有善有恶，各不相同，不能一言论之。”

我听他说得太玄，自己一时理解不了。还是先问别的事吧，我又对居士讲了我和肥佬在房中柜子里见到六枚棺材钉钉住一张女人照片的事。

居士一惊，问了详细的过程。想了半晌对我们说：“我听一位已故的老友曾经说过，莫非这就是‘六丁破相’之阵？那是个厉害无比的咒术，专克难以收伏感化的厉鬼妖魔，我活了六十多岁还从未见到过，其中缘由不甚知晓。你们拔了这六根钉子，也是机缘巧合，不能避免，但是之后行事切记要多加小心。”

我早已有了这种精神准备，此刻听居士说了，更加沮丧，暗骂自己行事莽撞，搞不好黄衣女鬼就是被自己放出来的。

我又想起来在杭州测字的事，那测字先生说我命不长久，今日何不求教居士如何避祸免灾。

我问道：“晚辈想请居士帮忙算算命，看看晚辈来日吉凶如何。”

居士笑道：“佛家只讲缘法，不讲命运。人生一切业报，都是因果形成，昔时之因，成日后之果，若想多福少灾，唯有一心向善。”

我听罢若有所悟，但一时半刻也不能参悟透彻，便对居士讲了在杭州测字的经过。

居士说：“佛家虽不测字，但是我有一位师兄出家前经常给人测字，百不失一。他遁入空门之后，仍偶尔小试牛刀，助人解惑。今日你二人也是有缘，正巧我师兄在隔壁，我可以带你们去测上几个字，请他指点一二，对你二人今后多少有些帮助。”

隔壁是一间禅堂，四壁雪白，清静整洁，身处其内使人心中俗念尽消。屋中已有两人，其中一个年老和尚，想必就是居士所说的师兄了。他对面坐着一个四十多岁戴着金丝边眼镜、像是大公司老板打扮的男子，两人对答，原来老和尚正在为人测字。

居士向老和尚点头致意，随后让我们坐下等候。我心想正好可以瞧瞧这老和尚水平高低，就坐在一旁，仔细倾听他们的对话。

老板模样的中年人写了个“茆”字问婚姻如何，老和尚看了说道：“你妻子是个妓女。”

我替老和尚着急，心想：“这回可测砸了吧？说人家老婆是鸡，他不骂你才怪。”

没想到那个老板连声称准，说：“我看上了一个女人，她是做‘三陪’的，和我相识一年有余，感情很好。她愿意嫁给我，只是不知道此婚姻能否圆满。字理如何，还请师父指点。”

老和尚说：“茆字花字头，柳字旁，似花非花，似柳非柳，字面都是残花败柳之象，故断之为妓。末笔从节，犹可为善，说明她对你确是真心实意，君当娶之。”老板打扮的中年男人称谢不已，告辞离去。

我和肥佬面面相觑，均想今日真不虚此行。领教了如此神机妙算。

我们对老和尚说明来意，老和尚说：“只因登门测字之人太多，耽误了不少参禅的功课，故此贫僧测字，有一条不成文的规矩：不论几人同行，只可测一个字，一个字只可问一件事，日后再来亦不再测。不知二位哪位来测，欲测何字？”

我心中盘算：这老和尚小气得很，只肯给测一个字，既然如此我就让他测测刘凤彩的下落，她失踪快三天了，而且在她失踪的那天夜里，我在院子里见过她，昨天晚上做梦又梦到她，虽然同她不熟，毕竟大家邻居一场，搞不好她出事也是因为我拔了镇压黄衣女鬼的棺材钉。此事无法以常理揣摩，但是终究要着落在自己身上。

我以前是一个很自私的人，事事先想自己，但是经历了一系列的变故，心理上成熟了不少，凡事都先为别人着想。但是又一想：自己的死活也是至关重要的，不如让老和尚先测刘凤彩，然后我再把杭州测字的经过请他评估一番，这就等于测了两个字,大占便宜,还让他没有借口推托,嘿嘿,饶是你老光头奸似鬼,也让你喝了老爷的洗脚水。

我心里想得龌龊,表面上假装恭谨:“就请老师父测一个字,我想问一个女孩的去向。”老和尚说道:“不知施主想测何字?请示下。”

我心想:前一番在杭州测字的时候,我因为想要个好结果,才测的“一”字,没承想事与愿违。这次不能再多想后果,要随口说个字,越随意越好。

当下更不多想,口报一字:“不。”

老和尚将“不”字用毛笔写在一张白纸上,说道:“不字,问女子下落,主身在地下。我把字理说与施主,不字比上不足,比下有余,说明在地下,下面多出来的一笔在左,施主报字之时坐于贫僧之西南方,故贫僧断之,此女被埋在西南角左侧。”

我回想两次在院子中都见到刘凤彩蹲在院子左边角落,整个楼坐北朝南,进门左手边果然是西南角落。心中佩服不已:“老师父,真乃神术。”

然后又以杭州测字之事请教,老和尚只是摇头不答,似乎已经看穿了我的想法。我心里骂了十几遍“老贼秃”。再以胡同迷路之事问之,老和尚也和青莲居士所说相同。

我见再也没什么好问的,就想告辞。不料老和尚不肯让我们走,对我和肥佬大谈佛理,生死无相,微言大义,精深奥妙,当真是口吐莲花。怎奈我跟肥佬都是俗人,听得一头雾水,不知所云。最后听明白了一些,原来他的意思是让我们二人把生死之事看开一些。老和尚侃了足足两个小时才放我们离去。

我和肥佬如遇大赦,跑出了大悲院,已经是下午五点了,肥佬约我去吃饭,我急着回去告诉刘师傅他女儿的下落,就让肥佬开车送我回家。

半路上肥佬买了两只烧鸡给我,让我当晚饭。回到家中,见二楼的刘师傅并不在家,听杨琴说是去派出所了。我回屋之后把烧鸡放在桌上,一边吃一边思索今日的所见所闻。杨宾过来找我,说是请我到他家吃饺子。我一听是饺子,不由得食指大动,更何况是杨琴这么可爱的女孩包的,二话不说就去了杨宾家。

吃饭的时候和杨琴聊天,我借机问了她一些关于这栋楼的事,杨琴说他们姐弟来这里住了多半年,邻里相处和睦,也未见过什么怪事。我看她屋里放着一本厚厚的《易经》,心想看不出来,她一个做服装生意的女孩还研究这个。

杨琴见我好奇,就说:“我爹去世之前,是老家省城中周易研究协会的成员,这本书是他的遗物。我也看不懂,只是觉得有纪念价值就一直带在身边。你如果懂《易经》的话,有机会给我讲讲。”

其实我对《易经》的理解,仅限于听说过这两个字,对内容是一无所知,不过想在杨琴面前卖弄一番,说:“这个啊,我太熟了,上学时天天看。”

杨琴见我吹得没谱,问:“那么这本书为什么叫《易经》呢?”

我说:“易,就是变化的意思,因为这是本讲事物变化规律的书,所以叫《易经》。”

我怕杨琴再问有难度的问题,就岔开话题,给她和杨宾讲了几部我看过的书。我连说带比划,口若悬河,正讲到一半,有人敲门,杨琴开门一看是两个警察,我胸中尚有许多牛 X 的事物要向杨琴卖弄,见突然来了两个警察,心中大叫不爽。又暗暗担心警察是因为我在北京参与赌球来抓我的。

警察说,在海河里打捞到一具尸体,尸体上的身份证是住在这里二楼的刘师傅的,他家没有亲戚,女儿又失踪了,所以请邻居去辨认一下尸体。

我听到警察说在海河里发现了刘师傅的尸体,脑子里“嗡”了一声,心中祈求:“千万别是与那黄衣女鬼有什么关系。”

又想到刘师傅的女儿失踪三天,多半也已无幸,不觉黯然神伤。

把杨宾留在家里,我和杨琴跟着警察到了天津市河东分局。签了字,被一个警察引领着进了分局停尸房。我小时候在父母工作的医院中玩耍,见过不少重病不治的患者的遗体,但是在公安局的停尸房认尸,尚属首次。

冷色调的墙壁和白色马赛克瓷砖地板把停尸房的气氛衬托得压抑无比。戴着大自口罩的法医打开冰柜,拉出一具男尸,盖着尸体的白布一扯开,我不用细看就知道确实是刘师傅,他一丝不挂静静地躺在铁板上,面目安详,就如睡着了一般。杨琴胆小不敢看,把头藏在我身后,我本想借机抱她一抱表示安慰,但是在这种场合下实在不合时宜,只得强行忍住。

我忽然发现刘师傅的遗体在冰柜里冻得全身发白,但是脖子上有几条黑色淤痕,就像是被一双黑手狠狠地掐过留下的痕迹,甚是显眼。我想起搬家之后第一夜黄衣女鬼想掐我脖子,我因为戴着护身符才得以幸免,不然那日之后躺在这里被人辨认的尸体就是我了。

想到这里不由得打了个冷颤,暗道:“侥幸。”

正想得投入,突然背后有人猛地拍了我一巴掌,有个粗犷的男声大声说:“冯一西!”

我一条命被他这一巴掌吓没了多半条,回头一看,身后站着个中年警察,中等身材神态豪迈,在黑色警装的衬托下显得既威武又精明干练,我越看他越觉得眼熟,正在思索自己认识的警察中有没有这么个人。那警察对我说道:“你小子不认识老哥了?当年你军训的时候可没少偷老哥的烟抽。十多年不见了,你又比以前长高了不少啊。”

我这时方才想起来,原来这位警官是我和肥佬上大学一年级参加军训时带队的指导员廖海波。他和我交情极好,一别十几年,竟然在公安局停尸房里重逢,真是惊喜交加,一把搂住他的肩膀,激动得说不出话来。廖海波说此地不是讲话之所,换个地方,带着我和杨琴到了他的办公室。我见廖海波警服的肩章是两杠加三个星徽,心想:老哥现在不得了啊,混上了一级警督。真是替他高兴。我们到了他的办公室里,廖海波见杨琴急着回家照顾弟弟,就打发一名警员开警车把她送回家。

十多年不见自然是有说不完的话,我说起从北京来到天津之后的种种事端，廖海波听罢欷歔不已，说道：“刘师傅死得确实奇怪，经法医鉴定是被人用手掐住脖子导致死亡。但是据报案的目击者说，在北安桥上，见到刘师傅自己从桥上跳下河去，身边并无他人，而且目击此事者很多。真是难以理解，看来又是一件破不了的悬案了。”

我又把黄衣女鬼的事讲了出来，廖海波大奇，但是事实确凿，也不得不信。最后廖海波对我说：“这件事，别对别人讲，明天白天我去你家找你，咱们在你住的楼里调查调查，看来此事不能由警察出面明查，但是如果真有鬼怪作祟危害普通老百姓的生命安全，我虽然不会捉鬼，职责所在，既然知道了这事也不能坐视不理。我要以私人身份去查一查，务必搞他个水落石出。”

我素来知道他的本事，既然有他帮忙，这事虽然棘手，我们合力，应该能搞定。心想：如果中国警察都跟我大哥一样英明神勇，尽忠尽职，现在的社会治安状况也不会这么恶劣了。

见时间不早，廖海波开车把我送回家里就回分局继续上班去了。我进院的时候特意留心了一下左侧的墙角，只有个花坛种着十几株菊花，这次却没看到刘凤彩的身影。

一进自己的房间我就觉得有些不对劲，肥佬给我买的两只烧鸡，我只吃了几口就放在桌上，此时只剩下两副鸡骨架，鸡骨上连一点能吃的肉都没有，啃得别提有多干净了。我心中大怒：你个死鬼姥姥的，只听说过鬼害人，没听说过鬼偷鸡。他妈的还是个馋鬼。

我又骂了两句，想把鸡架子拿出去扔掉，这时候从床下钻出一个小女孩，她一双大眼睛灵活异常，正是上次在胡同里碰到的那个。

我这才明白，你奶奶的原来是黄鼠狼吃了我的烧鸡。黄鼠狼偷鸡，民间传说已久，今日一见，果然不是浪得虚名。

我直接问她：“你是黄鼠狼变的吗？”

小女孩一怔，随即笑着说：“原来你都知道了，昨天晚上你救了我，我是特地来感谢你的。对不起，把你的烧鸡吃光了，不过也都怪你不好，把这么肥美的烧鸡放在桌上，人家进屋等你，馋得忍不住，就都给吃了。”说完抹了抹嘴边的油腻，笑嘻嘻地瞧着我。

我只怕鬼魂，对黄鼠狼狐狸精之类的倒不害怕，便对她说：“有你这么办事的吗？两手空空地来感谢我，还偷我的烧鸡吃。”

小女孩说：“真是小气，吃了你两只鸡就不依不饶，改天我偷些钱来还你就是了。”

我一听之下大喜过望：“你真能去银行偷钱？你有大麻袋吗？我帮你找几个。”

小女孩摇头说：“银行我可不敢去，钱财多的地方怨气就重，我只能去平常居民家里给你偷个三十五十的。偷多了会破坏我的道行。”

我失望已极，不过我现在是人穷志短，就对她说：“三五十块钱也是钱，不要白不要。你可要记得给我。”

聊着聊着，话题就转到了昨夜困住我们的那条胡同，我问小女孩：“那个鬼打墙，究竟是怎么回事？你不是人，怎么也给困在里面了？我在大悲院问了一位高僧，他却说那不是鬼打墙，就连他也不知道究竟是什么。”

小女孩说：“别说是我了，不论肉身元神，就算是大罗神仙，如果进去胡同，往外边走的时候，只要受不住诱惑回头瞧上一眼，便会被带到没人知道的地方，永远出不去了。庙里的和尚不知道那里的事也并不奇怪，佛法虽说无边，但是也有不能及的地方。我听家族的长辈说起过类似这条胡同的地方，称为‘虚’，那里不在三界之内，也非五行之属，那里没有时间和空间，从来没人知道那里面究竟有什么，又为什么有如此强大的力场。”

我说：“你这说法可就有点科幻了，听着跟异次元黑洞似的。”

小女孩说：“我在里面困了十年，总算遇到你们两个人，幸好你有佛珠，佛力与‘虚’中的力场相克相冲，我才跟你一起逃了出来。当真是惊险到极点了。

我永远永远都不要再去那里玩了。"

她讲的内容我多半听不明白,就想跟她聊点别的,问她有没有漂亮的狐狸精姐姐给我介绍介绍。正要说话之时,小女孩突然像受了极大的惊吓,又像要躲避什么可怕的事物,一跃从窗口跳出去,顷刻之间无影无踪了。

我紧张起来,以为会有什么可怕的事情发生,然而一夜无事,白白吓死了我无数的脑细胞,最后干脆把心一横,几大就几大了。来天津不到一个星期,所遇到的怪事实在太多,就算是把我前半辈子经历的奇事怪事和惊险的事情统统加在一起,也比不上这几天的百分之一。既来之,则安之。按那老和尚的话讲这就是"缘法",既然躲不开避不过,不如接受现实,坦然面对。

第二天一早,廖海波就来找我。我们在房中合计了一下,廖海波说:"既然大悲院的老师傅说刘凤彩埋在院子左侧,咱们就挖一挖,看看究竟是怎么回事。"

我跟他均是急性子,说干就干,到一楼老王家借了两把铁锹,老王听说我们要找刘凤彩的尸体也来帮忙,他怕老婆孩子害怕,就把她们打发回娘家去住。院子左侧是一个破旧的水泥花池子,与地面连成一体,要想挖开地面,就要把花坛砸碎,那花坛的水泥十分结实,我们费了不少力气才见到花坛下的泥土,三个人轮番上阵,用铁锹一阵狂挖。一个多小时之后,挖到大约两米半深的地方。廖海波叫道:"先别挖了,下面有东西。"他把碎土泥块拨开,赫然见到一块朱漆木板。

我说:"这像是个棺材盖子。"

廖、王二人也点头称是。顺着棺材盖子向四周挖去,发现这棺材大得出奇,不得不把坑的直径扩大。足足又挖了两个小时,一口硕大的朱红棺材在坑中呈现出来,年深日久,棺材已经有些腐烂,缝隙中有不少蛆虫爬进爬出。三人累了半日,满头是汗,廖海波说先不忙开棺,递给我和老王每人一支香烟,老王在家泡了一壶乌龙茶,大伙抽烟喝茶放松放松,一会儿打开棺材不知道里面有甚鸟鬼,需先养足精神气力,以防不测。老王一边吸烟一边说:“我在这楼里住了十几年,没想到,院子下面埋着这么大一口棺材。这事真是吓人,还好老婆孩子不在,她们见了非吓出病来不可。”

我问老王:“咱们这楼里,有哪家是一直以来就住在这儿的?”老王一指二楼靠右第一个窗户说:“就是那位姓沈的老太太,她是孤老户,眼睛瞎了,从来不下楼,她属于政府的特困救助对象,定期有居委会的人给她送粮食、衣、药。”

廖海波说:“等把棺材打开,看看里面有什么东西,然后我去找沈老太太谈谈,看她知道不知道什么有关情况。”眼看天色近午,阳光充足,三人用铁锹一撬棺材板,竟然毫不费力,原来棺材盖并没有用棺材钉钉住。廖海波抓住棺盖前端,我和老王抬住另一端,把棺盖向外移开,棺盖沉重异常,一股腐臭之味直冲出来,我们屏住呼吸用力搬动,随着棺盖缓缓移开,三人见到棺中的情形,都大吃一惊。

棺材里一个压一个地叠放着三具尸体,最上面是一具面朝下的干尸,尸身没有任何的水分,干瘪的皮包着骨骼,全身赤裸。廖海波没见过刘凤彩,我和老王却认得,她的头发在后面扎了个马尾,系发的头绳上挂着 HELL0 KITTY 的吊件。干尸虽然和人类生前的样子相去甚远,但是从她的发型和耳环头饰上看,应该就是刘凤彩。我想到一个花朵般的女大学生竟然落得如此下场,不禁为她感到难过,她全家只有父女两人,三日之内全都死了,这用我们广东话来讲就是“家铲”(灭门)。廖海波和我用钩煤球炉子的火钩子,把三具尸体拉了上来,谁也没想到第二具尸体竟然会是住在二楼的沈老太太,她的尸体和刘凤彩不同,面目栩栩如生,身上的衣服穿得干净整洁,似乎是她自己梳洗打扮之后特意躺进来了。

我们谁也想不明白这其中的缘故,整件事都太过匪夷所思,院子里面埋了口如此大的棺材并不奇怪,但是从地面的泥土来看,至少几十年没有挖动过,更何况上面还有一个很坚固的水泥花坛和地面连为一体,刘凤彩和沈老太太的尸体究竟是怎么进去的？当真是想破了头也想不出来。既然想不明白，也只好见怪不怪了。看到第三具尸体之时，我们三人身上都冒出了冷汗，如果说刘凤彩的尸体是悲惨，沈老太太的尸体是奇特，那么第三具尸体我想只能用恐怖来形容了。这是一具没有皮的尸体，更奇怪的是她身上肌肉并未腐烂，肌肉的纹理和筋脉血管清晰可见，鲜活得就像是屠宰场里刚被人剥了皮的牛羊，从身体上看这应该是一具女尸，她的双手绕过沈老太太，牢牢地掐住刘凤彩干尸的脖子，长长的指甲深深地陷入刘凤彩枯萎的脖颈。她嘴里吐出一条长长的舌头插在刘凤彩的嘴里。

廖海波掏出一把小刀，割断了舌头，看了看说："这条舌头就是个吸管，把最上面尸体中的精血都吸干了，所以第一具尸体干枯，最底下这具吸到了不少精血，所以显得营养充足。"

我突然产生了一种直觉：这具没皮的女尸就是我见过的黄衣女鬼，除了她还有谁会这么喜欢掐别人的脖子，看来她对掐别人脖子的行为情有独钟。以前只见过她的亡灵，觉得就够吓人了，想不到尸体竟更加狰狞恐怖。看罢三具死尸，当真是疑云重重，眼前好像是有一层层的厚重的迷雾，无法看清楚事件的真相。最令人费解的就是与此事毫不相关的沈老太太，她一个瞎眼老太太，不招谁不惹谁，为什么会出现在这口大棺材中？更离奇的是，她的尸体当不当正不正地挤在另外两尸中间，黄衣女鬼尸体的双手和舌头都是绕过沈老太太和刘凤彩缠在一起，她又是怎么夹进去的？廖海波虽然侦破经验丰富，对此也是无从着手，只能摇头苦笑。

我问廖海波如何处置这三具尸体，廖海波看着尸体说："我让公安局用车把三具尸体拉走，检查一下，然后都火化了。"我问："这件事情被你单位里的领导知道了怎么解释？"廖海波说道："分局局长是我岳父，他那里我亲自去解释，当然实话实说，但是官方的书面报告却不能照实写，这些事你们不用担心，我自会料理。"

一直以来我最担心的就是这件事,因为跟警察说实话,会被当成神经病抓起来,又实在编不出来能解释这一系列事件的谎话。听廖海波说得这么有把握,知道他向来说一是一说二是二,悬在心里的一块石头才算落地。

廖海波想起还有件事情,就对我说:“这件事情还不算结束,你和老王别在这儿待着,到路口的宏起顺饭庄叫一桌酒菜,你们先慢慢吃着,回头我去付钱。”我问廖海波还有什么事情要办,廖海波一笑回答说:“我带人把尸体送回分局,然后去找你们,这件事的来龙去脉咱们毫无头绪,唯一的线索就是沈老太太,等到晚上咱们去沈老太太家调查一番。”廖海波留在院子里打电话找人搬运棺木,我和老王到了街边宏起顺饭庄要了满满一桌酒菜,边吃边等。花开两朵,各表一枝。单说我和老王吃饭喝酒,老王那厮虽然年纪一大把,却是个十足的好事之徒,他见晚上还有行动,兴奋得大呼小叫,引得饭馆里的食客和服务人员都向他投来奇怪的目光。

我正想让他低调一点,忽然手机响起。原来是肥佬怕我忘了明天要去报社上班,打来电话提醒。我对肥佬讲:“明天我不准备去报社上班了,这些天经历了很多事,我似乎成熟了许多许多,我目睹了一些人的死亡,以前从来没有意识到生命是如此脆弱易逝,人的生命与广阔的天地相比,实在是渺小得微不足道。我不止一次地重新审视自己的人生,现在终于有所觉悟,我再也不想逃避了,等现在身边的事情告一段落,我就要回去北京直接面对自己的人生,我要去见韩雯娜,我要再一次地告诉她我爱她,不论她能否原谅我,我都坦然接受自己应该得到的结果。我已经不是以前的懦夫了。”肥佬听了十分高兴,说我终于是自己想通了这个道理,并且又告诉了我一个好消息:“今天我老婆身体不适,去医院检查结果发现怀孕了,老子这回真的要当老子了。今天要在家陪老婆,明天去你那儿找你喝酒庆祝。”我听到哥们儿要当爹了,自然是替他高兴。脑海中浮现出肥佬抱着个肥仔的情景,觉得十分滑稽,忍不住大笑,和肥佬约好了明天晚上到我家喝酒。

我们在饭馆里等了有四个多小时,廖海波才匆匆赶来,跟他同来的还有一位年轻的女警员,短发大眼非常俊俏,神采飞扬英姿飒爽。

我小声对廖海波说:“这蜜可真够飒的啊,是你的吗?”

廖海波豪爽地一笑:“哈哈,我来介绍一下,这是分配到我手下的见习警员田丽,你们称呼她小田就行了。今天回到局里,她看我们拉回去三具怪模怪样的尸体,非缠着我要来一起调查。这、r头好奇心太重,我拗不过她,就带来了。”

田丽大大方方地跟我和老王握手致意。廖海波和田丽一直在忙,中午还没来得及吃饭,就又随便新点了几个热菜。我问廖海波:“老哥,你怎么能肯定沈老太太和那具无皮女尸有关系?也许她只不过和刘凤彩一样是遇害者。”

廖海波说:“你说的不是没有道理,中午的时候我只是凭我多年来公安侦破的经验,说她是一条重要的线索。回到局里之后,让田丽查了沈老太太以及那栋楼的档案资料。你猜我们查到了什么?”

我给廖海波满上一杯啤酒:“大哥别卖关子了,想急死兄弟啊。快说说是怎么回事。”

廖海波一口折了满满一大杯啤酒说道:“沈老太太是那具无皮女尸的妹妹。”

原来经过田丽查阅档案,发现沈老太太从解放之前就在这栋楼里居住,她究竟生于何年何月,档案上含糊其辞,无从知晓。田丽推断她年龄已经在七十岁以上。沈老太太有个姐姐在解放后第二年,也就是1950年失踪,下落不明。沈老太太的丈夫也于同年死亡,当时她姐姐就住在我租的那间房中。经过法医鉴定,沈老太太和无皮女尸属于血亲,看来那无皮女尸就应该是她的姐姐没错。但是有一个重大疑点:法医鉴定她们姐妹的尸体时,发现从骨骼密度上看,沈老太太的年龄只有三十岁。时间匆忙,还来不及再作进一步核实。

我对廖海波说:“老哥,看来只有去沈老太太房间中搜索一番,才能有进一步的线索。”

廖海波说:“正是如此,这件事关系到多条无辜的人命,定要查她个底儿掉。”

计划已定,大伙饱餐一顿,让饭馆服务员沏了两壶茶,等消了食就要开始行动。

我跟廖海波闲聊,说起空间黑洞的事,廖海波见多识广,他说他看过一本科普读物,上面有空间黑洞的介绍,为了给我详细解释,他掏出了一个笔记本,在上面画了一个三维坐标,三条线分别代表长、宽、高。廖海波说这就是三维,咱们所在的空间还有一个坐标就是时间,时间是最不可能控制的能量,三维加上时间就是四维,咱们所在的次元就是由这四维所构成的。也许在咱们所在的次元之外,还有别的次元存在,但是与咱们所在的次元四维坐标数据不同,所以两个次元不能相连接,次元与次元之间的间隙,就是所谓的混沌空间。这就是所谓的黑洞。

我接过他画了坐标的笔记本想仔细看,发现笔记本的前一页写满了一页不断重复的摩斯码。其内容是:di—dit——di—dit——di—dit——d 卜 dit di—dit——di—dit——di—dit——di—dit。整整一页都在不断地重复,我虽然知道这是摩斯码,但是却认不得摩斯码的内容。于是就问廖海波这是什么,是不是警察的无线电联络暗语?

廖海波说:“不是的,这记录的是我私人的信息,我自从部队转业到天津当警察以来,每次晚上十二点前后到街上巡逻,都会在对讲机中收到一个不断重复的干扰信号。十年以来从未间断。也不知道信号的来源在哪里。我觉得很是不可思议,就记在笔记本上,有空的时候拿出来研究研究。”

我感到奇怪,就问这个信号是什么含义。

廖海波摇摇头说:“很简单,我看不出来任何意义,就是 IIIIIII,每四次为一组,不断地重复,这在军事暗号中的意思就是代号 9,所以到目前为止我解读这个密码的含义就是 9999。”

我听到“9999”这几个数字,耳边好像是响了四声炮一样震惊,再问廖海波还有什么情况,廖海波无奈地耸了耸肩,表示所知的情况仅限于此。廖海波看了看表对大伙说:“现在已经六点半了,事不宜迟,咱们这就动身。”

其时正是夏季,天黑得晚,虽然已经接近晚上七点,但是天色未黑。只见暮色苍茫,笼罩着那栋小洋楼,小楼显得平静而又古朴,但是越是平静我心中越是感到不安,总觉得前面有什么重大的危险在等待着我们四人。

我心中发慌,忍不住去看廖海波,廖海波神色自若,他的眼睛像夜空一样明朗平静深邃,我知道他十六岁的时候就参军,经历过中国南方边境线上著名的两山轮战,这种眼神只有经历过血与火的考验、穿越了生死界限的真正勇士才会拥有。我感到,在他平静的目光深处还似乎涌动着一种对冒险和战斗的渴望。即使是天崩地裂,对他来讲也如同闲庭信步。这种职业军人的气质令我大为心折。人生一世能交往这么一个大哥,真是没有白活。想到这里,心中的不安也就消失了。

我们本以为沈老太太家的门会锁着,准备破门而入,没承想门并未上锁,只是虚掩着,一推就开,房中光线昏暗,不能视物,田丽摸到墙壁上的电灯开关,灯光一亮,四人都不由自主地“哇”了一声,这房间哪里像是个孤寡老人的家。

房间虽然不大,摆设却极其奢华,除了一张床普通平常之外,等离子彩电、冰箱、空调、真皮沙发一应俱全。此外还有两个大柜子,一个摆满了古玩书籍,另一个满满的都是名酒,我自忖在北京工作的时候,陪客户吃饭也喝过不少好酒,但是这个柜子中的很多酒我也是只闻其名,从未开过那个洋荤。

廖海波拿起一瓶酒看了看说:“乖乖,这老太太还是个酒鬼,这酒瓶是纯天然水晶的,单是这瓶就值一万多呢。”

老王奇道:“她是特困户,居委会的人每个月都来给沈老太太送食品补助,怎么就没发现这老婆子是个大款呢?”

廖海波说:“他们未必进来过,这房间里必有古怪,咱们仔细检查。大家都要小心谨慎。”

我和廖海波从门口向内，老王和田丽自内而外，兵分两路，在这间不到二十平方米的房间中展开了地毯式的搜查。

田丽忽然叫道：“头儿，你快来看看这幅画，画得跟真的似的。”

我和廖海波闻声看去，只见正对门的墙上挂着整面落地的窗帘，窗帘已经被田丽拉开，露出好大一幅油画。画中所画的正是我们所处的这间房间。画以房门的角度取景，除了房门这一面的墙壁之外，整个房间尽收其中，油画的画工逼真至极，若不细看，还以为这画里真有房间。

田丽说：“你们看这房间墙壁上的壁灯少了一个灯泡，画上也少画了一个，完全一模一样，就好像相机照出来的。”

四个人都是粗人，谁也没有艺术细胞，更不要提什么美术鉴赏能力了，只是觉得画得很像，世界上到底有没有这种画工就不得而知了。老王问我：“怎么只画景，不画人物呢？画得这么惟妙惟肖，如果多画几个美女岂不是好。”我挠了挠头皮，不知该怎么回答。众人瞧了那画半天，始终瞧不出什么端倪，看来除了画得很逼真之外，也没什么特别的地方。于是不再理会这幅油画，分头去别的地方搜查。

廖海波说：“仔细查查放书籍古董的那个柜子，看看有没有什么笔记手册之类的，也许能有些线索。”老王对酒的兴趣远远高于书籍古玩，说：“你们查书柜，我看看这酒有什么情况。”一边说一边拿起一瓶极品尊尼获加威士忌，咬开盖子就喝，喝了两口自言自语：“这瓶酒没什么问题，嗯，我再尝尝别的。”我和廖海波、田丽大笑，田丽说：“师傅，洋酒劲儿大，您别喝高了，要不然我们还得给您抬回去。”

老王拍拍胸口说：“小田，你大叔我是海量，这酒真不错，呵呵，我再尝尝这瓶。”说完又抄起一瓶哈瑟坎坡。

我们见老王没出息，也懒得管他，把书柜上的书籍一本本地抽出来查看。

我翻了几本骂道:“他妈的都是什么破书啊。这种破书只能用来擦屁股。”廖海波也在翻书,对我说:“这个你就不懂了,这儿有很多书都是古代绝版,随便拿出一本拍卖就值个几十万,我岳父喜欢收藏古籍,我跟他学过这方面的知识。不过他家里收藏的那几本破书,跟这个柜子里的相比,简直是玩鹰的碰上飞行员,根本不是一个档次的。”他晃了晃手里拿着的一本暗黄颜色的线装薄册子说:“这本是宋代的《茗录》,绝对是真品,有多少钱都买不到,还有这些瓶瓶罐罐,很有可能也都是真货,不知道这位沈老太太是怎么搞到的。”

我听他这么说,连忙细看,但是怎么也瞧不出哪里值钱,心想现在什么破烂儿年头多了都值钱,就是人活年头多了不值钱,不是被称为糟老头子就是称为老不死的,什么世道啊这是。我正在胡思乱想,听到身后的老王自言自语:“咱们四个人的样子,怎么被画到那幅油画上了?!”众人举头向油画看去,画上不知何时被人用黑色毛笔画上了四个人形,人形的构图十分简单,只用寥寥数笔勾勒而成,但是一眼就能看出来,画中的人形就是我们四人:高瘦的是我,短发苗条的是田丽,剽悍轻捷的是廖海波,还有一个挺着啤酒肚的正是老王。

我说:“这画太邪门,肯定不是什么好东西,我撕了它。”

廖海波拦住我:“别急,小心有陷阱。先沉住气看看。”一时间大家都不说话,全神贯注地看油画,暗自戒备,等待着接下来发生的事。然而出乎意料的是,什么都没有发生,戒备之心也就渐渐放松了。廖海波说:“小田盯着油画,有什么事先告诉我,不要轻举妄动,看来有人不希望咱们在房间中搜查,哼,越是这样就越证明了我的推断没错。屋子里肯定有一件十分重要的东西。”说罢带着我和老王继续在房间里搜查。廖海波把床推开,看了看地板说这下面肯定有东西,我奇道:“老哥,你怎么这么确定,我看这地板上的砖都一样,没什么不同之处。”廖海波一边用一把多功能瑞士军刀挖床下地板的一块方砖,一边对我说:“我做了十多年的侦破工作,以我的经验来看这块砖虽然和屋里其他地板砖完全一样,但是这块砖的边缘有细微的破损,这是被人撬开过的迹象,从地砖周围的泥土来看应该有几十年没人再动过它了，咱们看看下边有什么宝贝。”

我赞叹不已：“老哥真是火眼金睛。”

廖海波三下两下就把地板砖撬开，地板砖下面是个小小的凹槽，放着一个小小的黑布包裹。廖海波把它取出来打开，包里面放着一个老式铁制圆筒形罐头盒子，罐子已经生锈，里面放着一个厚厚的笔记本。

廖海波说：“就是这个了。看来是某人写的笔记。”老王和田丽见廖海波有所发现，都围拢过来观看，廖海波翻看笔记说：“写笔记的应该是沈老太太的丈夫，从他的笔记上看，这位老先生属于标准的学院派作风，事无大小都记述详细，有条有理。”拣紧要的内容读了一些给我们听。我们听了这笔记中的内容，都觉得离奇无比。

笔记中的内容大致上是这样的：笔记主人名叫刘彦秋，日本侵华战争时期，刘彦秋正在大学教书。北平沦陷之后，刘彦秋逃难到了河南开封附近，一日在城郊挖野菜的时候，从土中挖出两名年轻女子，这两个女子自称姓沈，是亲生姐妹。

刘彦秋问她们何以会身处地下，二女说是因为前一天山上塌方被压在里面，靠仅有的一点空气得以支撑至今，若无刘彦秋相救，过不了多久就会被活活憋死。又说今日得君子相救，无以为报，其妹愿以身相许。刘彦秋看她们孤苦可怜，又甚懂礼数，就和沈姓妹妹结婚。

二女自称是关外东北人，但是口音似乎是江浙一带。此事甚为奇怪，不知道她们二人何以说谎。此后刘彦秋参加国军抗战，日本无条件投降之后，刘彦秋携二女到了天津定居。某日刘彦秋无意中听到她们姐妹谈话，了解了一个惊天动地的真相：这两个女子竟然是宋代人，她们在南方学了一些“憋宝”的邪术，可以见地下墓穴宝藏，到处挖坟掘墓。在湖北一古墓中找到一本古书，里面记载种种妖术，依其法修炼，吸食处女精血，竟然已活了数百年未见衰老，但是这几百年中，已不知有多少无辜性命死在她们手中。后被龙虎山张天师派遣道士追剿,她们就隐姓埋名。嫁给刘彦秋就是利用他普通人的身份藏匿形迹。

刘彦秋得知此事后大惊失色,二女见事情败露,恼羞成怒,就要动手除掉刘彦秋,恰逢此时龙虎山法师追踪至此,救了刘彦秋的性命。

二女中的姐姐妖术最为厉害,想以术杀法师,却非法师对手,被活捉后,法师怕她用妖术转为厉鬼害人,就施以六丁破相大法,活剥其皮,埋入地下。二女中的妹妹沈老太太苦苦求饶。刘彦秋毕竟和她夫妻一场,以为她真能改过自新,也为其告饶。法师心软就未取她性命,只是把她那双会憋宝的眼睛挖掉,又挑断了她身上修炼数百年的妖脉。

自此开始沈老太太就和常人一样归入天道,也会逐渐衰老。然而沈老太太妖心不死,仍暗地里修习妖术。刘彦秋这时才后悔替她求饶,然而被妖术困在房中不能离开,自知命不久长,于是详录此事经过,埋于床下地板之中,盼望日后有人杀此妖人,为民除害。务将其挫骨扬灰,永绝后患。

我到此时才知道,确实是自己和肥佬拔了棺材钉放了黄衣女鬼出来。心中懊悔不已。

廖海波说:“和我估计的基本一致,把她们的尸体火化了,彻底解决掉这两个魔鬼。越早动手越好,现在就回分局。”老王听了毛骨悚然,见廖海波说要走,他一刻也不想在这鬼地方多待,马上要去开门,刚到门口,“砰”的一声,似乎撞在一堵透明的墙壁上,头上肿起了一个大包,连声呼疼。田丽觉得奇怪,伸手去摸老王撞到的地方,吃惊地对廖海波说:“头儿,这儿有一堵透明的墙壁!”我和廖海波也伸手摸去,在门前的空间中确确实实地存在着一堵有形无色的透明墙,那墙非砖非铁,坚硬异常。

廖海波说:“刘彦秋在笔记中说他被妖术困在这间房里,看来咱们也着了道儿了。”我在房间四周摸索了一圈,发现周围都是如此,四人就好比是掉进一个大大的玻璃鱼缸之中。廖海波回头看了一眼油画对我们说:“咱们是不是被关在油画里了?”廖海波说:“沈老太太是用这画把咱们圈起来了,咱们虽然没有进入画中,但是离不开画中所绘空间的范围。”

我仔细去看那幅油画,突然发现画中多出来的并不止我们四个人的轮廓。在画中所画的房间角落里,蹲着一个老妇人,正在用怨毒的眼光死死盯着我们看。我按照画中老妇人所在的位置转头去看房间中相同的地方,那里空空荡荡的一个人也没有。

我对廖海波说:“老哥,你看这画中的老妇人很像死去的沈老太太,不过她双眼完好,死去的那个沈老太太眼睛是瞎的,应该不是同一个人吧。”

廖海波摇摇头说:“不对,画里的就是沈老太太,咱们虽然在院中挖出她的尸体,但是她未必就是真的死了,对付这两个魔头绝对不能以常理推断。”

“嘟……嘟……”房中茶几上的电话响了起来。

众人都被突然传来的电话铃声吓了一跳,这大半夜的,谁会给一个孤老太太家打电话?

田丽想去接电话,手还未碰到电话机,电话的免提功能键就自动按了下去,一个沙哑的女人声音从电话中传了出来:“刘彦秋的笔记本我找了很久都没找到,没想到被你们这几个不知死活的家伙翻了出来。笔记本你们已经看过了,不过就算没看过,我也不会让你们活着离开这里。你们都得给我死在这里……哈哈哈哈哈哈哈哈。”说罢狂笑不止。

这个声音非常刺耳,就好似用两块泡沫塑料相互磨擦一般,听在耳中让人心烦意乱,我捂住耳朵不想再听,可声音就像是在我脑子里面所发,仍然听得清清楚楚。

这时廖海波对我们使了个眼色,示意让我们看那幅油画,画面又有了变化,画中本来蹲在房中角落的沈老太太,不知何时,手中多了一部电话。看来打电话的不是别人,正是在画中的沈老太太。

老王见状,忍不住骂了声:“老妖怪。”

电话里的声音大怒:“无知鼠辈,竟敢出言不逊,刚才偷喝了我不少好酒,今夜就先拿你开刀……”

廖海波听沈老太太说话，知道她片刻之间就要对老王施杀手，于是屏息凝神准备救人。

突然间身后酒柜中的两大瓶洋酒悄无声息地狠狠砸向老王头顶，廖海波应变奇快，把老王拉向一旁，但是这两瓶酒砸的劲道太大太快，饶是廖海波拉了老王一把，仍然有一瓶砸在了他的头上。老王的脑袋立时鲜血横流，他大叫一声晕倒在地，不知是死是活。

我吓得呆了，忽然廖海波大叫一声：“小心。”

被他一叫我回过神来，见一把菜刀从空中向我头顶劈来。

廖海波刚才在救老王，离我太远来不及出手救援，束手无策。

菜刀来势快如闪电，我吓得两腿发软根本闪避不开，耳中猛听“扑”的一声响动，我心想这回可真是死定了，下意识地伸手去摸自己的脑袋，想摸摸看是被砍掉了半个，还是整个都没了。

没想到一摸之下，竟然完好无损，仔细一看原来是田丽在危急之际把茶几抬起挡在我面前，菜刀正好砍在茶几上。我死里逃生，心中对田丽好生感激，心想：不愧是我老哥的手下，强将手下无弱兵啊。

这时候酒柜中的酒瓶就像狂风暴雨般砸向我们，我和田丽躲在茶几后面，酒瓶砸在墙上地板上，碎片四处飞溅，我们忙用衣服把头脸护住以防伤了眼睛。

廖海波在房间的另一侧，拖着昏迷不醒的老王躲在一只双人沙发背后，撕下衬衣给老王的头部做紧急包扎处理。

这时候酒瓶砸得差不多了，密度越来越小。不过这房间中的刀叉厨具尚多，哪一样砸过来也不比酒瓶的威力小。

电话中继续传来沈老太太狰狞无比的怪笑，从笑声中听得出来她对自己刚才几招的效果十分满意，气焰嚣张已极。

我喜欢吸烟，打火机一向是随身携带，我掏出打火机对廖海波说：“老哥，我冲出去一把火烧了这老妖怪的画,把她烧成一只老烧鸡,看她还能不能这么嚣张。”

廖海波说:“别烧,搞不好画中的四个人形是咱们身上的什么东西,你烧了画不要紧,咱们搞不好也成烧鸡了。”

廖海波一生中打过仗杀过人,经历了无数凶险,但是没有一次像现在这样无从下手。但是他沉着冷静临危不乱,环视四周稍一思索,便有了对策。他记得刚才搜查房间之时看到身后的床头柜中有一卷胶布,伸手打开柜子把胶布掏出来,对田丽说:“小田,引开老妖怪的注意力。”田丽见廖海波发出命令,毫不迟疑,从茶几背后站起来掏出枪对着画中的沈老太太就是一枪。

沈老太太稳操胜算,正在享受任意摆布四人的乐趣,没想到竟有人如此大胆,竟敢开枪还击。大骂:“臭丫头,你这烂枪连老鼠都打不死,焉能伤我一根毫毛,看我不碎剐了你这死丫头!”

也就在这一瞬间,廖海波飞身跳到油画前面,用刀把油画中沈老太太所在的那一部分切了下来,折了两折,用胶布缠了一百多圈。

从他出手,割画,叠画,到缠上胶布,快得难以想象,行动之迅速准确匪夷所思,真如同电光石火一样。画中的沈老太太一向都是祸害没有丝毫抵抗能力的人,哪想到今天碰上这位爷的动作比鬼魅还快,还没来得及反应过来,已经被胶布包得严严实实,只得在里面大叫大骂。廖海波毫不理睬,掏出打火机来就烧,只闻见一阵恶臭,灰飞烟灭。我抬头看了看挂在墙上的画,我们四个人的身形已经消失了,画中所绘的房间也慢慢消失,最终变成一片空白。我想沈老太太的妖法算是破了,心中对廖海波佩服得五体投地:老哥真是神勇,兄弟的胆色和手段能及上你的一半,死也情愿。廖海波没有任何得意之情,对我说:“今夜的情况凶险无比,我没料到世界上真有如此厉害的妖术,过于大意了,没做任何准备就贸然来这里搜查,险些连累了你们。我最后也只不过是赌上性命博了一把,侥幸得很,若是一击不中,咱们都是死无葬身之地了。”

田丽搀起了老王,看了看他的伤口说:“只是晕过去了,没什么大碍,咱们把他送到医院去吧。”廖海波拿上刘彦秋的笔记本,和我一起搀扶着老王,田丽拿着手电筒在前面开路,来到院子外边,大家都长出了一口气。这一夜的经历惊心动魄,虽然老王受了伤,但是好在四个人都还活着。廖海波把老王扶进警车,对我说:“这件事总算是告一段落了,我送老王去医院,你回去好好休息,改天我请你喝酒压惊。”

我想要一起去把老王送到医院,然后再看着廖海波把沈姓姐妹的尸体运到火葬场烧成灰才会觉得安心,但是既然廖海波执意劝我回去休息,也只能作罢。我回房之后躺在床上,思前想后,觉得今天又到鬼门关里转了一圈,竟然还能毫发无损,真是幸运,自己对生与死的领悟又深了一层。又想这几次如果有一次稍有差错,不免早已身首异处,心中对父母和韩雯娜的思念之情再也不能抑制,掏出手机就给韩雯娜打了个电话。这些时候两世为人,又听到韩雯娜的声音,恍如隔世。

我对她把分别以来的情况简要说了一遍,韩雯娜听后哭了半天,怪我没良心把她扔下自己跑路,说这次无论如何不能原谅我,一定要狠狠地罚我。我觉得我是罪有应得,要杀要剐也悉听尊便了,就问她想怎么罚我。韩雯娜想了想说要罚我带她去海南岛玩,还罚我不许花钱,费用只能由她来支付。

我感动得泣不成声,心想:如果娶了这么好的老婆,.就算死后打人十八层地狱也是心甘情愿。我跟她在电话里约定后天一早坐火车回北京,她到北京站出站口接我。

压在心中最大的石头终于搬掉了,自从来到天津之后,从来没有像现在这样放松。不知不觉间就睡着了。

也不知道过了多久,我感觉屋里有人站着,心中一惊,仔细观看,肥佬和他老婆两个人满身是血站在房中,肥佬口里不停地对我说话,我听不清楚,凑过去听了半天只听清两个字:“快逃。”

我大惊失色,猛地醒来,原来是做了噩梦。看了看表是深夜十一点半。回想适才的梦境,越想越是担心,拿起电话打给肥佬,他的手机没有信号,宅电无人接听。

懦夫在死亡来临之前已经饱尝死亡的恐惧,勇士在死亡之时尽情地享受死亡的滋味。

我再也睡不着了,焦急地在屋里走来走去,只盼着天快点亮起来,然后马上去找肥佬。在天津这些日子里,我做了几个梦,每一个梦都与真实发生的事件有联系,难道今晚的梦……想到肥佬夫妇可能已遭不测,只觉五内俱焚,真想用自己的生命去代替他们。

这时听到身后窸窸趨粗的有响动,转身看去,墙角的老式梳妆台上的镜子晃了一下,我走近细看,又无异常,心中纳闷。突然从镜子中伸出一只手,紧紧地掐住我的脖子,随后从镜子中爬出一个人来,我脖子被掐住,呼吸困难,但是对面前发生的事仍然瞧得清清楚楚,爬出来掐住我脖子的正是老冤家黄衣女鬼。

黄衣女鬼没有眼睛,只有两个旋涡一样的黑窟窿。掐住我的脖子的那只手并未用力,她用两只黑洞洞的窟窿对着我,一阵怪笑,狰狞无比,犹如一阵黑雾般转到我的背后,骑在我的肩上,两只手掐住我的脖子,随时都能掐死我。她似乎是要我仔细品尝恐惧为何物,两手掐住我的脖子,却不用力,只是在我肩上冷笑。

她每笑一声,我身上就多长一层鸡皮疙瘩。我的楠木数珠已毁,心知今日必然无幸,事到临头,反而不再觉得害怕。我最牵挂的就是肥佬夫妇,便问黄衣女鬼:“你是不是把肥佬杀了?”

黄衣女鬼仰天打个哈哈,开口说道:“今夜你必死无疑,我就让你死得明白一些,不要做个糊涂鬼。不错,是我杀的,我生前被龙虎山的狗道人活活扒了皮,在幽暗无比的地下被钉了五十多年,如今终于得以回到世间。我要杀人,杀很多人,让你们都知道我的痛苦,我最先要杀的就是来过这楼里的人。那个死胖子到医院去接老婆,我在他的车里等着他们,等车开到一半,我现身出来活活地掐死了他们两口子。嘿嘿,那个胖子临死的时候屎尿齐流,叫得好像是宰猪一样。"

我听到肥佬确实已经死了,眼前一黑,感觉嗓子发甜,可能是要吐血。我心中的难过和愤怒把恐惧驱赶得无影无踪。我心想:很多人因我而死,包括我最好的兄弟,今日若不能为他们报仇,就算逃得性命,活在世上也没什么意思。

我又问黄衣女鬼:"刘师傅父女也是你杀的吗?"

黄衣女鬼答道:"我几百年来杀人逾万,这几条贱命算得上什么,只不过你来这间房子的第一夜,我想杀你,被你脖子中的佛珠伤了元神,多亏我妹妹抓了这楼中的一个女孩给我吸食精血,恢复元神。若不是我受了伤,也容不得你活到今天。"

我见这么多人因我而死,当下心如死灰。

黄衣女鬼接着说:"你小子的这班朋友,当真是罪大恶极,竟然敢擅自挖出我的尸体,还想运去火化。我白天不能出来,险些就被尔等挫骨扬灰了。可是你没料到,我妹妹的徒弟也是警察,他把我们姐妹的尸身偷了出来,哈哈哈哈。"

我心中大惊,暗暗为廖海波担心。心里盘算着如何想个办法,能在我被杀之前把这消息告诉老哥,提醒他小心警察中沈老太太的徒弟。

我站起身来就往门外走,黄衣女鬼骑在我的肩膀上笑道:"你以为跑出去就能逃得小命吗?"

我说:"这间房子是你以前住的,我不想死在这里。"

黄衣女鬼只是冷笑不止。

我心中暗想需要跟她说话,引开她的注意力。于是对黄衣女鬼说:"你妹妹沈老太太被我老哥一把火烧成了灰,你知道吗?"

黄衣女鬼说:"你们烧的那张画,是我妹妹用仙法留在画中的影子,我那老妹子仙法神奇,岂是你们这几只小小老鼠能杀得了的?哼哼,真是不自量力。"

我又问黄衣女鬼:"大姐,你能不能留下我这条小命?我怕得要死,心脏病都快发作了,你不用动手,可能也活不了几天了。"

黄衣女鬼说:"无论如何不会再让你见到明天早晨的太阳,现在我不杀你,是为了仔细看看你临死前的表情,我最喜欢做的事就是看着死到临头的人。紧张、憎恨、恐惧、哀怨,这些人类心中的负面能量,真是世上最美最美的艺术品。哈哈哈哈哈哈!"

我心中大骂:死鬼,和你那个死妹妹一样都是这么狂妄。

我嘴里和黄衣女鬼说话,脚下未停,越走越远,只觉得肩上的黄衣女鬼越来越重,两条腿也开始酸软发麻,每走一步都很沉重。

黄衣女鬼见我并不怎么害怕,折磨我的兴趣大打折扣,怪眼一翻说道:"再走下去天都亮了,我看你也别挑三拣四了,赶上哪儿就是哪儿了,咱们不等了,现在就要掐死你。"

我又向前走了两步,口中答应:"好,咱们不等了。就是这里。"说完话,我身体向后猛地转了一百八十度。

黄衣女鬼问:"你小子折腾什么?跳大神吗?"

话音未落,从黑暗中伸出无数的巨大怪手,抓住了我们俩的身体,向后就拉。黄衣女鬼大惊,嗷嗷怪叫着想挣脱这些怪手,但是毫无反抗的余地,就如同一只黄衣小鸡一样。不到两三秒的时间我们就被抓进了无边空虚的黑暗之中。随即一切都归于平静,胡同中静悄悄的,好像什么都没发生过。

两天以后,在北京火车站的出站口,站着一个女孩,她焦急地等待着什么人,不停地看表,隔一段时间就拿起电话来,但是始终都打不通。她从早晨一直等到晚上,还在那里苦苦地等候,她有一种直觉:她等的人永远不会来了……

第二卷　鬼墓天书

引子

爱因斯坦曾比喻道："用一个大圆圈代表我所学到的知识,但圆圈之外是那么多的空白,对我来说就意味着无知。"所以,知识越多,圆圈越大,人们无知的范围也就越大。知识是有限的,而未知却是无限的,所以从这个意义上说,无论是对宇宙还是自身,人类的认识都是渺小的,未知是永无止境的。

如果不是经历了那件事情,我也不会深刻体会到未知世界居然是如此的可怕,而且自那件事情之后,我始终坚信,无论是追溯之前还是展望其后,都没有什么比它更能让我感到毛骨悚然的了!

事情发生的时候,我正处在有生以来最不如意的一段时期,所以这件事情的发生,真实地让我感受到了一波未平一波又起的人生窘况。

我曾经供职的单位,位于上海远郊的淮阴路,这里有一座被称做"七号公馆”的九层红色小楼。如此偏僻的地理位置,似乎也彰显着七号公馆的与众不同,而事实上,它的确是个非常特殊的机构,特殊得有些诡异!

这个机构在国内独一无二,我蒙祖上之荫进入了这一机构,并在这里度过了七年的时光。但是,七号公馆成立于何时?因何而存在?究竟是何背景?我一无所知。这栋九层红色小楼,就像是天外来物,很突兀地出现在世界上,随时又可能很突兀地消失,似乎与这个世界不存在一点点的联系。

作为七号公馆的第三代成员,我有编制,有职称,甚至有某些挤破脑袋才能争取到的特权。于是很多人认为,我所在的机构既然如此的特殊和诡秘,所从事的工作必定是充满刺激和挑战,而我们这批人,定然也是掌握着某些高度机密,享受着某种特殊待遇的。

每每听到这,我只能作一声叹息,实话说,我们这些人只能算是集体神经质,没有目标、没有方向、神经紧绷如行尸走肉般的职业生涯,才是我们这些人生活的真实写照。

我始终相信高度机密定然是存在的,只是因为我们是属于奋战在前线的,所以真正的高度机密绝对不容许我们窥视。即便如此,我在七号公馆的七年生涯中,受到的最正统的教育总结起来只有两个字:保密!

正如预想的那样,某一天终会来临!2002 年夏的一天,我们的机构在没有任何征兆的情况下,突然宣布撤销,所有人员尽数遣散。这一切来得极其迅速,一夜之间,原本神秘莫测的七号公馆便人去楼空。面对七年的职业生涯就此结束,当时我的心情既不是留恋,也没有解脱感,七年的时间培养出的那份敏感告诉我:有事情要发生!

我们这些人被遣散后,随即各奔东西,有不少人就此便断了联系。我本有机会再次进入事业单位,但此时的我已经厌倦了按部就班的生活,于是选择了下海。本以为这样,我必定是和之前的生活来个彻底的告别,但命运的转盘是神奇的,不经意间,它就会调动着你的人生走向,进而使得你被动地回归到一切的起点。

2004年夏天,我承包了市郊一栋烂尾楼的拆迁工程,附带新楼盘二号楼和中心绿化带的建设项目.那时候,国内的房地产业蓬勃兴旺,大量的郊区被城市化,但由于种种原因,我这几年一直在惨淡经营。屋漏偏逢连夜雨,我承包的上一拨工程出了质量问题,急需回笼资金,而这笔业务是个肥差事,我只得拆东墙补西墙,竭尽全力通过以前在单位的老关系搞来这个工程,也亏得有了这层关系,才使得我这样一个本来最不可能竞标成功的小建筑商顺利夺标。

一切就好像是安排好了似的,跟我有关的东西,终究无法逃避。也许我注定和七号公馆有不解之缘,我所负责的项目恰巧正是我再熟悉不过的七号公馆办公楼,自从我们部门撤销之后,这栋九层小楼便人去楼空,如今刚到两年时间,就沦落到了必须强行拆除的境地了。

而就在一切工作就绪后不久,技术人员突然带来一个消息:此楼地下多处出现不规则的空洞,而且分布极其不均匀,所以不适宜施行爆破!

听到这样的消息时我大吃一惊,倒不是顾虑无法爆破会给我增加多少拆迁的成本,而是我很明白这种不规则的空洞意味着什么,那正是说明,这栋楼的底下分布着很多的地下室。

我在七号公馆整整工作了七年,或多或少地也接触了一些被别人称做机密的东西,可我从未听说过七号公馆有地下室。我虽然明白,在七号公馆,很多机密不仅仅是针对外人,对内部人员也是一视同仁,但那时的我尚未从人生的低谷中彻底走出来,心理状态很差,所以得知这个消息的一刹那,我顿时有种被蒙骗的感觉,这种感觉就如你死心塌地地为某个人卖命,他却像防贼一样地防着你。

于是,我毫不犹豫地下了决心:必须进去一窥其究竟。虽然当时的我并不知道这样的决定是否正确,但至少现在看来,我从未对当年的这个决定感到过后悔。

正如爆破人员所说的那样,地下室的分布很不均匀,人口的位置也十分的隐秘,在一楼根本找不见任何地下室的人口。无奈,我只得借助工程人员的力量,在地下空洞的一楼某处强行打孔进入。

一楼的地面极其厚实,比寻常有地下室的房屋足足厚了一倍多,中间还包裹有尺余厚的隔音材料。待整层地表被完全洞穿时我才发现,地下室的房高远远高于一楼,为了安全起见,我们不得不借助绳索才得以进人。

当时我的心里很明白,有些东西之所以如此慎重地做着保密的工作,自然有它的道理,而我也从未尝试过窥探,但事已至此,内心的那种悸动和好奇是无法阻挡的,带着这种复杂的心情,我和两个伙计的脚顺利地踩到了地下室的地板上。

从开凿的洞口下来,刚好是地下室的走廊位置,这栋楼已经闲置两年了,所有的电路系统已经废弃,我们只能借着几只手电向里摸索。走廊里显得平淡无奇,地面是水磨石,顶面石膏天花,墙面的石膏粉都已经崩落,给人一种老旧的感觉,墙面零星地悬挂着几幅人物肖像画,画框的玻璃大多已经碎裂,和一些文件资料一起散落在地面上,很多仪器、桌椅等物也横七竖八地倒在一旁,现场凌乱不堪,就好像这里的人遭遇了什么突然变故紧急撤离了一般。

走廊并不是笔直的,而是呈弧形,由此可见整个地下区域的格局和地上九层是完全不同的,地下一层完全是独立体。每隔一小段,走廊两侧的墙壁上便会出现一扇涂了绿漆的铁门,有上了锁的,有虚掩着的,也有大门洞开的,从敞开门的那些房间看,这里分明是被隔成了一个个小房间,房间内桌椅、书架、书报夹等办公设备一应俱全,显然正是用于办公的场所。

看到这我更是一头雾水,我可以肯定,在七号公馆这么长时间,从来没听人说过这地下居然还有如此像模像样的办公场所,而且七号公馆工作人员这么多,不可能保密工作做得这么好,此时我甚至怀疑所有人中只有我一个还蒙在鼓里!

这样的想法越加刺激了我的窥探欲望，继续向前，直到走廊的尽头，前方是一堵封闭的水泥墙，再便是两扇朱红色的铁门。铁门从里面反锁，且相当厚实，蛮力根本无法打开。我当时决心已定，再加上这已经是确定拆除的项目了，我更是无所顾忌，马上让人取来了氩弧焊切割机，强行破门而入。

铁门一打开，一股怪异的气味便扑鼻而来，夹杂着呛人的金属焦味，极为难闻，我缓了好大一会儿才勉强适应。

这是个相当大的封闭石室，足有一个篮球场那么大，站在铁门前，手电的光还无法照到对面的墙。放眼望去，隐约可见一张张长方形的长桌整齐地排列着，我疑心这里是地下的会议室，但没走两步，当我慢慢地靠近那些长桌时，一种异样紧跟着扑面而来，接着我就起了一身鸡皮疙瘩。

这些长方体根本不是什么长桌，分明是一口口棺材！我简单扫了一眼，数了一下，这些棺材共十七口，围绕着石室中心的一座石台，呈菱形的方阵排列着，而石台的上方，赫然矗立着一个更为巨大的方形物体，用厚实的帆布掩盖着，看不清面目。

我当即一怔，伴随着恐惧涌上心头的，是极度的困惑。说实话，我在七号公馆的七年，可以说过的是一种难以言表的浑浑噩噩的生活，我根本不知道七号公馆为何种目的而成立，也不知道自己每天究竟在做些什么。虽说我们也接受一些考古研究的项目，但那对业内人士向来都是公开的，而眼前我所见的一切显然是瞒天过海而进行的！

这里怎么会出现这种东西？我带着满腹狐疑，再次扫了一眼四周。昏暗的地下密室中，十多口棺木齐整地排列着，这情形原本就足以让人吓破胆了，更骇人的是，这些棺木虽然摆放得极其整齐，但有几口呈现半掩的状态，就好像后来有什么力量使得棺盖被启开了一般。

“我说沈工！我觉得这里瘆得慌，咱还是别折腾了！”随我同行的一个叫阿广的伙计见此情形当即道，另一个伙计立刻表示响应。

而我当时的想法称得上固执了,我有种很清晰的预感:自己正在接近一件巨大秘密的核心部分。这种力量使得我当时无法就此收手。

两个伙计在我的压力下只得硬着头皮上了,我心里乐道跟着我做事也够惨的,拖欠工资不说,还得干这些赶鸭子上架的事情。

我们小心地绕过那些密集的棺木,直接来到中心石台上。这里显然已经废弃了很久了,甚至可能远远超过我在七号公馆的生涯,帆布上积了厚厚的一层灰,而且脆弱不堪,轻轻一扯便支离破碎,帆布扯下后,一个巨大的金属箱子赫然显现在眼前。

我无法具体形容我看到的东西,只能说这是一个箱子,黑色的金属箱子。箱子近似正方体,长宽估计两米左右,高约一米半,周身漆黑光滑,触之冰凉异常。将耳朵贴到箱体上,隐隐约约地,似乎能听到箱子内有响动,那声音若有若无的,但却能清晰地感觉到声音正是来自于箱子内部。

箱子是密闭的,合上之后便上了锁,但因为年代久远,锁眼已经锈堵了。从敲击的声响判断,这箱子异常的厚实,我们现在的工具是没法强行切开它的,而且我当时还有着那一点点觉悟,对于这种隐秘的未知之物,我想做的仅仅是窥探而并不是破坏。

箱子表面并没有任何纹路,只在靠边的一个角上,发现有一行用漆笔写的红色小字:1982 年 5 月 13 日,南陵,8 号档案。再便是一个封条,封条上的日期是 1989 年。看到这我便知道我猜测得没错,我是 1995 年进入七号公馆工作的,原来这里早在我来六年前就已废弃不用了,也难怪我一点也不知情。

“沈工,有发现!”我正在那儿纳闷沉思,我的伙计忽然叫了一声,一个劲地朝我招手示意。我一怔,赶忙上前顺着他手指的方向一看,发现石台上赫然有一个像小门一样的人口。

放置铁箱子的石台相当的大,高度也超过一米,那入口开在离北墙最近的一面上,那是一个不到一米高的窄小门洞,虚掩着一扇铁制栅栏门,栅栏门的门锁已经锈坏脱落,形同虚设,被我们几人合力一拉便打开了。

打开铁栅栏门,里面是一个一次仅供一人通过的窄小通道,当时的我已经无法控制自己的探求欲望了,当下咬着手电,小心地顺着那通道探了下去。通道在底下一人深的地方便到了底,进而便转变了方向,由原本的纵向变成了横向,径直通向七号公馆北墙的方向。

但通道的大小却并没有多大改变,依旧窄小,通行起来十分的困难,就连转身也是件比较吃力的事情。好在这一段路程并不远,我们猫着腰很快就抵达了尽头。这时候,通道又变成了纵向,宽度也陡然增加了好几倍,呈现在眼前的,是一条条钢筋铸成的爬梯。那些爬梯一直通向顶端,手电光都无法照到尽头,而我们所在的地方,正是最底端的位置。毫无疑问,这里是条秘密通道,而且极可能是地下室与上层连通的唯一通道。

我简单地回忆了一下地下室的布局,脑子渐渐清晰起来,这里应该已经处在七号公馆北面最外墙的位置了。我记得七号公馆里有位老前辈和我说过,这栋楼刚建成的时候,正北面中心位置本来留有一个凹形的角,为了放置排水管道的,后来因为各层的领导办公室都处在这里,排水管道又被改到了其他地方,而这个凹形角也因为风水的问题最后被堵上了,使得整个北墙一马平川。

这样的说法显然是为了麻痹无知的人,那个年代的人们狂热地信仰着我们的主义,何况是我们这样严肃的部门,堂而皇之地谈论风水几乎不可能。而现在看来,他们这样做的目的就十分的明显了,显然就是为了制造出这样一条不为人知的密道。

望着黑黝黝深不见底的通道尽头,我微微迟疑了一下,但很快地,我便转头示意我的两个伙计就在这里等候,接着我戴上工程帽,咬着手电便就着那些爬梯往上攀。我的伙计不放心我,见我态度如此坚决,当下坚持和我一起上去。

爬梯的确很长时间没有使用了,手一握紧就扒下来一把铁锈,爬九层高的爬梯是一件非常危险的事情,一不小心摔下来就足以丧命,我一边爬一边还得检查着四周有无出口。

等出口找到的时候,我已经爬到了最顶端,当下已经累得气喘吁吁,幸好底下漆黑一片,否则让我在没有任何安全措施的状况下,在如此高的地方俯视地面,足以将我吓坏了。抵达最顶端的时候,通道再次变成横向,只不过这次不再是砖石结构,而是变成了金属板,扁平扁平的,就像是室内中央空调的通风管道。

顺着通道再穿出去,第一眼见到的又是一扇木质的子母门,门是虚掩着的,我毫不犹豫地推门而入,进入了一个房间内。

这间房相当的宽敞,却没有窗户,是一间完全封闭的房间,房间四周的墙壁用的都是软包,做了很好的隔音处理,正中间位置,摆放着一张可容二十人开会的会议桌,四周围绕的是一圈转角椅,会议桌的正中位置摆着一台胶片放映机,桌上整齐地摆放着一套套杯盏、碳素笔、纸质文件等物,就好像刚刚有人在这里开会才散会一般。

上前一看,只见桌子上已经蒙了厚厚一层灰,杯盏中的茶水早已干涸,茶叶凝结成了一团霉块,纸张也被老鼠啃咬得不成样子,软塌塌的一抖就散。

靠北的一面墙上整齐地码着几个档案柜,其中一个档案柜的柜门敞开着,地上凌乱地散落着一些文件资料。而敞开柜门的档案柜里,码放的是一堆堆包装完好的铁皮箱子,这些铁皮箱子塞满了整个柜子,上面都被做上了记号,分别标记着1997年2月、1997年3月、1997年4月……这些箱子就被用这些不间断的日期标记下去,很容易看出这是某种档案,用日期进行标记的。

而且再仔细一看,房中所有的档案柜子里都装满了这种东西,清一色地都用日期进行了标记,我扫了一眼,这些标记从1995年一直到2002年,每个月份几乎都有。但我看着那些东西,越看越觉得奇怪,总觉得哪儿有些不对劲,再理了一下才猛然发现,这些东西缺少了1998年的,而按着这些东西的排列规律,我发现1998年的那十二箱就放在那个被打开门的档案柜里,很明显,有人特意拿走了1998年的这套东西。

就在这时,屋内的日光灯突然忽闪了两下,接着“扑哧”一声爆了。这样的情形着实让我吓了一大跳,但随即便听到一旁的阿广惊愕地道:“没想到这里居然还有电！不过这儿太长时间没用,电路早就老化了,刚才那一下就短路了!”

七号公馆已经废弃两年,电路系统也早已经废弃,这里能通电,肯定走的是独立的电路系统,或者就是为了防止电路故障而设置的应急备用电源。

我试探地摸索着寻找电源开关,试图再打开光源,但光源控制开关实在太多了,刚才的一下造成了短路,整个光源系统已经尽数崩溃了。而就在我按下最后一个开关时候,突然一阵“嗤嗤”声响起,屋内腾起了一道微弱的亮光,而我很快辨别出这亮光并非来自于顶面,而是来自会议桌的方向。

亮光正是放映机的指示灯,我大感惊愕,没想到这废弃多年的放映机居然还能够使用。而到了这个时候,我相信任何人都没法去阻止自己的下一步行动的,所以我当时直接省略了犹豫这个过程。

我在入七号公馆之前,曾做过很短一段时间的林场放映员,这种东西对我来说再熟悉不过了,我熟练地上手调试了几下,先简单往回倒了倒,确定胶片没有粘接在一起后,当即按下播放钮。

放映机的转盘微微晃荡起来,接着顺利地被启动,对面的幕布上出现了清晰的影像。

画面黑白,从拍摄的角度来看,是居高临下俯视拍摄的那种,而且不住地抖动着,不难看出拍摄者是乘坐飞机在进行航拍。影像没有声音,只有画面的底端配着字幕,但字幕的文字都是日文,我们在场几人都无法识别。

画面的主要场景是大片的丛林,飞机拍摄时进行的是低空飞行,一旁不时还有飞机呼啸而过,地下浓烟四起。我当即明白,这很可能是在进行着轰炸,这架飞机的航拍就是为了观测这种轰炸效果。我放慢了镜头,捕捉定格住了几个飞机的画面。

我受家庭环境的影响,自小对军事武器之类的颇感兴趣,多年的军事常识积累,使得我一眼便认出了画面中的飞机类型,这分明是绰号为“飞行雪茄”的日本三菱 G4M 一式陆上轻型轰炸机。

一式陆上轰炸机是二战期间日本在太平洋战场上使用率最高的一种俯冲轰炸机,在日本一系列侵略战争中,可谓立下汗马功劳。二战期间,这种战机凭借着优良的性能和庞大的载弹量,在中国和东南亚诸国制造了一系列的血腥恐怖,可谓臭名昭著。

画面上的几架一式轰炸机对一片茂密的丛林进行了轮番轰炸,原本郁郁葱葱的广阔密林被强行撕开了一个大口子,一块块隐藏在密林中的巨石显现了出来。与此同时,航拍的飞机绕着那些巨石的上方盘旋了几圈,徐徐地向目标靠近,使得此时的画面显得越加清晰了。

从高空俯视,那些巨石排列得十分紧凑整齐,像是一块块矗立的墓碑,由于被炸开的地方是一个圆形区域,在丛林的反衬下,灰白色的巨石组合起来,形成一道白色的圆形地带,像极了一只眼睛,直勾勾地盯着上空。尤其是航拍的飞机向目标靠近,画面被拉得越来越近的时候,那东西看起来就越像是一只人眼。

而我此刻盯着这些画面,直感到一阵诡异从里面透出来,但我又不知道里面的东西究竟哪里不对劲,只是这种画面看着让我纠结,有种很不舒服的感觉。

轰炸产生的烟柱像虫子在蠕动,飞机在上空盘桓了几下,仍在向那眼球状巨石阵接近。这时,画面突然出现了干扰波,接着剧烈地抖动起来,充斥着许多雪花点,原本清晰的画面开始变得模糊不清。

就在这时,我突然发现画面上的那眼球状巨石阵有了些变化,和之前的不一样了,但我还没来得及辨清那是何种变化,画面迅速模糊起来,根本无法再辨清了。很快地,画面上满布雪花点,就此定格住了。

我迅速将带子倒回去,从出现干扰波那时候再重新看,无奈这种老式放映机的性能实在太差，卡镜头的缓冲带太强，我来回折腾了好几次，都没有卡到我想要看到的镜头。我也知道即使卡准了位置也会因为画面的原因无法看清，于是失去了兴趣，接着又迅速地快进，将这些无聊的内容跳了过去。跳到后面，画面忽然又变成了彩色的，同样是以俯视的角度航拍，但这次的不但有了色彩，而且比之前的黑白画面清晰了很多，而当画面上又出现了那丛林巨石阵的时候，我很快就明白了。

这显然是两次不同时期的拍摄，从后面拍摄的那些彩色高清画面来看，两次的拍摄时间至少间隔四十年。但它们的拍摄角度和方法都是一样的，更奇怪的是它们的拍摄目标也是一致的，也许这才是它们被剪辑到了一起的原因。想到这我顿时又疑惑丛生了:是什么人整理剪辑这些相差数十年的录影带？他们究竟在研究什么？

就在我疑惑的时候，画面又转移到了那巨石阵的上方，随着飞机的缓慢挪动调整角度，最终拍摄角度停留在了巨石阵的正上方。从画面的显示不难看出，这次运用的是直升机定位拍摄。

那些巨石阵已经不再是掩藏在密林中了，从上方一看便已经暴露无遗，显然为了这次的拍摄，掩盖着那些巨石的树木被砍伐殆尽，而且这次暴露的巨石范围比之前那次不知道大了多少。

而画面中的直升机似乎很忌惮那些巨石，一直没有靠近拍摄，随着拍摄角度从巨石阵的边缘扫过，直升机便开始缓缓上升，远离巨石阵，不一会儿，整个巨石阵便尽收眼底。

我们几人看到那东西的第一眼，止不住一阵惊呼，一种怪异的感觉从后背袭上来，直让我浑身一阵哆嗦。画面就此又定格住了，只见高空俯视之下，那些巨石排成的方阵，形成了一个极其复杂而规则的图案，那居然是一张人脸！

这的确是一张人脸，而且还称得上清晰，由碎石组成的人脸，就像是一张人脸照片被撕成了无数片，再拼凑组合起来一般，看起来极不舒服，而且此刻我总觉得画面上的人脸呈现出一种难以言表的异样,有一种妖异感。

我一扭头,只见两个伙计都直愣愣地盯着我,一副十分困惑的模样。见我一扭头,阿广即道:“沈工,我觉得这张脸很……我好像在哪儿见过!”他的话刚说完,一旁的另一个伙计也接过道:“对!沈工你不觉得吗?”

他们说着,目光在幕布和我的脸之间来回跳动,好像在比对着什么!我脑门一热,很快意识到了什么。再仔细一看,当即惊愕得差点没站稳脚跟:画面上的巨石阵人脸,极其逼真传神,无论从脸形还是面部表情来看,都像是从一个模板上复制出来的,那居然是我的脸!

第一章　邪玉诡图

那一刻的惊骇无措,在我心里投下了极重的阴影,如今我每每回忆起当时的一切,都有种身临其境的感觉。不难想象当时的情景给我带来的震撼:在世界的某个角落里,在很久远的年代,曾有人按着我脸形模样用巨石堆起了一座堪称神迹的庞大的未知遗迹。

事后,我曾无数次地试图用巧合来说服自己,但却始终没法做到,因为这样匪夷所思的东西用巧合来解释,始终显得过于苍白无力,我更愿意相信,这一切的后面隐藏着诸多的不可告人!

当时,我足足愣了许久才缓过神来,最终不得不确信,眼前幕布上那张脸,的确就是每天从镜子里看到的那张。

我深吸了口气,先勉强稳住了阵脚,随后便发了疯似的翻出了档案柜里放置的那些铁皮箱子,用匕首直接划开,里面的东西终于露出了庐山真面目,那分明是一卷卷录影带!

这些录影带和之前播放的那种近似同一规格,我摘掉放映机上的录影带,将另一盘放了上去。启动之后,幕布上再次出现了影像,这次我看到的是熟悉的办公室,再就是办公室里那个再熟悉不过的身影,正是我自己。

经历了刚才的一幕,我这次有了一丝心理准备,但随着录影带的播放,我还是止不住地感到一阵压迫感从四周涌将上来,仿佛有人用手卡住了我的脖子,让我的呼吸也变得困难起来。

画面的内容单调而无聊，无论我快进还是后退，画面的场景虽说不断地在变化，但却不停地在重复，显得很是单调，场景从办公室到走廊，从七号公馆再到我的住所，甚至连我进行一些与工作无关的娱乐活动的场所都有，而一成不变的是画面中的人物，所有画面的核心人物只有一个，那就是我。

我已经无需再做进一步的验证了，我终于明白了为什么那些东西的年份刚好是从1995年至2002年了，那恰好是我在七号公馆的生涯，所有的一切证明了一个事实：那几年的我一直处在被秘密监视的状态中！无论在哪里，黑暗中都有一双眼睛在死死盯着自己，一想到这样的情形，不由得让我不寒而栗。我实在不明白到底是什么人费这么大周折，多年如一日地这样做，而在我身上又究竟有什么不可告人的东西值得他们去窥探呢？

一切结束后，我以最快的速度飙回了自己的住所，拉上了所有的窗帘，发了疯似的在各个房间里寻找着某种被称做针孔摄像机的高科技产品，就连最不可能存在的角落都翻找了个遍。一番折腾后，我一无所获，这才微微放下心来，筋疲力尽地躺在沙发上，一根接一根地抽着烟，思索到次日天亮，我很快下定了决心，赶紧离开现在所在的地方。

我的损失不小，那个工程的前期投资和回扣我已经扔进去了四十多万，这对我来说并不是个小数目，但此时的我已经顾不了那么多了，我用了整整一天时间，将七号公馆密室里那些影像资料全部转移到了一个只有我知道的秘密地方保存好，随后便将手中的工程以极离谱的价格转包了出去，将材料商的各种欠款打发了之后，我几乎就净身出户了。我买了张火车票，直接北上到了北京，投奔以前一个要好的哥们儿三炮。

三炮是我在七号公馆时的同事，也曾做过一段时期的搭档，三炮的背景比我深厚多了，原本有机会混入领导阶层的，不过这厮属于屁股长刺儿的人，根本坐不住，成天扛着洛阳铲奋战在考古最前线。后来因为和领导闹矛盾，一拳将领导的眼镜片直接打到了眼睛里，因为此大过，三炮不但被开除，终身不予录用,还蹲了三个月的班房。

后来听说这厮出去倒腾生意了,结果赔钱比烧钱还快,没两年把他老子的棺材本都搭了进去。前一阵更是全国各地到处跑着躲债,只偶尔和我保持着单线联系,最近又听说这小子做古董生意发了点财,前不久还嚷嚷着说有好路子要带我混。

三炮从事的买卖被称做"浮流把子",具体做什么我还真搞不清楚,只大致知道就是穿梭在各大古玩市场古董商之间,取各种环节的差价,谋取利润,说得难听一点就是玩古董的二道贩子,那时候京城的几大古玩市场已经颇具规模,盘货的人很多,自然少不了这些人的存在。

不过正所谓隔行如隔山,更何况是古董这样门槛如此高的行当,我虽说做过考古工作,但那大多都是坐在办公室里写写报告而已,和三炮这种一直奋战在最前线的,水平自然不在一个层次上,所以他所说的好项目显然不适合我。

而我走的时候背的是一身债,唯一能拿得出手的东西只有祖上传下来的一件古物,那是爷爷在世的时候指名留给我的,爷爷去世之后自然就到了我的手里。东西用木匣子封着,我只看过一眼,知道是件玉器,之后一直就被我锁在柜子中不见天日。

我和三炮在磁器口他租住的家中对瓶吹了起来,就着夏家胡同的老北京烤肉,我四瓶啤酒下了肚,打着饱嗝对三炮道:"哥们儿,你现在可称得上风生水起了,难得还惦记着咱,不过你那玩意儿道道儿太多,咱不是那场面上的人,恐怕吃不了这碗羹啊!"

三炮一听这一抹嘴巴挥手道:"嗨!我说老沈啊,你吃饱了撑的,担心那鸟事干吗,我这买卖……咱这不是打游击打得腻歪了嘛,想搞个稳固的后方基地,这不场子都有了,琉璃厂金大喇叭那狗日的这两年搜刮够了想撤,那门脸我可早就瞧上了,咱把它盘下来,也搞点正经买卖!"

原来,三炮这几年做"浮流把子",东流西窜的,眼看着那些搞古董的大门不出二门不迈，一个个都富得流油了，他又不安分起来，琢磨着就想自己也搞个场子。叫我来的目的也很简单，这厮在行当里是个脸熟，万事皆不方便，把我找来打算给他当名誉掌柜。

我一听暗自失笑，三炮这人我很了解，性子直，来不得尔虞我诈的东西，让他钻钻冷门搞点歪路财倒也罢了，他不是那种能规规矩矩正儿八经地做生意的人。

但这厮赚的就是偏门的钱，三炮因为生意的缘故，周旋于形形色色的人之间，他们中有倒腾古玩的古玩商，有财大气粗的收藏家，当然，也经常会接触到一些做着“倒斗”营生的盗墓贼。

正因为如此，三炮经常有机会碰到不少刚出锅的好东西，做他们这行当的，讲究的就是一个速度，风声一到，立即就要想方设法去盘货。三炮在这方面做得还比较积极，这不上次一群“湖南帮”刚在湘西掀了一锅，一到北京就被三炮给盘了下来。

这刚出锅的货就是新鲜，三炮磨破了嘴皮子又赶上了头场，结结实实地淘出了一批好东西。这些东西主要是几件玉器和金银器，成色不错，运气好的话一转手就能海捞一笔。

几年前这小子还背着一屁股债睡我家地板，几年不见我俩的境况就掉了个个儿，我想起自己眼下的窘迫，不由得唏嘘不已。之前我无可奈何之下，只得拿出了自己仅存的那件古物，打算托三炮的关系好歹把这东西也顺带给卖个价钱，好让我打发打发那帮能要人命的债主们。

“我说三炮啊，我说句掏心窝的话你可别不爱听，以我对你的了解，你还是搞点偏门比较好，做生意这玩意儿可得慎重，可别再像以前那样了，忽忽悠悠一夜回到解放前！”

三炮满不在乎，干了一大口啤酒拍着胸脯道：“嗨，哥们儿我敢打包票，咱这些年差点没跑断腿，这路子可不是白铺的！”说着又放低了声音，作神秘状道：

“实不相瞒,咱的那笔买卖成了,这不才有了置办铺子的钱嘛,顺便找你这个文化人给我撑撑门脸!”

我见他信心满怀的,不像是在拿我开心,当即道:“我那件怎么样了?有合适的买家了没?”

三炮把眉一扬,一拍巴掌道:“嗨!我差点忘了这茬,天赐良机!也该轮到咱哥儿俩一起时来运转了!”

别说三炮还真有那么点人脉关系,没几天,他的几件东西基本上就兜尽了,而且有一位龙姓买家对我的那件东西很有些兴趣,先验了验货,随即给了一个价格。这个价格比我预期的价格高出了不少,三炮认为奇货可居,当时就自己做主没有答应,那位买家便道自己做不了主,还得回去请示下老板,丢下货便又回去了。

一听到买家报出的价格,我自己也吓了一跳,压根没想到自己没当一回事的东西还是个宝贝。我赶忙胡乱用纸巾擦了擦手,进里屋将那东西取了出来,说实话,这两年做生意忙得焦头烂额的,这玩意儿到了我手里就没正眼仔细瞧过,没想到关键时候还得靠这玩意儿救难,我这下才有点相信天无绝人之路了,此刻捧着它,就像捧着自己的身家性命一般。

当年在七号公馆,我经常从事一些文物鉴定的工作,加上我本人也好古,好歹也有些眼力。眼前的这件东西并不是单纯的玉器,它的上半部分的确是缅甸玉,但下半部分是篆刻着复杂纹饰的青褐色金属基座,整个玉被雕成了独角异兽,镶嵌在金属基座上,与它连成了一个整体。玉体呈现淡黄色,在灯光下呈现些许的透明,隐隐约约地,可见玉体的内部有一大团锈红色的淤斑。这完全不同于鸡血石的那种情况,因为此玉的表面是光滑无瑕疵的,淤斑完全被密封在内,不借助灯光仔细看根本看不出来。更奇特的是,玉里的那块淤斑并不是不规则的,在灯下调整着角度,可以看到淤斑形成的图案在不断变化着,等定格在一个角度时,形成了一个规则物体,长长的像是一条蛇,但又像是长满了脚的蜈蚣,此玉的透明度非常的低,实在没法看清楚这是偶然形成还是制造者有意而为之的。

基座上的纹饰极其复杂,有限的地方雕满了龇牙咧嘴的小鬼一般的东西,一手捧着骷髅,一手似乎在向上攀岩,纹饰的凹凸感很强,显然也是精心打造的。从那些纹饰上不难看出,这东西显然不是产自中原,更像是南方某些少数民族器物,而且也不像是玉玺之类的。这几年没少和明器打交道,但说句实话,今天正眼仔细瞧了才知道,这种奇特的东西倒还真是第一次见,具体价格我虽然估不上来,但这件东西绝对能用极其罕见来形容,甚至同类东西只此一件。

三炮见我眼睛几乎都快放光了,一拍我的肩膀道:“怎么,瞧出点子丑寅卯来了没?不是哥们儿跟你吹,就是把四九城里的瓢把子全部搬出来,能瞧出这东西的指定能掰指头数,哥们儿我混这么多年眼睛可不是光瞅笤帚妞的!”

我听了随即叹服道:“唉!就像你说的,算咱们把宝押中了,那买家总能看出点道道儿来吧,被你这么一阵胡吹海侃,有没有被套出点什么内容来?”

三炮一摆手道:“屁,我看那两人也是不顶事的主儿,捧在手里比琢磨原子弹还费劲,他们能看出什么来!”

我一听乐道:“他们什么都不知道,傻乎乎地就给你开那么高的价?我看他们不是脑袋让火车给撞了,就是被你灌了迷魂汤!”

三炮一听也对,微微回忆了一下,接着解释道那些人的确翻来覆去看了很久,但好像一副很不确定的样子,最后还有一段插曲:那些人是搞了些铅笔灰涂抹在那基座的底部,往白纸上拓下来一个图案,然后才出的价钱,最后还带走了那张白纸,说是拿这个回去问老板加价的事情。

我一听这差点没把刚才喝进去的啤酒一口吐出来,当即道:“靠!搞了半天是你小子被灌了迷魂汤,兴许那些人就是冲着那图来的,你这都让人拓走了,还加个屁的价啊!这东西出手看来都成问题了!”

三炮一听这幡然醒悟,惊愕地半张着嘴,方才脸上的神气劲儿也消失了,一拍脑袋懊恼不已:“妈的!早看那俩不是啥好鸟,明个儿我就去把那俩揪出来,少了你一分钱,老子非揍得他满地找牙不可!”

我上前按住三炮道:“先别恼,兴许也不是那么回事,这东西的确应该还是吸引住他们了,怎么他们弄那东西的时候你没跟着瞅瞅?”

三炮还在气头上,也没心思和我再讨论了,我也就此打住,二人当下也快速地搞了几张白纸,搞了些铅笔灰均匀地涂在那件东西基座的底部,小心地用力一拓,一幅清晰的图案显在了白纸上。

我将纸张放到灯下的茶几上,看到那图案的第一眼,我便觉得脑门一热,跟着不由得倒吸了一口凉气。这种惊讶并不是因为看到了某种恐怖的东西,而是这图案突然入眼,让我一时有些惊惶失措、无所适从。

我越看越觉得一种异样的熟悉感涌将上来,的确,这图案我真的非常熟悉,好像以前从哪里见过!

第二章　交易

这感觉不是凭空而来的，我确信自己绝对不是第一次看到它，虽然这件东西我不是第一次看到，但这图案我之前绝对不是从这上面见到的，因为这东西不拓下来是没法看清的。

白纸上被拓下来的图案颜色很深，因为对比度很强烈，所以很是清晰。整幅图由无数个长着尖利獠牙、似人似猴的异兽首尾连接拼合而成，整体上一看，很像是某种图腾柱上的雕刻纹。这种纹饰放在基座的最底面，应该说是极其罕见的，怎么也能说明这东西绝对不会是玉玺之类的了。

只要前后调整着距离，就会发现那些图案会因为距离的远近而产生视觉差，给人不同的感觉。而让我感到熟悉的地方，是夹杂在图案中两个很醒目的圈点，那是两个由蛇盘绕形成的圈，像是“@”，从中心的位置微微偏移，呈对称状排列，看起来很像是一对人眼。

正是对这种东西，我有着很深的印象，我很肯定不是第一次见到，可眼下我又实在想不起来到底自己何时何地见到过。画面很写实，此时盯着那对人眼般的东西看，似乎感觉它在与我对视一般，那两个“@”看起来就像是人的眼珠子从整幅图中突了出来，说不出的诡异！

今天有点喝高了，我们就着东西又研究了一会儿，一见仍无任何头绪，顿时兴致大减，倒在沙发上便鼾声如雷了。

第二天一早，三炮便接到了那位龙姓买家的电话，约他下午三点在琉璃厂广轩斋见面。三炮有了之前的芥蒂,怕他们玩花招,又怕这事情没给我办妥把二人的关系也搞僵了,不敢单刀赴会,非得拉上我,我暗自失笑,心道你难道还怕那是鸿门宴?

三点准时赴约,买家自称叫龙铭,道上人称"龙太保",名字叫龙铭,模样一点也不"农民",一眼望去,只见此人约莫五十出头,一袭浅灰色唐装,手执印着百鸟朝凤图的纸扇,很有点豪门管家的派头。

龙铭颇有待客之道,倒也显得谦和,这让我们的戒备心理减轻了不少,就着功夫茶,我们很快谈妥了价格,就此签订合同成交,一切都顺利得让我们不敢想象。

我怕这老狐狸耍诈,将合同从头至尾反复看了多遍,也找不出一丝不合适的地方。龙铭显然看出了我的疑虑,当下表示只要验了货后没问题,立即就可以付全款。他这一发话,我的顾虑才全部打消,但心中的困惑却丝毫未减。

龙铭呵呵一笑,一边招呼我们喝茶,一边对我道:"沈先生不必担心,咱们也算是有渊源的,又能再次合作,那也是一种缘分啊!"言罢扯开纸扇,象征性地对着自己扇了扇。

他这话一出口,我当即一怔,奇道:"龙先生这话怎么讲,再次合作?我和您素不相识,怎么我们之前有合作过的经历吗?"

龙铭笑着抿了一口茶,接着道:"沈先生你真是贵人多健忘,我龙某人可不敢无中生有乱攀关系!"说着放下茶盏,从口袋里掏出一张名片递给我。

我将信将疑地接过名片,放到眼前一看,上面写着:龙铭,爱威·埃(中国)有限公司区域经理,董事长助理。这名字我很是陌生,根本没什么印象,直到看到他们公司的LOGO时,我才恍然大悟,昨天晚上的困惑也跟着烟消云散了。

没错,这家公司的LOGO和我昨天晚上看到的那个眼睛般图案一模一样!我在七号公馆的时候,曾与这家公司打过一次交道。在七号公馆里有一点最让人抓狂,就是保密工作做得过于到位,每天做的事情都不知道为了什么目的。

所以,当时只知道我们和国外一家公司进行了合作,但具体合力研究什么项目我至今仍一无所知。

“爱威·埃”是他们公司英文名字的中文谐音,他们公司原名 EveningEyes,直译为“黑夜里的眼睛”。而他们公司的 LOGO 就是取这两个英文词的第一个字母 e 小写,镜像对称排列,就如人的双眼。之前我还认为这个公司标志的设计者独具匠心,现在看来,这里头显然极有渊源。

爱威·埃公司的主要经营领域是国际贸易和资源开发,当年我的觉悟还并不高,对于商业社会的某些东西比较抵触,我总认为这类境外的公司,就是打着支援建设的幌子来国内掠夺资源的,也实在不明白这类公司和考古研究怎么还扯上了关系。

迟疑间,龙铭手下的人已经验了货,龙铭一点头,大方地吩咐手下开了张一百六十万的支票给了我,接着就吩咐手下开瓶人头马庆祝一下。

这个价格比三炮前天提出的价格还高了整整四十万,我非常满意,但眼看着祖上的东西就此落到别人手里了,心里还有些舍不得。钱一到手,我便没心思再待了,当下一挥手道:“龙爷您还真是个上台面的人,之前兄弟我有点得罪,咱们来日方长,先告辞了,酒我下次请您喝!”

龙铭赶忙起身,扇子凌空一虚点道:“不急不急!既然是旧相识,又成了这么笔买卖,哪有不喝杯酒叙叙旧就走的道理,这传出去行当里会说龙某人没有待客之道,怠慢咱们的客人!”

一听这话,我心里当即明白,这厮说得倒体面,只怕醉翁之意不在酒。三炮这厮这回倒不仗义得很,他知道龙铭针对的是我,识趣地找了个借口就退了。而当我独自面对这老狐狸,看着他皮笑肉不笑的表情时,心里那种怪怪的感觉便愈加强烈了。

龙铭招呼着手下备了车,不等我作何反应,便邀请我上车,说带我去见他们的老板。我莫名其妙地上了车,跟着车内的窗帘全部拉下,我像被绑架了一般,一路无话地随车驰骋了大约半个小时。

最后,车在一处胡同口停下,再步行穿过一条狭长的胡同,拐了好几道弯,这才来到一处宽敞的四合大院前。大院虽说是典型的明清风格,为双层中式别墅,古色古香,但它的年岁却不长,显然是某些附庸风雅之徒特意营造的。

偌大的院子里空荡荡的,只有两个园艺工人模样的人在忙碌着,我像被押解的犯人一样漫无目的地走着,心里却七上八下的:这帮人一看就不像什么好鸟,他娘的不是想白吃我那玩意儿吧?说实话眼下敌众我寡,他们真要我把收的钱再给他们吐出来,我也只能认倒霉吃哑巴亏了。

忐忑不安间,已经来到了后堂的东室,龙铭请示了一下,接着从屋内走出来一位年轻的外国男子。我一看不由得愕然,只见那男子长发及颈,头上一顶黑色的瓜皮帽,戴着一副黑边框眼镜。眉清目秀、肤白似雪这些词原本是用来形容美女的,但此刻我觉得这些词用在他身上也恰如其分。

他朝我笑了笑,伸出手主动和我握了握手,龙铭在一旁道:“这位龙少爷就是我的老板,这次约沈先生来,就是谈一谈合作的事情!”

合作?我听了这顿时又是一头雾水,那龙少爷招呼我就座,让众人退下,用流利的中文向我道起了详情。

原来,这位龙少爷正是那家爱威·埃公司的负责人,爱威·埃公司曾在中国某地进行了一次秘密探察活动,结果遭到了惨败,损失惨重,几乎全军覆没。而事后分析才得知,之所以出现这样的情形,完全是因为那些人盲目自信,在不熟悉当地复杂的情形之下,仓促草率行动而造成的。有了这次的教训,爱威-埃公司一方面通过多种渠道,搜集有关的详细信息,另一方面,也通过各种手段将一些考古界甚至倒斗界的能人异士招揽至旗下。

而就在几年前,也不知道这帮人通过什么手段,居然和七号公馆达成了合作协议,项目是西南地区丛林里某个遗迹的考古勘探,龙铭之前说的和我有过合作,指的就是这一次。

其实这类情况我之前也遇到过,而我对这类打着技术资金支援的幌子觊觎国内资源的境外公司一向没什么好感,此刻也有点怀疑这位龙少爷的用心了。

龙少不慌不忙地捧起那件从我手上购买的玉器,在我面前把玩了一会儿,继而小心翼翼地放在面前的几案上,指着它道:“沈先生你今天已经拿出了诚意,将这件东西卖给了我们,那我们应该会有更多的合作机会!”

我听了心道这怎么也算是祖上唯一留下来的东西了,要不是现在被钱逼得快要抢银行,再出两倍的钱也不会卖的。况且对方财大气粗,我实在想象不出所谓的合作从何谈起。

我如实相告之后,龙少显得很是惊讶,他不敢相信地凝视了我好一阵,或许在他看来,我拥有这件东西,却对这东西一无所知,这是极其不可思议的事情。然而事实就是如此,经济上的窘困已经将我逼到了绝境,我已经无暇顾及其他了。

许久,龙少才确定了我并没有欺骗他。这才朝我使了个眼色,接着小心地捧起那东西,取出一个小型的镁光灯手电,照在那块玉石上,左右调整着角度。很快,对面白墙上便投射出了一个清晰的黑影。

那黑影呈S形,细长细长的,两侧布满了像节肢一般的细条,无论从形态特征还是其他方面看,都感觉那影子活脱脱就是一条巨大的蜈蚣趴在墙上。

我刚感到意外和惊愕,龙少又调整了下角度,那蜈蚣黑影慢慢散开,像爆炸后碎裂开了一般,而随着龙少角度的调整,那些碎片慢慢地又组合到了一起,竟然变成了四排像文字一样的东西。

文字有数十个之多,但却并不是汉字,而且在我接触过的少数民族文字中,也从未见过这种文字,甲骨文、金文、象牙文什么的统统都不是。

疑惑间,龙少收起了手中的物件放回原位,一边用白丝绢擦着手一边对我道:“其实这是一种藏文玉,内部被人做了很巧妙的处理,通过这种方式就能显出图形和文字来,还有那青铜基座上拓下的图案,其实是一张地图!”

"地图?"我颇有些吃惊,接着已经预料到了什么.,即问道,"什么地图,难道就是几年前你们和我们合作研究的那地方?这么说,这上面的东西你们都基本上破解了?"

龙少怔了怔,接着就这件东西给我作了番解释。说实话,作为卖家,让买家给自己来解释交易物品的来历,这着实让我有些哭笑不得。

这件物品因为比较生僻,在学界根本没有给它定名,只知道这是种用于祭祀的器物,来源于西南地区一个叫南陵的古国。南陵距离古滇国的遗址只有不到三百公里,但文化差异却很大,而且在正规的历史文献中,基本上找不到关于南陵的记载,只在野史上看到些许零星的记载。所以,很多学者不承认有南陵这么一个政权存在过,即使承认它存在过,对它的存在时间学界也有很大的争议!

有的说它仅仅存在了几十年,有的说是一千多年,而令人称奇的是,无论是哪种说法,都能拿出极为确凿有力的证据来证实。更有甚者,某些好事的国外学者还公然搞出了个颇为哗众取宠的学说:南陵政权其实是抽象存在的,它处在与某个平行宇宙的交点端,与实际的世界存在时间差,一旦遭遇了入侵,便调节时间差的宽度,从而达到与原时代不相同的另一维空间去!

有这样观点的,估计都能被颁发诺贝尔想象力奖了。但有一点毋庸置疑,南陵的确拥有比同时代更为先进的文明,而青铜文明就是其中的一个典型。

龙少道:"南陵的国民到底由什么样的人组成的,这至今是个未解之谜,但是谁都不能否认南陵拥有高度的文明。我们拓下来的那个,其实是缩小了很多倍的微观地图,单从这点上来说,就很难做到了。而且那些文字记载的内容,你绝对不可能想象得到的!"言罢,表情中隐约透出一丝得意的神情。

"原来你们已经破译了其中的内容了!"我一怔,当下又惊又奇,怎么也没想到自己的这个东西居然还有如此大的玄机在里面,越是这样,我现在就越后悔自己草率地出售它了。

龙少道:“那些文字看起来很多,其实就是一种排列组合应用题一般的码,解码的过程非常复杂,但是答案却很简单,不止是你,我相信所有人都想象不出会是这样的答案!”

龙少看了我一眼,又继续道:“这些字排列成四行,其实每一行都对应着一个答案,分别是一个数字。如果按着顺序的话,解出来的数字组合刚好是1998!”

“19987”我大骇,顿时有种阵阵冷风直往后背猛灌的感觉,这个数字代表什么?年份吗?我不由得联想到了七号公馆废弃的办公楼里的一幕,那密密麻麻的有关我的录影带,缺少的正是1998年的!这是巧合吗?

龙少补充道:“按着字面的破解,确实就是这几个数字,而它的含义是什么,现在还不清楚。我们已经得知,这是南陵的最高统治者用以祭祀的器物,古代人遇到某些重大事件时,都会乞求神灵和上天的启示,或许南陵人认为这就是神灵给他们的某种启示。这方面,相信你们那边应该掌握着比我们更多的信息!”言罢对我一笑,其中意思不言而喻:我已经拿出了我的诚意,也该你向我倾倒倾倒了。

我的初衷仅仅是和他们做交易而已,根本没想到会引出这样的情形,那诡异的人脸巨石阵、录影带、神秘数字……一切都在提醒着我,这件事情我不可能作为局外人而置身事外的。

略加思索后,我便向龙少表明了我的立场,龙少颇感满意,先搞了两杯红酒预祝合作愉快,接着又拟定了一份合约。一番交谈中不难看出,龙少此人做事情非常的谨慎,说话也有所保留,他给我的合约我从头到尾看了个遍,确定并没有任何猫腻时,才放心地签了合约,龙少这才开始向我坦白他们这次的行动计划。

第三章　尸魃

龙少的公司近期已经筹备了一次考古计划，目标正是之前所说的南陵城遗址，根据他们已破译的那份地图，他们对找到这个遗址比较有信心。而据龙少所言，这两年他别的事没干，为搜集信息可谓煞费苦心，花费了不知道多少人力财力，他的执著也让我感到疑惑：他下如此大的精力和赌注要寻找的究竟是什么东西？

诚然，合作的基础就在于对方对自己有必需的用场，不可能找一个对自己没有任何作用的人进行合作的。我认为龙少一定认为我掌握着某些对他们有用的重要讯息，只是无法撬开我的口，故采用了这种方式，而很可能这些讯息比这件东西的价值还要高上许多，这点从合约上利益分配这一条就很容易看出来。

这些天发生的一系列匪夷所思的事情，已经完全打乱了我的生活，我很明白，自己对这些事情来说，绝对不会是个局外人，所以我必须借助某些力量探寻一些东西。

龙少只给了三天的准备时间，而对于我找什么样的帮手，他并没有作任何干涉。以我现在的情形来说，自然是知道这件事情的人越少越好，而且此人最好有考古方面的经验，符合条件的也就三炮一人。这小子果真是个过不惯安逸日子的人，一听说我要去西南搞项目，马上把本职都给放了，生怕我落下了他似的。

三天后,我们和龙少等几人在首都机场附近的东坡酒楼碰了头,乘坐预订的航班直飞昆明,再以此为中转站,转坐长途汽车驶向滇西方向,六个小时后,便抵达了一个叫石头寨的地方。

这里是滇西的腹地,再往南便是一望无际的群山莽林,属横断山脉高黎贡山,为喜马拉雅山脉的南延部分。光看着那些大山,就足以让人心潮澎湃,试问又有谁能知道,这一望无际的崇山峻岭之中,究竟深埋了多少不为人知的诡异秘密!

我们在一个叫巫石镇的山间小镇过了一夜,第二天一大早,龙少的人已经将找到的向导领了过来。我很是纳闷,随后才得知龙少的另一支队伍已经提前抵达了深山中,难怪我们这次是轻装上阵。

那支队伍装备精良,甚至配有 M16 机枪,这样的队伍显然不适合穿村过寨,所以两支队伍走的是两条完全不同的路线,之间靠 GPS 卫星电话进行联络。而我们进行的是野外蛮荒之地的探险活动,有不小的危险性,想不到的意外会同时或陆续发生,因此强大的后方救援保障系统是少不了的。这样的安排与其说是龙少谨慎缜密,倒不如说他是经历了几次惨痛教训之后,不得已而为之。

向导名叫阿海,是个三十多岁的青年,皮肤黑黑的,是当地做玉石生意的倒爷,平日里走南闯北见多识广,当地白话、普通话、缅甸话都说得很溜。

山里的路极不好走,可以说除了双脚,没有任何交通工具能在这样的路上行驶,直到将近傍晚的时候,阿海才领着我们一行人进了一个村寨,说这是离我们的目的地最近的住宿地了,不在这里歇,那就只能睡丛林。

村寨是由数十座石砌屋和木制高脚楼组成的,很老很旧的那种,年岁应该不短了。由于语言不通,一路上都是由阿海帮忙着张罗的,很快我们就到了阿海家那套供给路人住宿的高脚楼,龙少二话不说,直接就住下了。

听阿海说,这里虽然偏远,但位置却很重要,村口有条河直接能通到镇上。很多做玉石、干果甚至非法生意的人,都会以此为中转站,在中缅两地穿梭着,所以这村寨虽然老旧,但还算比较富裕的,村里人大多都不愿意外出谋生。

我听了颇感疑惑,因为刚一进村子,我就觉得有股异样充斥而来,那异样就是这里实在太安静了,就像是传说中的无人村一样。要真像阿海说的那样,怎么可能还会出现这样的情况?

龙少显然也意识到了这点,直言不讳地向阿海表示了自己的疑惑,阿海回道:“最近这些天这里出了一些事情,很多人都绕道而走了,是你们坚持要我带你们走这里我才带的!”

众人一听这都急问道出了什么事情,阿海才勉为其难地道:“这事情嘛以前也有过,也没什么关系,你们小心一点也就没事了!”

原来,这村里前一阵突然流行一种类似登革热的冷热病,村里很多人都中了招,折腾了好久也没有全部根除,而且还有两个孩童病死了。本来,人无论生了什么病,对症下药也就是了,但在落后的年代或地方,很多人把自然灾害或者瘟疫归咎于有妖孽作怪,所以当时村里人都认定山中有尸魃在作祟。

全村的壮劳力都出动了,在方圆十里之内的荒山上日夜搜索,不几天,就发现了一处很可疑的古墓。那墓处在一座小山的半山腰位置,因为山体滑坡而使得有一部分暴露在外,露出了一个黑黝黝的洞口,隐隐约约地,似乎能听到那洞里传来阵阵古怪的声音。

众人大惊,确定就是这里了,几十个人硬将那古墓刨开,见到了一口表面螭纹密布的铜棺。这铜棺一眼看上去不少年岁了,表面已经长了很多霉菌一般的铜绿,一刮即一个劲往下掉。只要用手一碰这铜棺,即感到内部震荡不已,好像有什么东西在不住地顶着棺盖,发出沉闷的声响。

这棺材诡异得紧,但祸害不除又不行,于是众人选了几个胆大的,将铜棺从墓里抬了出来,壮着胆子一咬牙,将棺盖给撬开,四周围着的人都屏住了呼吸,牢牢地握住各自手中的家伙,只等着那棺盖一启开,不管看到什么先来一阵猛打。

随后，伴着“咯噔”一声响，棺盖被撬到了一边，一股呛人的恶臭也随之扑鼻而来。众人都被这恶臭熏得差点晕倒，捂着鼻子往棺内一看，只见棺内摆满了各类陪葬品，在棺首的位置，蹲着一个浑身长满了白毛的怪婴，它眼圈乌绿，眼珠发红，正龇着牙直勾勾地盯着在场的所有人。

随行的一位老者伸头一看，大手一挥道就是这东西，众人一听这抡起手中的家伙就准备打，却被老者伸手制止住。原来老者仔细查看了棺内的情形后，发现这棺材的规格非常的正规，从棺内的陪葬品来看，棺主应该是个女子，而现在棺内只剩了一个白毛怪婴，根本就没有任何尸骸，所以十分古怪！

这样一说，众人都有些害怕了，再没人敢动手，于是在老者的安排下，将那白毛怪婴捉住带回了村中，用铁笼子关了起来。而那棺材里的东西都没人敢动，一把火烧了个干净后便将棺材丢弃了。

接下来等了几天也不见动静，就在众人商议怎么处理那白毛怪婴的时候，村里突然发生了一起血案：一个叫三旺的二流子莫名其妙地惨死在自己家中，死状极其恐怖，浑身被抓得稀烂，肚子里的内脏都被掏空了。现场散落着一些奇长的头发状物体和一块寸余长的血红色指甲，再就是一枚造型异常别致精巧的梳妆镜。

之前那位老者一看这梳妆镜，当即断定这东西就是从那铜棺里来的，村里人动了那棺材，这下女尸报复寻仇来了。

村里人都吓得够呛，虽然搞出了人命，却没人敢声张。且不说这事情报了案有没有人信，这擅自掘坟开墓可是违法的事情，再说了，这种可怕的事情要是传出去，过往的客商谁还敢在这里留宿？村里的经济命脉岂不一下子就因此而断了！

一番商议后，村里人决心严守秘密，于是众人挑了个日子，将那白毛怪婴架到火堆上打算用火烧死。奇怪的是，那白毛怪婴虽然个头不大，但被火一烧就像是启开了烟雾弹一般，一个劲冒黑烟，那黑烟极其浓烈，遮天蔽日的，散发着一股令人作呕的焦臭,整个村子都能闻见。烧死了白毛怪婴后,村里的人每日依旧三五成群地集体进山,搜索那女尸的下落。

但村里人想封锁消息的算盘显然没打好,这事情最后还是像长了翅膀一样传了出去,难怪我们今天到来见到的村子是这样一幅近乎萧瑟的景象。

阿海又添油加醋地说了很多,我听得将信将疑,因为我本在事业单位工作,受惯了唯物主义教育,对这类东西我比较排斥,根本没想到自己刚出马就遇上这种事情。

一切安顿好了之后,龙少又给阿海加了点钱,嘱咐他帮忙打听打听刚才所说的那梳妆镜的下落,说如果东西好,他可以出个好价钱买下来,到时候还给阿海一些佣金。阿海喜不自胜,胸脯拍得山响,说这事情包在他身上了。

三炮打趣道:“龙少你收明器收上瘾了吗?连那女尸的嫁妆你都想要,不怕那女尸回头黏上你以身相许啊?”龙少听了眉头一蹙,笑而不语。

第一晚过得还比较太平,山村里最近电力设施不稳定,我们只得在昏黄的油灯下,研究着那份拓下来的地图。地图被龙少的人用特殊的技术手段放大了二十倍,但观察起来还是比较困难,和现代地图比对,才勉强能辨别出方位。我不知道是什么人出于何种目的,把地图用如此复杂的手法刻在青铜器上,难道就是为了方便让后人去找寻这地方吗?

我向龙少提出了我的疑问,他笑了笑一点头,朝一旁随行的一个被称做“风师爷”的人使了个眼色。风师爷是龙少此次随身带着的两个人之一,另一个是满身刀疤的高个儿退伍大兵鹰戈,不难看出,与魁梧大兵相比,体格精瘦的风师爷能受到如此重用,自然充当着军师的角色。

这家伙是个狠角色,只有九个指头,他左手的食指只剩了小半截,戴着一只刻满了精美纹饰的如蝎子尾一般的金指套,名曰“天龙钩”。风师爷当年在行当里也算是闻名遐迩,后来据说是为了一个女人,甘愿剁下自己左手的食指,以表退出江湖之意,所以行当里都习惯称呼他“九指金”!

风师爷会意,紧接着道:“我想沈工你应该还不知道这么一回事:很多学者和寻宝者,为寻找南陵城可谓费尽心机,可奇怪的是,其中根本就没有成功的,以至于很多专家干脆下了论断说南陵城只是个虚构的传说,根本就不存在。而我们少爷浸淫其中已有八年有余,费了不少心血证实它是存在的,最终终于获得了一份完整可靠的地图!”

风师爷说完之后,作神秘状一笑,继续道:“而当我们研究了这份地图之后,这才明白为什么之前的人都说南陵城是不存在的了!如果没有得到这上面的信息,我相信就是将整个丛林都翻个遍,也根本无法找到它的!”

我一听来了兴致,一旁的三炮也按捺不住了,上前就道:“怎么着,那城跟人玩捉迷藏呢?不待见旁人找它,就直接往地底下钻吗?”

风师爷咧嘴一笑,回道:“其实,南陵城不过是学者给它命的名而已,南陵城,顾名思义就是鬼的坟墓,也可以理解成我们所说的地狱!”

第四章　地狱之城

龙少伸了伸手，接过话道："一直以来，很多学者和专家热衷于这类离奇古城的考古勘察活动，其中西域一直都是很热门的地方，无数的古城连同它的所有秘密一同都被埋到了漫漫黄沙之下。而南方的莽山丛林深处，同样埋藏了无数不为人知的文明，但南陵要远远凌驾于这些文明之上，它的文明高度是世人所不敢想象的！"

我将信将疑，听得龙少继续道："到目前为止，还没有人搞清楚南陵人的具体来历，但凭着我们掌握的资料，可以十分肯定，在无数的文明古国中，南陵的历法绝对是极其超前的，还有它的祭祀和图腾文明！"

一般来说，消逝的文明最吸引人的莫过于几个方面：如何消逝、神秘居民、神秘祭祀和图腾文明。而龙少所说的无非也就是这几个方面，并不能免俗，但他的狂热和坚定让我感觉到，他要追寻的远远凌驾于这些东西之上。

我原本就一肚子的困惑，加之南方丛林湿热异常，对于久居北方的我来说，这种情况一时很不适应，我难以入眠，浑浑噩噩地度过了一夜。

次日一大早，向导阿海便闯进我们的房间，兴奋地告诉我们那女尸被捕到了，还顺手将一枚很精致的小镜子展示给龙少看，正是之前龙少让他帮忙留意收购的那枚小镜子。

这东西村民们都忌讳，碰都不敢碰，有人出钱收那是万幸，也就不考虑什么价格了。即便如此，龙少还是给了个很大方的价格，而且履行了之前的承诺，付给了阿海一笔佣金。

三炮一听逮着了活的女尸，当下按捺不住了，在考古前线混迹这么多年，干尸、湿尸、蜡尸、鞣尸……各种尸都瞧得眼睛生老茧了，唯独没见过这活尸，遇上这稀奇事，怎么也得去开开眼界。

由阿海带路，我们一行人来到了村民捆绑女尸那地方，那是村西头陡坡上的一个废弃的山神庙，此时一大帮村民正围在那里看热闹，几位长者正商议着怎么处置女尸。

村里人很忌讳外来人前来窥探，见我们到来便有驱逐的意思，好在阿海一番疏通，他们才勉强同意让我们远远地站着看。

只见那女尸披头散发，浑身用红布缠住，被铁链锁在一个铁笼子里，置于干柴堆上。它连嘴巴和脸都被紧紧蒙住，不住地挣扎着，发出"咕咕"的声音，笼子也被震荡得"当当"作响。

按着当地的习俗，抓到这类不干净的东西，一般方法都是用红布裹了全身，然后直接烧死。

我此行特地携带了相机，当下也顾不得村民的阻拦了，由三炮打头，拼命往里挤。三炮胆大过人，揪着铁链子就把那东西往外拽，直把它的脸都拽得贴到了笼子铁栏上，这才摆了个 POSE 大叫着让我给他来个英雄特写。

面对我们两个捣蛋的家伙，村民们颇为反感，推搡着就要将我们架出去，准备点火将那东西活活烧死。与此同时，笼中那东西显然意识到了什么，它感觉到了惧怕，挣扎得越加厉害了，脸上缠着的红布也被挣脱了一块，一对饱含着乞求和哀切的眼睛直盯着我，此刻已经浸满了泪水。

我一见此，怎么寻思怎么觉得不对劲，难道是我孤陋寡闻了吗，这恶鬼僵尸难道也通人性了？疑惑之际，我也不知道从哪儿来的胆，猛地挣脱了推搡的村民，冲上前伸手就去扯那东西脸上的遮盖物。

这一下不得了，村民们瞬间都发毛了，没等我得手，一群人已经拥上前又将我揪住，几个年轻的围上来就准备对我动手。我顾不上挨揍，指着铁笼子的方向对着上前来救我驾的三炮道了一声：“快！他娘的要出人命了！”这厮很快会意，左冲右突，瞅准了人群中的一个空隙直钻了进去，上前一把扯掉了笼子中那东西缠在脸上的红布。

“救命！”铁笼子中的那东西随即发出一声惊呼，所有人顿时大惊失色，我更是如释重负，心道果然不出我所料，这哪是什么僵尸鬼怪，分明就是一个正常的人！也不知道这究竟是这帮村民集体犯晕，还是少数人想出的馊主意。所谓穷山恶水出刁民，这女尸的事情一闹，村里的经济收入便大打折扣，保不准某些草菅人命之徒为息事宁人，随便绑个良家女子当女尸给烤了。幸亏自己没马虎，不然光天化日之下立即便上演一幕惨剧。

面对我们这种搅局的举动，村民们怒不可遏，卷着袖子簇拥着朝我们围了上来，不出意外的话，我们这顿揍是挨定了。还好在之前的工作生涯中，这种与民众的冲突我没少遇到过，见多不怪，当下随手从口袋中摸出几件证件，底气十足地大声强调自己是国家考古部门的工作人员，活尸也属于国家文物，私自毁灭是犯法的，上头有文件，我们得带这东西回科学院进行研究。

这招我以前百试百灵，果然，这一声喝出，人群的躁动被压制了不少，那几份伪造的证件起了作用，村民先是将信将疑，但看了看我们一行人的打扮，再加上阿海在一旁添油加醋地论证一番，便有些动容了。我顺着再说点客套的，也不让众人白忙活，发了点劳务费便都打发了，那“女尸”便被我们带走。

那女子一袭紧身服饰，显得干练利索，鹰戈一番搜索，从她身上搜出了匕首、对讲机等物。她受了不小的惊吓，脸色显得有些苍白，但却毫不客气地接受我们的招待，几份竹筒肉松饭不一会儿就被她消灭了个精光。酒足饭饱后，她的脸色好看了不少，她满意地抹了抹嘴巴，此时的眼色中平添了几分狐媚和狡黠。

那女子丝毫不紧张拘束，虽然她对我们很是戒备，但并未表现出畏惧。她自称叫胜男,是自驾洞穴探险爱好者,因和同伴走失,在丛林中迷路,误被一帮野蛮村民当女尸给捕获。

这种女子一眼看上去就给人一种很不好对付的感觉,想从她嘴里问出什么实质性的东西可能性不大,对于我们来说,保持戒备才是最主要的,而且对付这种女人,态度不强硬一点是不行的。

风师爷用戴在食指断指上的天龙钩,“叮叮”地敲击着手中的酒杯道:“明眼人都瞧出来是行家,你一个女人能在这里折腾,也很让人佩服!但你闹出了人命,再大的本事你也开脱不了!到时候我们也救不了你了!”风师爷的意思很明显:我们不但救了你一命,而且你已经有把柄在我们手里,再不老实配合自然不会对你客气。

胜男丝毫未服软,开口为自己辩解:“没错,东西是我端出来的,但我没那开膛破肚杀人的手段!再说了,我是人是妖你们还看不出来吗?”

三炮一听,有意调侃道:“那可说不定呢,指不定你被墓里那东西觅上了,大白天里人模人样,晚上就变小狐仙,叩人家书生的房门。”边说边很形象地做了个聊斋女鬼画皮的动作,让人忍俊不禁,几人都笑出了声。

胜男容不得他的调侃,当下柳眉一竖道:“看你那样才更像是,你老妈肯定风流俊俏得很,上辈子做狐仙的吧!”

三炮脸皮奇厚,遇到漂亮的女人就立即没了原则,就想跟着再调侃,我怕他嘴巴不严闯祸,赶忙把他揪到了一旁。而几人当下一商量,都皱起了眉头:这女子来历不明,说什么也不能让她轻易离开,但有这样一个人在队伍中,又得分出神时刻防备着她,实在是件比较让人头疼的事情。

就在这时,我们的向导阿海敲门,要我们几人中领头的出去一下,说有事和我们商量。此次行动龙少虽然是出资人,但他一贯低调,很多事情其实都由我做主,事实上我是领队。阿海这样说,应该是确认一下到底谁能做得了主,可能他要和我们谈的事情至关重要。

众人一听这，都把目光投向了我，三炮一拍我的肩膀，在我耳边轻声道："沈队，快去办正事，这儿交给哥儿几个，对付美妞咱哥们儿比你有招！"

我告诫道："你小子守住自己的魂儿，别人家几个媚眼一抛你就忘了自己亲爹姓啥了。"说完走出了房间，跟着阿海往一块偏僻处走好说话。

先前的天还是烈日炎炎，现在居然阴沉了下来，乌云密布雷声轰隆，眼看着似乎有一场暴雨即将来临。

阿海显得有些不自然，他先给我点上一根烟，接着又给自己点了一根，一副欲言又止的模样。

"有话就说！"我一看他这副样子便着了急，忙道。

阿海一咧嘴，作歉意状道："老板，你们要进深山里头，我可没法再给你们当引路的啦！"

第五章　迷雾森林

我一听这,立马就急了,这可不是开玩笑的事情,在莽山密林之中,地图是起不了多大作用的,向导简直就是我们的眼睛,没了向导基本和瞎子没有区别。而此刻从他嘴里迸出这句话当真让我气不打一处来,咱这趟可不是来游山玩水的,这之前早已经敲板落锤的事情了,怎么一晚上就变卦了?

我颇为反感地道:“怎么你的包票平日能当饭吃吗?才一天时间就转了个大弯!”说完我奋力将剩下的半截烟头扔到地上,一边用脚使劲踩一边道:“你要加多少价码,别他娘的拐弯抹角的!”

“老板,我知道你们都是‘板扎’(做事干净利落)人!但这不是钱的问题,现在出了点变化啦,你们要走的那路线,我真的也不熟悉!”

阿海见我脸色又变了,赶忙继续解释道:“没错,昨天我是承诺带你们走山路,那个路线我熟悉没错啦。但是……”他指了指顶上的天,道:“现在已经是雨季,暴雨都不是一天两天地下,山路不好走了,很容易迷路,而且经常发生滑坡,非常的危险,而且就算不遇到暴雨,那丛林路线也不是条好路,说句难听的话,我犯不着为你们那些钱去玩命,而老板你们也得考虑到自己的安全不是吗?”

一听这话,我的第一感觉就是这厮怕麻烦想趁机推托,但转念一想,这种情况的确是存在的。再往前深入不到十里,便是贯穿整个滇西南的莽山密林,瘴气弥漫,毒虫滋生,越往里深入,越是险象环生,其环境的恶劣程度让人难以想象。来的时候我还真担心过这个问题,咱们这帮整日在城市里摸爬滚打的人,能不能经受得起这亚热带丛林的折腾?

我问阿海还有没有其他的路子,并给他强调我们所经手的项目极其重要,属于片刻不能耽误的,他必须得为我们的行程负责。

阿海回道办法还是有的,现在雨季来临了,古烈江(当地人对萨尔温江的称呼)下游的很多小支流水势上涨,源源不断地流向它。蛇盘河就是其中之一,可以借助船只,沿着蛇盘河顺流而下,绕过南延的高黎贡山系深入丛林内部。这样做虽然行程上远了将近两倍,但顺流而下的速度远快于翻山越岭,人也轻松不少。唯一的问题就是萨尔温江支流众多,下游大大小小不下几十条,而且水势很不稳定,况且这条水路对我们来说更加的陌生,没有向导极可能有深陷丛林中弹尽粮绝的危险。

面对我的新顾虑,阿海拍着胸脯说找船和新向导的事情包在他身上,事情不办利索一毛钱也不会找我们要,我苦笑了一声,眼下着实无计可施,也只能这么办了。

这厮似乎有点戴罪立功的意思,效率整得挺高,两天后,我们便接到阿海的通知,说一切已经准备就绪。我们的座驾是一条二手的木船,从当地跑船的人手中接过来的,整艘船除了能勉强避风挡雨外,一眼看不出有任何的优点。

向导更别提了,就一二十出头的闷头小伙,一言不发,问他话才含含糊糊地应付几句,咧着嘴笑,一副老实巴交傻不拉叽的模样,颇有农村里智障少年的风范。

见到我们怀疑的目光,阿海特地强调道阿东这小子绝对靠得住,办事老实没有坏心,别看外表木讷其实心细得很,有他在绝对没问题。

几天相处我已经察觉到阿海这家伙就是个滑头,他这样的忽悠显然不能让我满意,当下强烈要求他换人。阿海几番叫苦推托,最后被逼得急了,无奈地道:“哎呀!我也不瞒几位了,就你们要去的那地方都是大片的无人区,整个村里都靠你们这些过路财神吃安稳饭,除了阿东,没人敢去趟的啦!你别看阿东年纪不大,可是光往缅甸那边跑船走货就跑了七八年了,没有人比他更让你们放心的啦!”

事情到了这个份上,我们也无计可施了,几人一合计,勉强就傻驴上磨了。我们要阿海给准备的东西倒办得齐整:足够的柴机油、防毒面具、考古探铲、雷管炸药……最关键的是搞来了两把五四式手枪和一支长筒的双管猎枪。此处已经靠近缅甸境内,边境地区赌场林立,还密布着许多的地下钱庄和很多能提供枪械交易的黑市,只要关系硬,买枪和买保险套一样的容易。

一行人于下午三点从三里外的蛇盘河渡口出发,顺流而下。除了先前的几人和向导阿东外,那个叫胜男的女人也在队伍当中,我不知道她是接受了龙少的招安还是怎么的,虽然这个女人在队伍中让我很不放心,但我们目前的行踪她几乎了如指掌,而她又来历不明,放任她离开显然是很愚蠢的行为。

在之前几人的盘问中,她承认了自己的身份,村子后山上那座有白毛尸魃的古墓正是她重金雇佣几个村里人盗掘的。而其后那个叫三旺的二流子贪得无厌,抱怨分赃不均,偷走了她从尸魃墓里盗出来的那枚梳妆镜,结果遭遇了意想不到的恐怖事件,惨死在了家中。胜男解释说他被一种叫鬼狦的凶恶野猫咬死的,这种野猫因为面目狰狞,又十分的凶残,所以在当地被称做“夜魔”,并且盛传这东西是饿死鬼幻化而成的,夜里便能化做人形,专好食人五脏。

我不知道这是真是假,也想不通鬼狦和那梳妆镜有没有必然联系,但一想起那肚穿肠流的惨景,我便觉得那镜子就是个祸害,放在我们身边都让我有种不安全感。

好在一下午的行程还算顺利,因为蛇盘河蜿蜒扭曲,有九曲十八弯的气势,所以我们现在行驶的方向与目的地完全相反。从阿东的口中我们得知,这段河道扭曲的程度比较大,但却相当的太平,水势平稳,连续过三个湾口后,河道蜿蜒度会平缓许多,但水势相对也急了很多,而且那地方基本没有人走,密林丛生,有时候会遇到山石、大树之类倒塌,堵塞河道。

真遇到这种情况我们也只能自认倒霉,再折回从蛇盘河的其他岔道绕过去,这样一来一去又会耽误不少工夫,一旦赶上了连日倾盆大雨,那更没法走了,我们都有些焦急,眼下也只能期盼着老天保佑了。

我们看阿东这小子做事倒也认真,船开得很是平稳,照顾了我们的感受。丛林里的夜来得特别的快,此时的暴雨越加猛烈了起来,河面上弥漫着一阵阵的雨雾,能见度非常的差。阿东道前面不远处就是一个很险的大湾,水流很急,现在能见度不好,想顺利过去有点勉强。安全起见,龙少吩咐阿东暂且将船停下,等雨势缓缓再走,几人趁着这间隙,围着简陋的方桌,顺便把晚饭也解决了。

阿东的话很少,基本是我们不问他就不说,或者听我们在一起调侃时,才一个劲地呵呵傻笑。但他是向导,我们总有一大堆问题喋喋不休地纠缠他,在我们的纠缠下,他的话才渐渐多了起来,给我们讲了一些他在滇西的见闻。

阿东有着四分之一的缅甸血统,他的祖父是中国人,为当年国民党第二师的一名下级军官,祖母曾是二战中缅甸政府的雇佣军“国际军团”中的一名缅甸女兵。当年国军第二师大破“国际军团”,很多女兵被俘,阿东的祖母就是在被俘获后与他祖父结婚的。阿东的父亲和叔叔成年后都曾前往台湾谋生,却受尽歧视,终于忍受不了而重返边境地区。阿东的父母均早逝,那时候山里还没通公路,来往物资的运输很大程度上都依赖水路,于是他九岁的时候就跟着他叔叔跑船。

沿蛇盘河往里深入到萨尔温江,再向东北方向延绵直抵野人山,是一望无际的无人区,无论是远古的辉煌还是近现代的枪林弹雨,都被这存在了亿万年的大山和历史的长河所掩埋,留下的仅仅是无数离奇传说。传闻中这里处在三界之外,魔鬼浮屠都不敢接收,是一片恐怖的虚无之地。

雨噼里啪啦地砸在窗玻璃上,四周一片黑暗,借着船上的探照灯,才勉强能看到两岸的密林和阵阵淡蓝色的迷雾。船舱的边缘和船底不时还传来阵阵“咚咚”的敲击声响和震感,这种情况下换了谁也会认为是水鬼来掀船板了,还好阿东告诉我们这是牙签鱼在搞鬼,现在雨势大,水底浑浊,这些东西一个劲地往上跃出水面透气,只要待在船上就很安全,但如果不小心掉下河去,不出十分钟就成骨头架子了。

按着阿东的估算,我们至少得有三天的水路行程,遇到这种连绵的暴雨可能还需要更久,如果再遇上河道堵塞那就更不好说了。不过所谓人算不如天算,这种事情不是我们所能够左右的,索性不去想它。

雨丝毫没有停下的迹象,估计今天的行程也只得到此为止了,我们各自将手头的资料整理一下,便困意顿生。这条船有内外两舱,内舱风不透雨不漏的,让给了那女子,我们一行人挤在宽敞杂乱的外舱,这样既体现了绅士风度又能防止这女的趁夜耍诈。

阿东说他开夜船开惯了,熬成了夜猫子,晚上睡不着觉,干脆帮我们守夜得了,反正鹰戈也会开船,到时候白天再替换他,况且在野外,集体睡得跟死猪一样是很危险的事情。此时的我们都困乏得要命,他这一说我也不客气了,裹着条毯子倒在梆硬的船板上便呼呼入睡,简直比睡在席梦思上还舒服。

也不知道睡了多久,半夜里硬让肚子给疼醒了,狗日的这些年官家饭吃多了,这边陲地方的野味还真消受不了。实在忍不住了,只得蹑手蹑脚地爬起来,小心地跑到船尾的简易厕所去蹲坑。

一番地动山摇后,肚子终于畅快了,但睡意也随之消失殆尽。我小心地摸到驾驶室,打算和阿东闲侃解解闷,就在我准备敲门而人的时候,眼前的一幕让我大感惊骇!

第六章　抬尸千棺塔

只见阿东利索地脱得只剩一条四角裤，正往身上涂抹着一种黄色的油脂般东西，他的动作很利索也很仔细，全身上下都涂个遍。虽然他表现得十分警觉，不时地还朝着船舱的方向张望，但他显然还没发现我这个偷窥者。

很快，他便大功告成，摸起把匕首咬在嘴里，又摸了只驾驶室里放着的防水手电，转头望了望四周，这才打开舱门小心地潜入河中，向岸边游去。

我大感困惑：这小子到底要干什么，别他娘的在这里还有同伙吧？难不成看着我们一行人出手阔绰便起了歹念，想谋财害命不成？这小子虽说看起来傻不拉叽的，但这边境地区可谓穷山恶水，历来民风剽悍，在不见人烟的荒芜密林中杀几个人那就跟杀鸡一样。

想到这我感到了一阵恐惧，就想叫起其他人来，但想起阿东之前的举动，我更多的则是感到困惑。也许是我多虑了，于是当下索性把心一横：娘的先跟过去看看这厮到底搞的什么鬼名堂。

此时的雨势已经小了许多，狂风却依旧不减，摇着两岸的树枝"吱吱"作响，不时有几阵闪电闪过，原本小得可怜的天空像被撕裂了一般。阿东潜入水中后，很快便消失在了前方，河水冰冷异常，我咬着牙，借着夜色在四周杂声的掩护下，小心地跟了过去。寒冷倒并不可怕，此刻我畏惧的是阿东之前所说的那种能把人瞬间啃成骨头架子的牙签鱼。

好在我们泊船的地方距离河岸并不远，阿东的动作很快，很快消失在了我的视线中,但他后来打开了手电,这却大大方便了我的跟踪。我一路跟随他上了河岸,跟着仅有的那点手电光,往着密林深处摸去。

密林中湿滑异常,我明白即便不遭受先前的那场大雨,这里的环境也没有多大差别,此刻这片亚热带雨林中雾气弥漫,静谧异常,除了风雨声外没有任何声响,满地的荆棘泥泞中随处可见半掩的动物骸骨,阵阵腐臭夹杂在夜风中扑面而来。说实话,我虽说不是第一次参加野外工作,但这样的环境还真没消受过。

我在后面一脚浅一脚深地跟了足有十多分钟,始终与前面的阿东保持着一定的距离,此时我已经跟得比较远了,船上的探照灯光亮都已经被遮蔽得一点也看不见了。

突然,前方的阿东停下了脚步,立在原地将手电向四周扫射,我疑心他发现我了,赶紧借着一旁的大树作掩护。而等我再探出脑袋去看他的时候,手电的光亮已经消失不见了。

我恨恨地一咬牙,第一反应就是这家伙发现我了,所以闭掉了手电,我后悔不迭,四周实在太黑了,此刻就算返回都颇费周折,我涌起了一阵冲动,就想冲上前和他理论个清楚。一想起他还带着匕首,我不太放心,立即又打消了这个念头,随手从地上摸起一根粗大的树枝当家伙使。

我凭着记忆,勉强向前面的位置摸索,没走几步,突然脚下一打滑,整个人径直向前栽去,"扑通"一声落入了水中。我一点准备也没有,惊吓之下呛了两口脏水,我一口吐掉,换了口气,突然看到脚底不远处有道淡淡的亮光在闪动着,越来越远。

我大吃一惊,立即意识到了什么四周并没有任何光源,难怪那小子一下子就不见了踪迹,原来直接从这里潜下去了。

一瞬间我面临着一个艰难的选择:继续跟还是就此放弃?我很明白,一个来历不明的人,在这样的境遇下还隐瞒着我们做着如此古怪的举动,自然有他的特殊用意,他定然不会欢迎偷窥者。但阿东的举动实在让我无法心安,偏偏我就是执著的人,凡事患得患失,喜欢追寻结果。

犹豫间,那水底的光点越来越模糊,眼看着就要消失。我吃了一惊,当下也就不再迟疑了,赶忙深吸了一口气,直接追了上去。我在江南的渔村长大,自小与水为伴,所以对自己的水下功夫还是比较自信的,憋个两分钟应该没多大问题。潭水并不算很深,水下也几乎没有能见度,我只能循着那亮光摸索着一路跟随。而让我感到奇怪的是,这水潭似乎并不是天然的,我伸手所触的地方,是一块块坚硬的石头,而且从手上的感觉可知,这些石块是经过雕刻的,我甚至能感觉到某些像动物触角、人的四肢一样的雕刻物。而且越往前,空间越小,最后几乎变成了一个像涵洞一样的水洞,还好路程并不是很远,在水底拐过一个弯道,便一路往上,很快便将脑袋探出了水面。

四周亮了很多,完全不似之前那般,我抹掉脸上的水定睛一看,立即被眼前的景象惊呆了。

这是一处落水洞,上方是像蛇颈瓶一样的豁口,豁口距离我们的位置非常的远,使得它看起来就像是月亮一般。大概是豁口没有植被遮挡的缘故,淡淡夜光从豁口处泻下来,照在洞中心位置一座如金字塔一般的巨大隆起物上。

此时虽说有些许的光线,但根本谈不上充足,那塔状物模模糊糊的,只能看出个轮廓,一眼望去,那东西足有三层楼房那么高,从外观上看,却又显得比较齐整,不像是天然形成的,而且这落水洞的四周也极不平常,充斥着人工修筑的痕迹。

我看得不是太清楚,索性小心翼翼地向前游到了塔基的位置,就着上面的延出物攀了上去。近距离地观察后我才发现,这高耸的塔状物其实呈现阶梯式的排列,我现在正处在底端的一级阶梯上,但不是最底端,应该还有不小的部分被淹没在了水里。很可能刚修筑的时候,这里并没有积水,但经年累月的地貌变化,使得它成了今天的模样。

每一级阶梯落差很大，足有将近一人高，而且都不是空的，每隔一段，就会有两尊半人半兽的雕像镶嵌在塔身上，半蹲着身子，呈现出飞升的姿态，又好像在抬着什么东西。天长日久，很多雕像都腐蚀得厉害，面目全非，看起来有种说不出的怪异感。

尽管如此，雕像排列得倒还算规整，每两个雕像之间，好像嵌入了什么东西，将它们连在了一起，而当我看清楚那是什么东西的时候，顿时吓得汗毛站立，脚下一打滑，幸好我伸手握住了一尊雕像的臂膀，不然我非得从上面摔进水中不可。

我看得很清楚，两尊雕像之间，赫然是一口石棺！而我再小心地扫了一眼其他的雕像，居然都是一样的，虽然远的地方我看不见，但我却很肯定。同时也明白了，难怪两尊雕像呈现出的是一种抬物飞升的姿态，这姿势分明就是在抬着棺材狂奔嘛！

这是干什么的？怎么会有这么多石棺在这里，难道是一种特殊的葬制吗？看着这些棺材排列的情形，我想起了西藏地区的一种葬制——塔葬，据说塔葬是藏族的最高葬制，是非常神圣的，很多人死后可以享受到天葬的待遇，但塔葬却并不是轻易可以享受到的。

我对塔葬了解得很少，仅仅是有耳闻而已，所以这眼前的塔状物我并不敢肯定就是塔葬。但从那一层层往上堆砌的棺材来看，这应该也是一种葬制，并且等级森严，棺材的摆放位置可能由入葬者的地位高低决定，棺材放置的位置越高，入葬者的生前的地位就越高。而这种葬制一般都带有宗教成分，可能是部族群葬，也可能是某个庞大家族的群葬。

这到底是什么地方？这小子三更半夜的冒雨往这鬼地方跑干什么？难不成这是他们家祖坟，他给我们带路刚巧路过这儿顺便上个坟？就算是那也总得挑个时候吧，况且还搞得神神秘秘的。

这样的偶然发现让我略感兴奋，甚至有了一股爬上塔顶看看的冲动，但我很快想起了自己的处境。丫的，我是来跟踪那小子的啊，我现在在干什么？怎么走神走得这么严重，这注意力都转移到哪儿了？

而这时当我再想循着手电的光寻找阿东时，已经很困难了，此时四周已经没了手电光，一抬眼，便见豁口处幽冷的光照着那一尊尊怪异雕像和一口口冰冷的棺材，看到这，我不由得吸了口冷气，一时也不知道怎么办才好。

突然，我听得身后"咯噔"一声，好像什么东西被顶开的声音。我即刻便感到头皮一麻，冷汗"嗖"地就下来了。在一个布满了诡异棺材的深洞中，任何响动都足以将人吓个半死，何况这声音断断续续的，且越来越近，就像是某种活物在爬动撞击造成的！

我几乎就要瘫倒在地，但好歹脑袋还算清醒，当即摸索着就往后退。没退几步，我突然感到后背一凉，紧接着，一个冰冷湿滑的东西一下子缠住了我的脖子。

第七章 异物

我当即脑袋一蒙，心一下子几乎就跳到了嗓子眼，双手乱抓，控制不住就要叫出声，但那东西很快移了上去，堵住了我的嘴使我发不出声来，我死命挣扎着，腾出只手一抓，一把握住了它。那东西身上布满了一层黏糊糊的东西，像抹了层黄油一般，极其光滑，我刚抓住便滑脱了手。但我不甘心，胡乱挣扎着又一抓，突然抓住了一只冰冷的人手。

说实话，要真是条蛇倒让我感觉轻松些，这棺材密布的鬼洞中突然有个长着人手的东西攻击我，这比遇到十条大蛇还要恐怖。那手臂虽然并不粗壮，不过很有力度，这几下连吓带拉几乎将我整休克过去。

我挣扎的力度越大，那东西控制我的力度便越大，我很快就有点吃不消了。突然，我感到耳边一热，一个细微的声音在耳边响起："别乱动，是我！"

我听到这声音，先是一怔，接着便怒从中来：丫的搞了半天是你小子装神弄鬼地吓唬我！我一扭头，借着稀疏黯淡的夜光，我看到了阿东的那张脸，整个脸上也抹满了一层黄色的蜡状物，看起来就像是抹上了过期的劣质洗面乳似的。

没等我开口，阿东很紧张地摆了摆手，做了个不要出声的手势，同时指了指前方轻声道："那东西过来了，你身上没沾尸气，非常的危险！"

他话刚说完，突然一阵"咯噔咯蹬"的声响从对面的黑暗处传来，声音与之前的无异，那声响先是断断续续的，此刻却变得越加频繁起来，而且越来越近，很快就近在咫尺了。

我心里也跟着“咯噔”起来，望了望阿东，心道之前那动静不是你整的吗？真有东西出来了？我很吃惊，但看他一本正经的样子，我断定这厮没有吓唬我，立马照他所说，屏住了呼吸不再出声，阿东胡乱地往我脸上蹭了些黄色蜡状物，揪着我缓缓就往后退。

这些东西散发着一股怪味，抹在脸上极其不舒服，我勉为其难地顶着一脸的黄油，小心地往后退。二人退到了一个角落里，倚着一口已经空了的石棺蹲倒静候。

而此刻，那声音听起来便越加真切了，和我之前的感觉无异，那就像是某种东西贴地爬行发出的。从声音上很容易感觉到那东西离我们越来越近了，我出了一身冷汗，索性闭上眼睛堵上耳朵不去感知。

许久，我小心地松开手，静心听了听，好一会儿都没有任何动静了，这才松了口气，转头就想去问阿东那鬼东西是不是已经走远了。

岂料我刚转过头，忽然听得“吱”的一声，伴着一股令人作呕的怪味，一道腥寒的冷风扑面而来。我下意识地一抬头，一团冰冷的黏稠物直接滴到我的额头上，顺着脸就往下流，我一阵恶心，用手胡乱地一撩。旁边的阿东突然伸手捂住我的口鼻，把我的脸使劲地往下按。

我这才意识到了问题的严重性，用眼角余光往上一瞟，顿时吓得大气也不敢出。只见面前不到一尺的地方，一个硕大的影子左右晃动着，好像在盯着我看，虽然光线很暗，但依旧能看出那东西棱角分明，从轮廓上看就像是巨大变色龙的脑袋一般。它发出轻微的“吱吱”声，呼出阵阵寒气，徐徐地将脑袋往我的脸上探。

我被阿东捂得极紧，几乎没法呼吸，憋得脑袋都大了，豆大的汗珠顺着后背就流淌下来。而偏偏这时候，那东西还不消停，一直在我脸前游移着，那恶心的黏液一个劲地往我脸上滴。

那情形实在太难熬了，我几乎将牙根都咬出血来，每一秒都在担心着它忽然张开一张大嘴,一口将我的脑袋吞进去。

麻木地不知道过了多久,我才感到脸前清静了不少,当下疑心是那东西安生下来了,抬头一看,果然,脸前的那道影子不见了,四周也没了异常响动。尽管如此,我还是不放心,老实地又待了一会儿,直到一旁的阿东道了一声:“没事了,那东西已经走远了!”我这才如释重负,浑身酥软地瘫倒在地。

没等我喘够气,这家伙立即招呼我起身,二人蹑手蹑脚地探进了水中,顺着来时的路线往回撤,穿过那水底甬道,再次在密林深潭中探出脑袋。阿东“哗啦”一声爬上岸,一甩脑袋对我问道:“你过来干什么?”

一听这话,我当即气不打一处来,想起刚才他救过我,这才忍住了没有发作。但听他说话的口气,压根没个正经样儿,我又有了种被调侃的感觉,恼怒道:“我操!你小子还问我!三更半夜的我嫌船上不够凉快吗?你问我?他娘的这问题该是我来问你!”

阿东嘻嘻一笑,也不争辩,打开手电在前面开路,往船的方向走。

“沈老板!你们出钱我办事的啦,你们要到哪儿我保证带到,我自己的事情你最好不要干涉啦!”

“你自己的事情?三更半夜的往棺材洞里爬,你他娘的该不会是……”我这才觉得自己还真被这小子的外表给迷惑了,他娘的看起来老实巴交的,却也不黑不白,是个玩猫腻的主儿!,一想起那洞中的情形我便又起了一身鸡皮疙瘩,深一脚浅一脚地追上前悚声道:“那到底什么地方?你小子有事瞒着我们,叫我们怎么放心!”

阿东道:“老板,其实我们大家都一样啦,都是干那勾当的。今晚的事情我真没想到会让你知道,其实你发现了也没什么大不了的,各有各的财路!我听山里人说过那儿有个墓,这才顺手从里面摸两件东西啦!”说着举手朝我一示意,灯光照耀下,赫然可见他手中提着的一个匣子状物体。

走近一看,我发现这的确是一个铜制的盒子,密封得很严实,掂了掂便觉得沉甸甸的,从分量上看,它的内部应该有不小的空间,盛装着相对于铜来说较轻的物品。盒子的正面印着一张古怪的人脸,闭目安详,似乎是一个僧侣模样的人的头像,灯光照耀下,那盒子泛出古铜色,透着股邪气,给人一种说不出的感觉,说难听点,那东西怎么看怎么觉得像是一个骨灰匣!

就是这东西?你小子三更半夜的瞒着我们就是去偷这玩意儿发财?我靠,三更半夜,瞒着众人,浑身涂油,神秘棺材洞……这准备得如此周全,显然是早有预谋的,说顺道取财谁信啊,你小子他娘的糊弄谁啊,把我当智障啊!

“你撒的谎不高明,我这么笨的人都看穿了!”我眼瞅着这小子定然是不说实话了,一时也不知道如何是好,随口便道。阿东在前面走了几步,听到这突然转身,盯着我道:“沈老板,我们做笔交易,这件事情你知道也就罢了,能替我保密吗?”

我一听乐了,心道你小子还是做贼心虚吧。我略感得意,正寻思着有没有必要答应他这个请求,阿东突然换了副面孔,表情严肃地道:“你替我保密,我会告诉你更多,但仅仅是你知道,更多人知道了,对我们都没有好处,再说了,你肯定他们都不会怀疑你背着他们和我一道的吗?”

听到这我一怔,诧异地看了看眼前的这小子,他那尚未完全摆脱稚气的脸上,此刻似乎显出了一丝成熟老练和狡黠,让我猛然觉得这是个隐藏得很深且很不容易对付的人。

一阵冷风吹过,阿东手中寒光一闪,只见他左臂夹着那铜盒,匕首紧紧握在左手中。虽说我不是轻易认输的人,但此刻匕首的寒光还是让我止不住打了个颤,丫的就这地方,结果个把人的性命太容易了,此刻我若再苦苦相逼,真就是纯属脖子痒痒了。

我点了点头道:“好!你小子,我会注意你的,能来这种地方的,都是场面上的人,有几个底子是干净的?你真要玩什么花样,我们都不会轻饶你的!”

阿东听了点头咧嘴一笑,大步朝前跨去。

不多会儿,我们已经穿过了密林,回到了船上。我小心翼翼地看了看,发现众人依旧酣睡,应该没有人发现我们,这才放下心来。阿东顺地摸索着,直接用手指掰开驾驶舱地上的几块木板,将手中的那铜盒小心地放了进去,找来几块板钉得死死的,几乎一点痕迹都看不出来,然后再将杂乱的重物直接盖了上去。

一切都完成得十分的利索,阿东钉钉子不借助任何工具,拇指长的钢钉直接用手掌就钉了进去,一点杂乱的声音都没有。我在一旁直看得目瞪口呆,心里一个劲地打憷,丫的本人自认为混迹江湖多年阅人无数,还真有看走眼的时候,这平日傻不拉叽的小子我可丝毫没放在眼里,这回光看这身手,就知道绝对不能等闲视之,实在搞不懂这小子到底多大的来头!

等他把这一切都忙完后,这才跑到驾驶舱外,提起一桶水开始清洗自己的身子。那黄油状物质很难洗,我仅仅是脸上蹭到了一点,都在河水中搓了半天才搓掉。

我还想再问些什么,阿东见此即指了指船舱的方向,摆了摆手,示意现在说话不方便。我虽然知道这是他的托词,却也无可奈何,毕竟我们还得靠他进山,现在撕破脸无异于自断后路。

我咬了咬牙,心里恨恨道你小子别和我耍花样!阿东凝视了我一阵,淡淡地道:"我相信你会信守承诺的,你也应该信任我,毕竟我们有很多相同的地方!"

一听这,我略带轻蔑地一笑:"相同的地方?你指什么?我跟踪你去偷东西吗?"

阿东顿了顿,回道:"我们都是同一种失败者,不是吗?"

第八章 鬼头祭

听到这我一怔,极其惊愕地盯着面前这个年轻人,此刻他表情凝重,完全没有了平日里的傻气,反而显得成熟睿智。他说出那话严肃慎重,看不出一丝的戏谑,我即刻开始在脑中搜索着关于眼前这个人的所有记忆。

同一种失败者?这句话什么意思?这里是南国边陲,蛮荒之地,是我从未涉足过的地方,而我出生在江南水乡,十八岁前相当封闭,从未迈出家乡一步,大学毕业后便一直"北漂",我们不存在任何的交集啊!

虽说我见过的人形形色色,但脑海中根本没有对眼前这个人的任何记忆片段,我可以断定这是个和我的世界毫不相干的人物。可阿东为什么说那样的话?语气还异常有深意,难道真的确有其事?难道我的记忆出了问题,眼前这个人的所有记忆片段都像录影带一样被洗掉了吗?

我还在努力思索回忆,突然一阵刺耳的马达声将我惊醒,这时候大雨已经渐止,阿东熟练地起了锚扯动马达,挂上了最低挡,船缓慢地前行起来。

我知趣地回到了船舱内,看了看表,才凌晨两点一刻,望着一旁鼾声如雷的三炮,我反倒没了多少睡意,索性用毯子将自己裹了个严实,点了根烟靠在舱壁上想事情。

但连续几日的折腾实在让我太困了,几根烟抽完没多久,眼皮便开始打架,困意止不住地袭来。恍惚间,我看见眼前一个模糊的人影在晃动着,好像在对我招手,示意我过去。那人影我异常熟悉,但就是想不起来是谁,我拼命地跟在后面追,想看看那人到底是谁,却怎么也追不上。

突然,那人止住了脚步,转头看了我一眼,同时一道很强的光直射而来,我根本无法睁开眼。待定睛一看,我的天!前方突然出现了一个巨大的黑洞,深不见底,此刻我正处在洞的边缘,稍有不慎就可能栽下去。与此同时,先前那人影对我一招手,竟然“嗖”一声跳了进去,随后我的身子立即失控,硬生生地被吸着往那黑洞里移动,阵阵像无线电波般的怪声从黑暗中蹿上来,我随即便直坠下深洞……

这一下便让我猛地一惊,随即便感到光照刺眼,四周嘈杂一片,这才意识到是做了场梦。

鹰戈倚着船舷,调试着对讲机,丛林里的信号很差,对讲机不住地发出“吱吱”的干扰声,方才梦中那电波般的怪声正是这东西造成的。鹰戈一边调试一边大声说着话,沟通得颇为吃力,不过总算能勉强和另外的队伍保持联系,得到那边一切顺利的讯息。

鹰戈向龙少作了下汇报,接着就去接阿东的班,我昨晚睡得晚,到现在脑袋昏沉沉的,随便用舀上来的河水洗了把脸,然后开始整理手中的资料。

我手中的资料大多是几年七号公馆生涯的见闻,和一些相关人物的笔记,意义其实不大,但这次我还真的表现了少有的慎重,只要曾经和我有瓜葛的东西我基本都整理了出来,所以资料又多又杂,看着就让我头疼。

清晨的丛林凉爽宜人,似乎连日的阴雨天到此为止了。不过这里的天气变幻无常,几分钟前风和日丽几分钟后大雨倾盆,这都是很常见的事情,我们不敢奢望老天能给个好脸色,只求在我们上岸之前别连日暴雨即可。

走了大概一个小时,河道又变窄了,水流急了很多,鹰戈的驾驶显得吃力起来,众人都为他捏了一把汗。

三炮有些晕船,没多久就有些招架不住了,忙上前道:“我说大个子,看你这把式,典型的陆军配置,摆弄这玩意儿你可得悠着点,老三我可从没晕过船,你这一掌舵我腿肚都打转！实在不行就还换人家！”

鹰戈一听这便不爽，眉毛一横道：“哼！当年老子一条木筏一杆枪跑了两个月，从鳄鱼嘴和越南兵的枪眼上轧了过去，这点他娘的还算个事？奶奶的就你这贱骨头娇贵！”

鹰戈话刚说完，只听得“嘭”一声巨响，木船猛地往水里一沉，跟着便剧烈地震荡了起来。这一下来得太突然，所有人都没有任何准备，控制不住都栽倒在地，随着木船的剧烈震荡前后翻滚。

“妈的！怎么了？”三炮本来就有些晕，这两下险些将他甩到河里，他紧抱住船舱的立柱，悚声叫道。我翻滚了几下后，赶紧倚着一根立柱稳住，这才发现船舱顶部有一大片区域破裂开来。我大吃一惊，这舱顶虽是老旧半朽的木头，但厚度还算凑合，能把如此厚的舱顶捅破裂的，看这力度怎么也是个庞然大物了。三炮对鹰戈嚷道：“瞧见没，大个子，牛皮吹大了吧？你看船顶都让你给吹破了！”

鹰戈闷哼了一声不予理睬，一手拉下船闸停下船，一手摸起放在一旁的长筒猎枪，警惕地望着舱顶破裂的地方。我疑心是山上滚落下的坠石，一想又不对，如此密集的丛林，就算有山石从上面滚落也被阻滞住了。更何况舱顶上并不安生，不时地发出阵阵“咯吱咯吱”的声响，好像有什么东西用手在抓挠着舱顶似的。“上面有东西！”我大惊，指着舱顶大声喊道。随后，所有人立即警惕起来，各自抄起家伙到一边戒备起来。鹰戈果断地一挥手，照着地方就开了枪，长筒猎枪打的是霰弹，近距离的威力极大，这一枪打出去就像是扔出去一颗小型炸弹，原本呈裂纹状的破口被打出了一个脸盆大的孔洞，木屑碎石顺着孔洞一个劲地往下掉，一滴滴的红色液体流淌了下来，直接滴在那些东西上面。风师爷看了一眼，指了指顶上道：“打中了，好像安生下来了！”鹰戈一点头，转身出了舱外，顺着立柱爬上了舱顶，观察确认没事了之后，这才招呼我们上去。几人陆续也爬上去一看，顿时都吃了一惊，原来砸到我们的还真是一块石头。那石块呈灰绿色,有小孩的澡盆那么大,按说这么大的石头没理由从山上滚下来的,我们的两岸不是光秃秃的岩山,而是亚热带莽山丛林,从山上滚这么大一块石头下来的情况就已经很少见了,而且还刚好就砸中了我们,可能性就更小了,难不成这石头是天上掉下来的,我们刚巧被陨石砸了?他娘的这概率能有多少?

再仔细一看,才发现石块是灰色的,那绿色的东西是裸露的表面上附着的藓类,显然这东西正是来自于潮湿的密林深处。

"是山林里的东西,不过……"风师爷用指上的天龙钩刮了点石末下来,在手里碾开,言语中也充满了疑惑。

龙少抬眼望了望上空,随即皱起了眉头。三炮急道:"别'不过'了,刚才大个子不是把什么东西放了血吗?八成都是那东西搞的鬼!"

众人一听也对,一齐上前检查了下石块四周,并没有什么血迹。这回发现这石块边缘圆润有规则,很是奇怪,于是我招呼几人将它翻了个身,一看又吃了一惊,果然不是普通的石头,这居然是一颗石雕的人头。

那人头的面部朝下,方才鹰戈那一枪打中了它的左眼位置,那些碎石正是从这东西上崩落下来的。而更让人惊惧的是,那石雕人头的面部鲜血淋漓,似乎是它那受伤的左眼在往外流着血,看上去非常的诡异!

"是雕像!"龙少眉头一蹙,显得有些忧心忡忡,我也明白他心里的想法,的确,在这样的情况下,被普通的石头砸到的概率已经小到微乎其微了,更何况是一颗石雕脑袋!而且这石雕原本就来得蹊跷,再加上面目狰狞满脸是血,越加让人无法淡定。

我惊道:"总该不会是这东西流血了吧?这也太那个什么了!"说完不敢相信地望了望阿东,在人家的地盘里,有些不好解释的东西还是不要瞎猜的好,听听人家的看法才对。

这时,风师爷"咦"了一声,弯腰从石屑堆里拣出一个手掌大小的黑色物件,仔细凝视了一会儿道:"难道是这么回事?"

他的话把众人的目光都吸引了过去,那东西呈黑色,上面还有几滴未干的血迹,应该是某种东西的碎片,从轮廓上看,应该是某种特殊的面具,不过它的大部分被枪打成了碎片,现在拿到的这片仅仅是半个腮帮子和下巴。

“是面具！难道刚才有人,被打伤的是人?”我颇感惊愕,一旁的三炮接过道:“那什么道理,敢情是有个人抱着这么大个石雕人头往我们船上跳?这干什么呀,跳河自杀也得挑个时候吧!”

龙少挥手道:“别瞎说,既然是人事情就好说了,听听风师爷怎么说!”

风师爷面色凝重,轻声道:“难道是‘扎鬼多’?”话一出口,众人都表现出了困惑,唯独阿东突然一阵惊愕,显然这个词对他来说并不算陌生。

“到底什么东西?”

风师爷道:“扎鬼多是缅甸掸语的音译,意为‘不知来自何方的灵魂’！最早的人还以为这是缅甸佛教里的某个概念,后经过进一步的学术研究,很多未知的东西被解译出来,才知道这其实是一种特殊的人的代称。”

“什么特殊的人?”我急问道,风师爷大概属于惯于说教的人,喜欢把问题展开了说,虽然这样能够足够详尽,但此时的我比较心急,还是希望他长话短说,先来点关键的。

风师爷一笑,道:“既然语言里都出现这样的固定词汇,我认为绝不是瞎说的,至于怎么特殊,这就无从知晓了,这世上人们一知半解的事情多得是,哪能都说得清道得明！总之,这些所谓的人肯定异于常人,不然不会用这么特殊的词汇来给他们命名!”

我一听觉得有道理,但还是非常的困惑,风师爷继续道:“扎鬼多人不知道属不属掸邦,掸邦算是缅甸最保有原始味的一个邦,深山里的水上民族有一种行水葬的怪习俗,有的是在棺材上凿洞,沉入河中,河里的鳝鱼沿着洞钻进去吃尸体,据说吃死人肉长大的鳝鱼味道极其鲜美！也有的水葬是将人绑在石头上,直接扔在水里喂鱼,但没怎么听说过用石雕人头绑的,不排除是执行死刑,或者是某种古怪的仪式。那些未知人类有太多稀奇古怪的诡异仪式,都是我们现代人无法想象和接受的。”

众人听了,顿有所悟,虽然还是很不解,但总比一无所知好了不少。风师爷手上拿着那面具的残片,仔细观察着,看得出他并不是很释怀的样子。

三炮一听惊道:“我去!有这么巧的事情吗?你是说那帮人绑着死人往下扔,碰巧就砸到了我们?大清早的碰上这事情,晦不晦气啊!”

一旁一直没有说话的阿东这时也开了口,指着那石雕人头道:“风老板还真是少有的内行啊,不过你说的那些应该都是很久远的事情了,现在即便是最有原始味的掸邦,很多古老的习俗也都丢弃了,更何况扎鬼多人都消失很多年了,我和其他跑船的人也从来没听说过这里还有遗民。”

两人的话都有道理,一时无法判断谁更有说服力,不过我倒是更倾向于阿东的说法,毕竟远古遗民、古怪仪式的说法有点太戏剧化了,很难让我这样的现实主义者信服。

风师爷道:“但愿我的猜测是错的,要知道在这样的地方,像我们这种外来者,对这里的任何东西来说都是入侵者,野兽都懂得保护自己的领地,遇上些野蛮人更是件麻烦的事情!”

龙少随即道:“既然这样,先不要深追究什么了,把这东西处理了,趁着天气好赶紧赶路!”

众人点头同意,伸手就去搬那块石雕人头,打算直接扔进河里了事。这头像块头不小,倒没有我们想象的那样沉重,我和鹰戈两个人就将它轻松地抬了起来。

怎么分量这么轻?难道是空心的?我正在纳闷,突然手一滑,握着石像的手松脱了,它再次摔到了舱顶上,这下竟然摔得碎裂开来,伴着“霍霍”的声响,几个东西从里面滚了出来。我定睛一看,顿时起了一身鸡皮疙瘩。

第九章　怪虫

石雕人头之前遭受了一次撞击,已经脆弱不堪了,这一下竟然摔了个粉碎,几个圆形的东西立即从里面滚了出来,等我们看到那东西的真面目时,所有人都下意识地往后退了退。那几个圆形的东西,居然是几个白森森的骷髅。

按说这种东西对我们做考古工作的人来说,也不是什么稀罕玩意儿,但在此时的境况下,冷不丁出现这么个东西,着实让我们有点精神紧张,谁能想到这石雕人头是空心的,里头居然还藏着这种东西。

"他妈的!"鹰戈骂了一声,上前用匕首小心地翻了翻那几个骷髅,确定没有异常后,这才让我们接近。骷髅一共有五个,我们看了后才发现,之前那人头根本不是石雕的,而是泥质的,塑形烧制出来的,里头有完整的空间,有五个圆形的凹槽,从那凹槽的大小来看,那五个骷髅应该就是扣在这里面的。剩余的空间里都填满了一些朱砂状的东西,应该是用于防腐防潮的,不过这东西经历的时间过于长了,朱砂已经被渗进去的水分溶解了许多,这就是我们刚才看到的"血迹"。

骷髅的颜色已经变成了灰色,看样子放置的时间也不短了。但我看到那些骷髅时,总觉得它们有什么地方不一样,感觉怪怪的。

三炮也看出了异常,指着那几个骷髅道:"这他娘的折腾什么玩意儿,这山里面看来无聊透顶了,那些古代人搞这些东西玩,我说沈工,你说这算不算是那什么行为艺术?"

眼下出了这状况，我没心思和他贫嘴，俯下身仔细看了下我觉得异常的地方。五个骷髅显然都是真实的人头骨，特别的是，头骨天灵盖的地方，都有一个十字形的图案，比人的手掌略微小一些，看起来像是一个十字架。图案是硬刻上去的，刻纹足有半厘米深，非常的清晰，整个图案虽然简单，但十分的规整，可以看得出那些始作俑者制造这些东西时非常的上心。

风师爷拿起两个骷髅摸了摸，转过脸对龙少道："这是硬刻上去的，而且是人活着的时候就给他们打开脑壳刻上的，因为这些刻痕的边缘十分的光滑，没有毛糙的地方，显然是在这之后又生长了一段时间。"

"有这么神？那不成了开颅手术了吗？"我有些不敢相信，这玩意儿可是绝对的细致活，一旦有个闪失，随便来个感染失血什么的就能要了人命。不过我之前了解过，河姆渡遗址也曾出土过许多的骷髅，头顶上都有个鸡蛋大小的圆孔，也像风师爷说的那样边缘光滑，属于自然生长，被高度怀疑是五千年前的开颅手术，很多专家学者都不得不称奇。风师爷冷笑了一声，回道："没你说的那么人性化，哪个开颅手术没事干在脑袋上刻这么个长条！这图案是种有寓意的标识，刻在人坚硬的头骨上，这样就永远不会消失，这些头颅肯定是最后被砍下来，封在这种烧制的脑袋里用于祭祀的！"

三炮打了个哆嗦，道："这样不嫌麻烦吗？砍了就砍了呗，于吗搞得比皇帝登基还费事！"

风师爷道："祭祀献给神灵的东西谁敢马虎！当时的这种做法成功率应该并不高，很多人开了颅没搞完就死了，少数人活了下来，等个若干年再砍去脑袋当祭品。这些人要么是奴隶要么是战俘，或者就是从他国掠夺来的居民，弄死了也不心疼，不如养着当祭品！"

风师爷说起来面不改色心不跳，甚至还表现出了一丝的欣喜。我却听得一个劲咧嘴，想想古代人这些匪夷所思的野蛮行径就让人发憷，也不知道这么做有什么意义，难道祭祀还必须带着这种十字图案吗？这家伙说这图案是有某种寓意的,那到底是什么寓意呢?接下来,龙少让风师爷将这些骷髅都收好,也算是比较重大的发现。风师爷解释道这里出现了这种东西,说明这种祭祀是存在的,和我们要寻找的南陵城有很大的联系,看来我们的行进路线是正确的。

就在我们几人都下到船舱内时,船身突然又猛地一震,我一个趔趄,赶紧稳住脚,接着就见一个影子飞快地蹿到了船尾。

那影子的动作很是慌乱,我一看就看出了是那个叫胜男的女子。我这时想到,刚才我们一行人中,唯独她没有和我们一起上舱顶,此时她一手紧握被龙少收购回的那枚精致的小镜子,一手握着系着大锚的缆绳,看那样子似乎是准备逃跑。

“你干什么?”我失声大叫,那女子一扭头,杏眼圆睁,瞪了我一眼转身就继续跑。

“有人偷东西!”我立即就冲上前阻止。她发现我冲过来,扶着船舱的立柱灵巧地避过,单手抓住缆绳像玩单杠一样凌空转了个圈,双脚便稳稳地踩在了缆绳上,顺着就准备开溜。

我哪肯罢休,伸手握住了她的脚踝,用力地一扯,她很快失去了平衡,惊叫了一声便摔倒在船尾,翻过身又狠狠地瞪了我一眼,伸手便拽过我握着她脚踝的手,狠命地一拧。她的力气算不上大,但使力很有技巧,这一下直让我疼得眼泪都快出来了,抓住她的手随之松脱。

那女子似乎还不解恨,上前直接摸到我的两肩处,用力一掐,我只感到双臂如遭了电击一般,瞬间就麻木得没了知觉,借机她起身又飞出_二脚,狠狠地踹在我的胸口,那力度几乎就是准备要人命的,我只感到胸口一热,差点就要吐血,身子也控制不住向后栽了下去。

我摔得脑袋一阵嗡鸣,嘴角都磕破了皮,一个劲地流着血。心里一个劲道果然百无一用是书生,这些年尽闷在机关里吹空调了,没想到现在出来办事的女子身手都这么了得,奶奶的这厮难道是特工出身的吗?

好在我吃亏的同时,其他人已经贴了上去,那女子看情况不妙,眼看走缆绳已经来不及了,索性就准备跳下河。但鹰戈他们的身手是不含糊的,那女子刚跃起身,便被鹰戈像老鹰抓小鸡一样揪住了她的背包,一扯便让她重重地摔到了甲板上。她吃痛叫了两声,与此同时,原本手中握着的那枚镜子也脱了手,在空中划了一道弧线,刚好掉到了系着缆绳的铁质尾桩上,竟然摔破了。

顿时,镜子摔破的地方发出了"吱吱"的声响,跟着就腾起了一股白色雾气,味道十分的刺鼻,好像受了强酸的腐蚀而发出来的味道一样。我正在纳闷这怎么回事,难道这镜子里装的是有机酸?这制造镜子的人是什么意图啊?难道想让用镜子的人破相不成?

就在这时,白雾散去了,镜子的碎屑晃动了下,突然爬出了一只火红色的节肢类的怪虫。那怪虫原本蜷缩在里面,现在像得了特赦似的,"唧唧"地叫着就舒展开了身躯。

"我靠!什么东西?!"鹰戈怪叫了一声,当下也没心思对付那女的了,赶紧退过来挡在龙少身前,大概是看着这虫子颜色艳丽长相怪异,怕是有剧毒。

那怪虫两侧全是腿,看起来很像是一条蜈蚣,不同的是它朝上的一面长了两排绿豆大小的眼睛,若有若无的,好像是在眨动一样,看起来十分的骇人。它顺着甲板就开始爬动,爬过的地方就像被烫过一样,留下腐蚀状的黑斑,要说这东西没毒打死都不会有人相信的。

"什么鬼东西?不能让它乱跑!"三炮急叫了一声,索性脱下了自己的一只鞋子准备打。那怪虫似乎意识到了危险,"吱吱"地叫了起来,浑身像知了一样开始抖动,忽然长出了两对蜻蜓一般的透明翅膀,呼扇呼扇的似乎就想飞起来。

第十章 突变

在场的所有人都大惊，这东西不明不白，要真有剧毒可不是好玩的。阿东更是脸色一沉，赶忙上前阻止三炮，但还是慢了一步，三炮惊慌之下，鞋子也拍了个空，那怪虫灵巧地一闪，突然扭了扭脑袋，朝着三炮所在的方向就飞了过去。

三炮吓得嘴巴一张，脸立即就青了，亏得身后的阿东及时一脚将他踹开了，那怪虫贴着他的耳边就飞了过去，趴到了对面的舱壁上，依旧不住地挥动着翅膀跃跃欲试。就在这时，只听得"唧"的一声，两道银光从眼前闪过，随后那怪虫怪叫了一声，不住地扭曲着身子，身上已经被两枚细铁钉一般的银针打中，固定在了舱壁上。我扭头一看，只见风师爷举着套着天龙钩的左手，仍保持着发射暗器后的姿态。银针似乎有毒，怪虫扭曲了几下，身子慢慢开始变黑，挣扎也轻微了许多，阿东立即点起火把，把它活活烤成了灰渣，以绝后患。

众人这才松了一口气，我还在纳闷这小镜子的底座上怎么还藏着这东西？什么虫子这么厉害，这么长时间居然没憋死没饿死！这时候，船身又震荡了一下，好像失去了掌控一般，竟然开始漂移起来。经历了昨天一夜的暴雨，上游的水位想必已经暴涨，这里恰好又是好几条河流的交汇处，此时水流湍急，船居然随着水流漂动。我吃惊道这没理由啊，再一看船尾方向，妈的！那女的不知什么时候把系锚的缆绳轴打开了，缆绳越放越长，她自己纵身跳下河，抓着缆绳便往岸上游去。鹰戈大叫一声赶忙上前试图阻止，可已经晚了。那女的已经游上了岸,看着我们慌乱的样子,得意地挤了挤眼,随即取出匕首将缆绳割断,起身给我们抛了个飞吻,挥手和我们拜拜。

船没了束缚,在急流之下很快就失控了,顺流急速而下。阿东道了声不好,一个箭步冲到驾驶舱,摆弄了好一阵,随后便听到他略显惊恐的叫声:“不好,操纵杆的电线被剪断了,船没法启动了!”

我们一听这都咬牙切齿,娘的看来那女的果然不可小觑,稍微马虎一下就要吃大亏。三炮正准备开骂,阿东阻止道:“现在什么都不要说了,那女的很会挑地方,再往前一点就是蛇盘河最大的一个湾,没有动力我们肯定转不过去的,一直会被冲到前面的大瀑布,到时候有船毁人亡的危险!”“我靠!那怎么办?”三炮大叫道,“那娘儿们难道想让我们游泳到目的地吗?”

风师爷眉头一皱道:“那样还是其次,我看她主要是为了拖延我们的行程,我们要是全军覆没,对她来说再好不过了!”边说边望了望龙少。龙少略一思索,很快下定了决心:找绳子将几人绑在一块儿,都赶紧跳河里去。话刚说完阿东已经找来了绳索,把我们像捆蚂蚱一样捆成了一串,随即便几人弃船跳河。河水浑浊而急促,人显得极其渺小,掉进去就像枯叶一般,被激流卷着就往下游蹿去,想游上岸根本是不可能的。我们那艘木船在激流作用下,左右晃动,接连撞上河里的礁石,颤悠悠的几乎就快散架了。好在龙少的主意还算明智,把我们都绑在了一起,不然没几下就冲得七零八落了。

我还没来得及庆幸,突然感到腰部猛地一吃痛,粗大的绳索将我紧勒住了,一看才知道是鹰戈抓住了河中的某个凸起物,这才使得众人稳住了身子,在鹰戈的招呼下,我们抓着绳索开始往他所在的方向聚集。这里水流湍急,而且河底比较平滑,一般的阻碍物经过河水经年累月的冲击,早就被冲到了下游,好在这块阻碍的巨石块头比较大。我们都爬上巨石裸露在水面的地方,一清点才发现少了一人,其中的一个绳套上只剩了个死结,阿东居然不见了。我甚至不记得他到底有没有和我们一起跳下河,按说不可能不跳,这动静整的,不跳河无异于自杀,虽说这小子身手可以,但这情况也未免太危险了点。三炮见状吃惊地道:“那小子呢,不会他娘的被河神爷收了吧?”

鹰戈扯着嗓子喊道:“大概中途失散了,这可是个麻烦事,我们还没到目的地,现在船也没了,没有他我们在丛林里都是睁眼瞎。”龙少沉着地问道:“我们的东西呢,有多少落下的?”鹰戈回道:“基本的东西全丢了,情况太急了来不及,再说落水后我们背不了太多东西的。眼下就一个办法,先想办法上岸,然后绕到下游去捞!”

这也是没有办法的办法,下游是瀑布的蓄水潭,我们的船从那儿栽下去,基本不会被冲到太远的地方。风师爷望了望四周的群山,有些担忧地道:“我觉得已经有人抢我们的先了,这一路上……”他皱了皱眉头,望了望水里道:“好像有人对我们的行踪了如指掌,而且设计阻碍我们的行程,之前发生的一切肯定不是偶然的。”龙少点了点头道:“嗯,那女人肯定不可能是独自一人的,这里应该有另外一支队伍也在有所行动,看样子来头还不小!”我一听急问道:“另外的一支队伍?那你知道他们的底细吗?”龙少摇了摇头,不知是表示不知道还是不便透露,随后,我们的目光又转向了水中,风师爷单手搭在我们所在这块石头裸露出水面的部分,好像在观察着什么。而再仔细一看,我也看出了点猫腻,这他娘的根本不是普通的石头,上面居然还有纹饰,难道又是雕像?石块露出水面的地方太少,具体无法看出来,而此刻众人也没心思去研究这个。

我正在疑惑,龙少道:“现在看来,我们遇上的也不算坏事,出了这样的事情,对方的警惕性会降低不少,以后要想知道我们的行踪,还是很不容易的。”

龙少说这话表现的是自己的乐观,其实我知道现在谁心里也没底,毕竟在这一望无际的莽林中玩捉迷藏不是件好玩的事。

还好眼下上岸不是什么大问题,我们的绳索足够长,鹰戈用绳索的一端牢牢绑住自己,然后抱起脸盆大的一块石头从激流中吃力地趟上了岸,再将绳索解下系在岸边一棵棕榈树上,我们顺着绳索一一上了岸。

这一番折腾几人都被搞得狼狈不堪,除了随身携带的小件外,其余的装备都尽数丢弃了,还必须得去下游寻找,但能不能找到只能看运气了。丛林探险不同于戈壁沙漠,沙漠里最坏也不过是水源的缺失,丛林里虽然水源充足,但却不是都能直接饮用的,尤其像这种形成时间几百几千万年的原始丛林,内部瘴气弥漫,很多溪流都是有毒的。

最让人担心的不是这个,而是我们的GPS通讯系统已经丢失,就算找到也肯定已经报废了,对于任何探险活动来说,和外界没有通讯联络才是最危险的。

我抬眼望了望其他人,除了三炮偶尔抱怨两下,龙少本人和他的手下都表现得极其淡定,不知是盲目自信,还是对于这片神秘地带有着某种执著的探究欲望,而从之前他们的一系列表现来看,后者的可能性显然更大。

我是一贯的现实主义者,虽说追寻的欲望一点也不比他们少,但我还是提出了眼下的担忧:“不知道这里距离我们的目的地还有多远?凭我们的双脚走,什么时候找到还是个未知数!”

这个问题是很现实的,众人不得不掂量掂量,风师爷不紧不慢地取出了贴身藏着的地图,比对了一下,接着起身望了望四周的群山,眉头一皱,突然“咦”了一声。

“不对!这好像不对!”风师爷再次望了一眼四周,好像是确认了一下,这才向龙少道,“少爷,这地图好像有问题,山势的走向是对的,但和地图上有两处不一样!”

这种地图很复杂,不是专业的人士看起来很困难,我不算是专业人士,但好歹有点这方面的基础,对着那地图和群山作了番比对,也大致看出了点名堂。风师爷所说的不一样,是地图上标识的一座高山,眼下的实景变成了两座,而且明显突兀许多。

龙少发现了这一异常后,也感到了疑惑,望着我喃喃道:“不会的,那东西经过我们的鉴定,是货真价实的,所以基座上拓下来的地图是绝不会有错的。”

“那这怎么回事,难道是那帮人故意这么弄,存心戏耍后来人?”三炮一见没了头绪,开始胡乱猜测。

龙少道:“这肯定不会,那东西不是普通的工艺品,而是有某种重要的象征意义和特殊用途,可能代表着权力、秘密甚至是更高深莫测的天机,所以不会弄得很戏谑。”

说完顿了顿,扫了一眼所有人后又继续道:“出现这样的情况,问题最可能出现在时间上!”

我一听这,顿有所悟,惊道:“龙少你的意思是说,地图是没有问题的,但它的制造时间是在山势改变之前?”

龙少点了点头,几人还有些迷糊,在我的一番简单解释之下才明白过来。其实,这只是个时间差的问题,在那地图被制造出之后,这里的山势发生了变化,而且这种变化仅仅表现在特定的一处,说明自然原因的可能性不大,肯定是人工开凿的。开凿如此大的山体,是个相当浩大的工程,不会有人毫无意义地做这种事情的。我们现在所在的地方,距离当年抗战时修筑的滇缅公路某一险段只有十几里的距离,我疑心会不会是当年出于修筑滇缅公路的需要,而特意进行了山体爆破。

不过这不是眼下应该讨论的问题,望着眼前一望无际的莽山,众人都有些一筹莫展。龙少还保持着一贯的镇定,只思索了片刻,便向鹰戈问道:“我们还有多少食物和装备?”

鹰戈略一盘算回道:“只够三天的,不过我的家伙随身带了,如果在林中打点野味,肯定能顶更长时间!”

龙少下定了决心,一指前方的大山道:“好!那我们现在就启程去那边!”

第十一章　鬼龙吐珠

龙少是个比较一本正经的人，很显然不是在开玩笑，三炮听了即道："去那边？我们不返回去装备下自己吗，船上的装备也不找了？"

龙少道："没有时间了！我们出了这变故，已经慢了一拍，根本没有时间往返再作准备了！"同时他又道："我们的路线没有问题，或许能遇上我们的人，到时候补给什么的都没有问题。"

我试探着对龙少问道："我们要去的地方，会不会就是传说中南陵城所在的地方？"

龙少望了望我，没有正面回答我，只淡淡道："或许有古代的城市存在的迹象，就这里的山势来看，存在大型的古墓也是有可能的，包括王陵。"

风师爷指着远方的群山道："这里的山脉连成一片，由西向东直人南海，远看仿佛自天而下，如万马奔腾、游龙蜿蜒，这是典型的高山龙，而太祖山很可能就在喜马拉雅，甚至是昆仑！所以这是条极佳的龙脉！"

我听得将信将疑，风师爷继续道："前方山体的走势和地图上出现了偏差，现在可以肯定是人力所为了，很可能就是这条龙脉的穴场和宝眼，所以出现大的城池和王陵，都是很有可能的！"

三炮嚷道："干他娘的，我出门可没想到会出这茬，命都差点丢了，炮爷我从不做亏本生意，能发财的活哪有不干的道理！"

虽然风师爷的话不见得就是真理，但至少给了我们很大的激励，毕竟无论是古城或是王陵,其内容的丰富程度都不是一般的考古项目所能比拟的,有这样一次成功的经历,它所带来的物质价值和商业价值都是无法想象的。

很奇怪,有了这一切的刺激,之前的一切顾虑都烟消云散了,甚至我此行来的真正目的都被我淡忘了许多,取而代之的是某些巨大而无形的诱惑。

俗话说看山容易走山难,经过昨夜的暴雨洗礼,天空显得格外的纯净,能见度极好,四周的山看起来都像是近在咫尺。但走起来才发现根本不是那么回事,目标山峰好像是会刻意移动躲避我们似的,我们一口气足足走了大半天,直到傍晚时分,才抵达与目标山峰相邻的一座山的顶峰。

此时夕阳西下,日暮苍山远,落日映衬下,整个莽林披上了一层霞光,浩瀚的林海仿佛千万条巨龙蜿蜒盘升。

"你们快看!"风师爷紧盯着目标山峰的方向,一脸惊愕地对我们招呼着,我们只当他又有了重大发现,一齐都拥了上去。待我们看到眼前的一幕时,也情不自禁地惊呆了!

因为此刻我们的位置已经有了很大的移动,和先前的观察角度已经完全不同了,这才看到眼前的真实场景,着实不寻常。前方是一片巨大的盆地状不规则陷坑,布着许多小山峰,怪石嶙峋,如刀劈斧凿而成。目标山峰被众多大小山峰包围在中间,山峰的底端,是一处巨大的裂谷,深不见底。落日的余晖下,整个山峰瘦削傲挺,像极了一条破土而出的巨龙,盘绕飞升,它的龙头高高昂起,巨口大张,从我们的角度看,红日刚好在巨龙嘴巴的前方位置,仿佛巨龙腾空而起,准备吞噬太阳一般。

霞光浸染下,整条巨龙俨然变成了金龙,那种霸气,我一时根本无法用语言来形容,此刻看着它,我甚至担心它真的会活过来。

"鬼龙吐珠!好一个鬼龙吐珠!"一贯淡定的龙少,此刻竟然也表现出了极度的兴奋,大声赞道。

三炮道:"怎么你们都觉得是龙吗?我咋怎么看怎么觉得像天狗吞月亮?

哦,不对,现在应该是天狗吞太阳。”

风师爷道:“瞎扯,这的确是龙,既然在龙脉的穴眼上,这么好的风水形成这样的东西是必然的,可能当时这条龙还没完全成形,有人怕是等不及了,特地发动大量人力开山,修成了这条龙形!”

三炮不服,反驳道:“别扯得太玄乎啊,爷我可不信这个邪,那照你这意思,再等个若干年,这山是不是得飞去凌霄宝殿了?!”

龙少接过道:“风师爷说的是对的,南陵国自古就有鬼龙吐珠的传说,这样的东西出现在这里绝对不会是偶然的,说明我们之前掌握的那些有关南陵的资料是准确的!现在目标已经近在咫尺了,今晚在这里好好休息下养精蓄锐,明天就能接近南陵最核心的秘密了!”

眼下我们已经抵达了神秘的南陵古国境内,虽说各自怀着不同的目的,但都感到由衷的兴奋。但这样的兴奋敌不过长途跋涉带来的疲乏,我们在临时搭建的简易帐篷里闲侃了没多久,便分了下班,轮班休息去了。

自打来了这丛林里,心就一直悬着,想安稳地睡大觉并不是件容易的事,但眼下的确太累了,我躺下没多久眼皮便开始打架,隐约可见周公同志信步走来。

也不知道睡了多久,迷迷糊糊间,感觉有人在摇着我的身子,不时还感到脸上一阵疼痛,一睁眼,只见三炮一脸焦急的模样,催促我快点起来。

看到他的样子我一惊,睡意瞬间就没了,起身赶忙问发生什么事了,三炮回道事情不小,那师爷失踪了。

我一听也吃了一惊,起来只见几人各自忙碌着,连家伙都准备上了,一副如临大敌的模样。原来我们几个先行入睡,风师爷守第一班,估计是龙少的一番话让三炮兴奋得睡不着,索性起来想和风师爷侃侃大山。这一起来一看,才发现篝火堆旁空无一人,风师爷居然不见了。

起初,三炮以为这厮放尿或者上大号去了,耐心等了半个多小时,居然丕不见个人影,他这才着了急,急匆匆将我们都叫了起来。

“会不会打什么山货去了？九指金平日里好这口！”鹰戈敲了敲手中的猫枪道。

三炮道：“不可能！就剩这一杆家伙在你手上，他拿什么打，用他手指上那根套儿吗？这老家伙不是那么没谱的人吧，玩也得瞅个场合啊！”

龙少的脸上拂过一丝担忧，皱眉道：“你说得对，风师爷不是这么爱戏谑的人，肯定是出了什么变故！”

鹰戈道：“丛林里最常见的就是野兽了，不过这里好像没有搏斗的痕迹，我睡得不深，有什么风吹草动都逃不过的，再说以九指金的身手，两嗓子救命还是能吼出来的！”

龙少点了点头，顷刻间我也感到了一丝凉意涌了上来，真要是这样，那情况就要严重得多，我环顾了下四周，黑乎乎的什么也看不见。我总觉得密林的深处，有无数双可怖的眼睛像盯猎物一般盯着我们。

鉴于此，我们不敢分散开来，所有人间隔不超过两米，在宿营地的四周小心地搜寻着可能存在的痕迹。按着我们的想法，风师爷不会毫无理由地失踪的，但我们将四周都查了个遍，就差没把地皮翻过来了，居然没有发现任何可疑的痕迹，而且就连风师爷自己的脚印也没有，就好像他原地蒸发掉了一般。

眼下情形的诡异出乎了我们的意料，我感到阵阵冷汗从背后渗出来，难道风师爷是被某种怪鸟凌空叼走的？可是能把人叼走的鸟那得多大块头，这样的密林它怎么可能进得来！看着这巨树林立的场景，蛇的可能性比较大，传说中有缅甸巨蟒盘在树上，张口能将人凌空吸入口中，这当然是扯淡，但巨蛇盘在树上垂下脑袋叼走个人，倒真不是什么难事。我想着心里便有些打憷了，举着手电向我们头顶的那些树木扫视着。

就在这时，手电的光一扫而过，我突然发现我的头顶上方，径直垂下来一个长长的物体，随风左右晃动摇曳着。我吓了一跳，心道娘的果然是蛇，但很快就觉得不对，因为我看到的东西虽然很长，但是却很细，就算真的是蛇也不至于有能把人卷走的力气。再仔细一看,我才发现那东西细黑细黑的,盘绕在大树的一根枝杈上,一端垂下,另一端被“壁虎”爪固定在枝杈上,这居然是一截尼龙绳。不用猜,我便知道这是风师爷的杰作,随之困惑也袭来了,这厮好好的地上不待,没事往树上爬干什么,嫌地上不够凉快吗?而且怎么现在连人也消失不见了呢?从这家伙一路上的表现来看,不难看出他是个很有心机和城府的人,绝对不会不靠谱的,难道是他遇到了某种突发的棘手事件,不得不采取这种奇特的方式?

那绳索悬在大树的枝杈上,风吹两边摆,就像是有人在树上上吊过一般,在这样的场合下,看起来十分的诡异!

其他人见状,都聚集到了我这边,略一探讨,鹰戈自告奋勇道:“娘的,在这底下瞎猜没用,我上去看看情况!”说完把猎枪往三炮手中一扔道:“打着点掩护,有什么东西出来直接打,我要是中了那东西的道儿你就给我个痛快的!”我们见他说得挺悲壮,一句“小心”还没出口,他已经蹿到树下,利索地上爬了好几米。接着他一个后仰,抓住了那截尼龙绳,顺着就爬了上去。鹰戈爬上树顶后,四周张望搜索着,三炮举着猎枪替他担任着警戒的任务。为了充分保证他不离开我的视线,我长时间保持着仰头的姿势,将手电的光圈聚集到他身上,由于距离并不是特别的遥远,这使得他和他四周任何东西的一举一动都在我们的视线之中。突然,鹰戈“啊”了一声,猛地站直了身子,死死盯着前方,看起来十分的紧张,好像看到了什么不可思议的东西一般。

他这一下,连着我们也跟着紧张了起来,我忍不住大叫道:“怎么了,什么情况?”一边叫一边晃动着手里的手电,催促他赶紧下来。鹰戈又观察了一会儿,这才下了决心,顺着那绳索又爬了下来,这回连树干也不爬,直接从四五米高的地方就跳到了地上,落地起身就对龙少道:“少爷,我好像看到些特别的东西!”

第十二章　镇墓石

龙少一听，当即面色凝重，抬眼望着鹰戈，鹰戈接着道："有一个光球，又圆又大，但光线很弱，模糊不清的样子，看起来很像只眼睛。少爷，会不会是……"

我颇感诧异，按着鹰戈的描述，就在距离我们不远的地方，有个模糊的眼球状物体正在发着光。这的确是件匪夷所思的事情，要知道这里是一望无际的荒山，按理说不可能出现任何规则的发光体的，这东西的出现有些诡异，我怀疑风师爷的失踪和那东西有关。

三炮道："圆球状发光体，难不成是颗罕见的夜明珠？九指金这人不讲究啊，这么好的东西自己想独吞！"

我又气又无奈地对他道："你别瞎扯，这么大的好事哪就轮到你了，现在都少两个人了，还有心思琢磨这些！"

虽说我嘴上这样说他，但心里也有点这样的想法，即便不是夜明珠，但这种莫名出现的光球，极大的可能性就是某种能够自发光的物体。缅甸是产玉的国家，这里群山起伏，庞大深邃的地脉岩层中，都蕴含着大量的玉矿，我疑心会不会是一块发光玉石因为地质作用长出了地表，裸露在外。这是很有可能的，据说山西很多煤矿丰富的地方，露水天的时候煤都能像野草一样钻出地表。我把我的看法一说，龙少表示了赞同，但他也不敢肯定，几人索性收拾了装备，顺着方位去找。

按着鹰戈的估算，那光球距离我们大概只有一千米左右，但夜晚在林中前行实在太困难了,我们整整走了一个多小时,才感到原本的密林稀疏了许多,眼前变得空旷起来。虽说眼下的光线依旧不怎么好,但相比密林中的伸手不见五指要好多了,我们举起火把,隐约能照见四周的情形。

这是个小型的像盆地一样的凹陷坑,四周还充斥着很多人工修筑的痕迹,很多大小不一的石像横七竖八地倒在地上,大多被掩埋得只剩小半截身子露在地表。整块地方有明显坍塌的迹象,很可能这里原来是某种人工建筑,因为某次地质运动导致塌陷被毁。而火把的光束照过,很明显地能感觉到有一道红色的微光反射过来。

我们循着反射光的方向,来到了反射体面前。那是一块巨大的圆球状物体,那圆球直径足有三米,一半以上镶嵌在一块巨石中,因为地面坍塌的缘故,还有一部分已经被掩埋在地下。即便如此,这东西依旧显得十分的巨大,它的表面很光滑,触之冰凉,的确是上等的玉石材料打磨而成,如果这是夜明珠的话,那绝对是世间罕有。这东西聚光性很强,黑夜中任何一点光线被它聚集反射出去,都会有比较明显的亮度,之前应该正是我们的火光给它制造了光源。我瞅着眼前这个庞然大物,总觉得这东西有什么地方不对劲,然而我只是有这种感觉,具体哪儿不对劲又说不出来。

“应该就是这个!”鹰戈很肯定地道,龙少摸了摸那东西后点了点头,又举起了火把仔细观察了起来。

三炮看了看那东西的块头,惊道:“奶奶的这块头,这不是故意让炮爷我眼馋没辙吗?”说完还一个劲道可惜可惜。

就在这时,龙少忽然“咦”了一声,将身子往废墟里继续凑了凑,我们刚围上去,突见他面露喜色,惊道:“这东西好像是镇墓石,用来堵封住墓道的,难道这竟然是个陵墓的入口?”龙少表现出了少有的兴奋,不敢相信地又起身望了望四周。

我看了看那东西的块头,心道有这种可能,因为这里距离鬼龙吐珠的穴眼已经很近,如果这是座王陵级别的,完全能达到这样的规模,人口设置在这里,是完全有可能的。而且这里的地面塌陷就很可疑,很可能它的地下是真空的,天长日久导致了塌陷。但如果是这样,那底下是什么呢?地宫的可能性是不大的,因为这里肯定不会是主墓室所在地,难道是巨大的殉葬坑?想到这我心里毛毛的,结合起风师爷无故失踪,更让我不寒而栗,娘的这鬼东西真的这么邪门吗?风师爷不会被什么东西诱拐到这儿当殉葬品了吧?

我好奇那玉石巨珠的用途,龙少浸淫其中多年,对这种异族文明知道的比我多得多,他对我解释这东西应该属于一种有特殊寓意的祭祀物,用于祭祀的,说着他还特地让我观察了下支撑这巨珠的基石。

那巨珠已经很大了,镶嵌的基石必然更加大,而且基石的很大一部分都埋在了土里,几人拨去了些土,那东西的前端才勉强显现出来,居然是某种异兽的头部。

这异兽张着大嘴,巨珠正是被它含在口中,欲吞欲吐,我看着这异兽似乎还有些面熟,再往下一看,顿时又吃了一惊。

异兽身子奇长,扭曲盘绕在一根巨大的石柱上,因为地面的塌陷断裂成了好几段,它身子的两端布满了船桨般的触手,虽然很多触手被土掩埋,但微弱的火光下,更容易把它想象成一只巨大的节肢动物正从泥土中钻出来。

"我靠!是蜈蚣!"我忍不住叫出了声,脑子中立即浮现起了在船上看到的那只怪虫,心道这东西也许就是当年南陵人的图腾了。龙少表示了相同的看法,但此刻他不再多作解释了,风师爷的无故失踪,很可能和这里有关,没时间耽误了。再者说,如果这儿就是镇墓石,那顺着它找到穴眼和主墓室的可能性更大,没必要从别处人手,而且风师爷现在不在,凭我们几人的造诣,寻龙点穴还真是个问题。镇墓石异常坚固厚重,凭几人的力量想挪开根本不可能,还好地壳运动的伟大力量帮助了我们,这里的塌陷使得墓道被破坏,形成了许多破口,运气好的话我们能乘虚而人。但肯定也有运气不好的可能,那就是整个墓道塌陷得厉害,直接被堵住了,真遇到这样的情况,我们也只能自认倒霉了。

定位不是件容易的事情,但找漏洞那太容易了,很快,我们便挖出了一个可供一人进出的口子,火光一照,深不可测,但却并不是平直的墓道。我一看便明白了,这墓道很大一段是虚的,往下没多远,就是纵横交错的狭长地下岩缝,可以蔓延到几百公里远。我看着不由得很为难,真要走下去是极容易迷路的,很可能在地缝里钻一百年都不一定能绕到主墓室。

好在龙少似乎有些把握,于是我们的底气足了不少,他有针对性地研究南陵的时间比较长,知道利用这种地下岩缝作墓道是有规律可循的,纯天然的岩缝不可能满足墓道的条件,肯定会有人工修筑的痕迹,沿着这些痕迹走,应该不会那么容易迷失。我们互相鼓了鼓劲,一个个小心地猫腰钻了下去,仅仅走了十来米,果然如龙少所说的那样,四周人工修筑的壁雕和栈道便出现了,和那些光秃秃的岩缝形成了鲜明的对比。那些栈道仅仅是象征性的,大概是为当年修筑陵墓服务的,这么多年木质早腐朽不堪了,吼一嗓子都担心会塌下来,更别说在上面攀爬行走了。栈道没法走,只能顺着狭窄的岩缝往里探,这里的岩石交错密集,崎岖不平,很多地方连下脚的地方都没有,即便有落脚点,那些岩缝底端的狭小程度也是惊人的,有时候得把身子倾斜成一个极大的角度,以一种很怪异的姿态才能勉强挤过去。地下岩石很多都棱角分明,我们身上的衣物都遭了殃,身子也未能幸免,后背、胳膊、大腿上很多都是擦伤划伤,没走多远,我们的体力也渐渐不支了,累得呼呼直喘,苦不堪言。

我看这样走下去不是办法,当时就想打退堂鼓,考虑着就算不返回,怎么也得休息下养精蓄锐。这想法刚冒出来,手脚就慵懒了,而就在这时,走在最前面的三炮也停了下来,举着火把向前张望着,一副有所发现的模样。

我刚准备开口问,他已经先来了劲,稳住身子扭头招手对我们道:“嗨!咱的罪没白受,前面丫的好像有情况!”

第十三章 壁画

说话间，三炮又加快了脚步，很快跳出了窄小的岩缝。我打着手电一看，原来就在前方不到五米的地方，岩缝消失了，取而代之的是一处相对宽阔的山洞。

待我们都进入洞中便发现，这并不仅仅是寻常的山洞，四周虽说算不上雕栏玉砌，格局却十分的规整，密集齐整的砖墙、回壁、石廊应有尽有。整个空间以木质为主架构，辅以砖石垒砌，密封得相当严实，我们进入的地方原本有两扇巨大的镂金铜栓门，上面也有类似龙的纹饰，门口便是一块丈余高的石碑，两边各有一尊人面青铜灯奴，跪拜于石碑的两侧，它的正对面便是一座祭祀台，上面是高大的神龛，四周依旧布着跪姿的青铜灯奴四个。

我检查了一下，发现那铜栓门有些不对劲，别说堵门的自来石了，那门压根就像没关过似的。这就不对劲了，搞这么大的门不就是为了防盗吗，怎么造好了不用，难道墓主人根本没把几个盗墓贼放在眼里？或者，这里有什么东西，让墓主人自信进入这里的盗墓贼都有来无回？

想到这我又是一一阵不舒服，这心理作用带来的恐惧是无止境的，我只得对自己进行心理暗示：一切不过是杞人忧天。

这里的木质已经腐朽得厉害，颜色发黑，砖石也显得阴暗陈旧，但即便是这样，用气派来形容这里也不为过。按着正常的墓室标准，这里是陪陵的可能性比较大，或者是主陵的前殿和后殿，后殿的话更好，因为一般后殿都有直接通向地宫的入口。

我扫了一眼,很快发现祭祀台后方的山壁上,有一道暗藏的玉门。因为年代久远,一旁的石俑已经倒塌,所以这玉门也不算是暗藏了,很容易就被我们发现了,相信这应该就是大殿通向其他地方的出口,如果这是后殿,那从玉门进去直接就能抵达地宫。

当然,这是我们一厢情愿的想法,我有种预感,事情不会像我们希望的那样顺利的。

整个大殿此刻安静得骇人,黑暗就像一团妖异的旋涡,似乎在努力遮掩着什么,谁也不知道这地方到底有着怎样的过去。

我对南陵历史的了解可谓一穷二白,但从地域上来说,再结合当时那样的历史环境,这个政权除了高度自治闭关外,不可避免地会受到中原文化的影响,眼前这个大殿的建筑风格已经证明了这一点。

“嗨!有发现!”鹰戈叫了一声,把我们的注意力都吸引了过去,只见他指着大殿后方祭祀台上的影壁道:“里面好像封着什么东西!”

我们放眼望去,果然见那影壁的表面斑驳模糊,里面充斥着红绿不一的人形物体,姿态各异,眼下光线不好,再加上那东西好像特意做了处理,根本没法看清,就是让人觉得像某个东西,但又不敢完全肯定,眼神一散,似乎都能感觉到那里面的东西在动。

三炮道:“我靠!看条儿怎么看怎么像是人,会不会是殉葬的童男童女?”

我回道:“这里不是殉葬的地方,应该不会出现这些,再说还没听说过把殉葬人密封着悬在墙上。”

三炮不服道:“谁说没有!你们没听说过西藏那边的冰悬尸吗?那可都是像这样直接悬在冰川里的,一千年都烂不了,保质期相当长的!”

我没好气地回道:“拜托你结合下实际好不好,这里冬天都能热死人,你拿冰箱来造冰尸啊?”

三炮一听也对,当下无言反驳,索性发了发狠:“妈的光在这儿瞎猜,自己吓自己,敲开来一看,是人是狗全交待!”说完抄起铁铲就准备上去铲掉几块。

龙少对他说没有必要动这东西,想阻止住他,但三炮的手很快,几铲子下去就给弄下来一大块,里面的东西显露了出来。

我一看,顿时明白了什么,上前一摸三炮铲下来的那些东西,有点兴奋地道:“这里面是壁画,这是石蜡,是保护这些壁画不受侵蚀的!”

我感到兴奋是正常的,因为之前的一切经历中,能够很直观地接触和了解南陵有关信息的机会几乎没有,即便我们进入的这个大殿,它的格局和形式虽然有些异样,但并不足以表述出有关南陵的任何信息。而壁画的发现就不一样了,考古活动中壁画的作用太大了,很多壁画上蕴含的信息简直是不可替代的,有经验的考古人员根据壁画上的内容,就能剥离出一大段历史。

与我的兴奋相比,龙少为自己险些与这些东西失之交臂懊悔不已,亏得三炮那几铲子铲得及时。

我们沿着铲开的口子,小心地开始剥那些石蜡,由于时间太久了,这些石蜡透明度已经很差,颜色也很深,灰黑冷硬。不过很薄很脆,用力一掰便弄下来一大块,我们怕破坏里面的壁画,掰得十分小心,四个人足足弄了半个多小时,整块影壁的石蜡全部被清理掉了,一幅色彩绚丽的壁画完整地展现在我们面前。

因为蜡层的保护,这些壁画保存得十分完整,刚剥出来很是崭新,就像是刚刚画上去的一般。

壁画的色彩异常的鲜艳,和四周的古老陈旧形成了极其鲜明的对比,而我看到那些壁画内容的同时,直感到阵阵杀气从壁画里透出来。

这一大幅长卷是叙事型的,大部分内容是有关战争的,其中最醒目的是,画面中有一群人和不同的军队在进行着激战。

这些人的装束比较原始,连基本的铠甲防护都很少,而且武器和人数都处于明显的下风。相比之下,他们的对手要凶悍强大得多,他们中有蒙古的军队,有汉人的军队,也有其他东南亚王朝的军队。画面非常写实,其中有很多肢体横飞、鲜血四溅的场景,极其血腥。

我看得有些不舒服,三炮却乐道:“嘿嘿,我说这南陵的国王人品应该不咋地,得罪的人太多了还是怎么的,你们看这都惹众怒了,天南海北的哥儿们都赶过来揍他!”

鹰戈道:“你别瞎扯,也许是侵略呢?你不招惹人不代表别人不来招惹你!”

“没错,这是不同的历史时期南陵遭受的侵略战争!”龙少点头接过话,一边指着壁画一边道,“你们看,这是蒙古的军队,那时候蒙古军队出现在这里,很可能是忽必烈南侵那个时期,蒙古灭大理,顺道人缅进击南陵。这是汉人的军队,应该是万历时期明朝在缅甸的征伐战争,剩下的这些是其他王朝的军队,从装束上看,有蒲甘王朝、阿瓦王朝……似乎他们都有相同的目的,就是攻取南陵。这个国家可谓多灾多难啊!”

龙少说完微微一声叹息,很快目光又被另外的一幅画面吸引,忽然“咦”了一声,满脸困惑的模样:“这幅画想表述什么意思?”

我们顺着他的目光望去,目光凝聚在最中间的那幅画面上。这幅画面的呖景虽然不是在描述战争,但仍旧血腥,占据画面大部分的是一根巨大柱状物,它的两边布满了侧枝,就像是一棵巨树上布满了枝桠,更像是云梯,而奇怪的是,这柱状物不完全是直的,一大半的地方都扭曲成了S形。

等我仔细看清楚那东西的真面目时,又吃了一惊,这根本不是什么立柱麻,这不是我们之前看到的那种石雕蜈蚣龙吗?再往下一看,果然如此,那吴蚣龙的触手上插满了人,鲜血淋漓,蜈蚣龙口含巨大的玉珠,因为鲜血的曼染,那玉珠显出了骇人的血红色,并且向外绽放着血光。

“这不是……”我刚想说话,龙少对我做了个手势打断我,示意我继续往下看。

眼下我非常肯定,我看到的东西正是那种口含巨珠的石雕蜈蚣龙,虽然之前就知道这是用于祭祀的祭器,但万万没想到这种祭祀竟是如此的血腥。

蜈蚣龙正对的地方,是一处巨大的裂谷深洞,深得让人无法想象,虽然运用了比较夸张的手段,但我相信这种地方肯定是真实存在的。难道南陵人所祭祀的某种东西就在这底下?那会是什么东西,要用这种特殊的方式?

接着,画面中的裂谷里腾起了阵阵浓烈的蓝色烟雾,烟雾中夹杂着很多模糊的影子,好像有东西顺着悬崖在往上爬。很快地,画面上又出现了之前战争中的那些军队,此刻他们都已经被浓雾包围,丢盔弃甲四散奔逃,画面中还特意描述了很多人肢体断开的场景,同样的血腥,应该是浓雾中有什么东西在攻击他们。

遭受攻击的不仅仅是敌国军队,南陵人自己也遭受了这种攻击,很明显,这种东西没有什么意识,敌我不分,并且异常嗜杀。更让我奇怪的是,除了那滚滚的蓝色浓雾,没有任何地方能体现出里面隐藏的具体的东西,壁画的制作者似乎刻意在掩盖这些东西的真面目。这算怎么回事?再吓人的东西也得有个样子吧!既然是正式的描述,为什么又不让看见那些东西,这里头有什么秘密不能公开吗?

三炮道:"这好像是在搬救兵,但他们的救兵好像不太领情,找事的人、自己人大小通吃!"

龙少道:"这应该是南陵在面临亡国灭族的危险时,迫不得已采取的一种同归于尽的办法,这种血祭的光球,正是招呼这种东西的祭器。壁画可能会运用夸张的手段,但一般不会作假,我肯定这上面的描述都是真实的!"

"那他们召唤出来的是什么东西,会是人吗?"这些东西越看越诡异,此刻我感觉像掉进了血水里一般,有些发憷地对龙少问道。

龙少道:"这可能和南陵的主要民族扎鬼多人的来历有关,这可能是他们的另一种生存方式!"

"另一种生存方式?"

"这是南陵的传说:南陵人都是没有灵魂的,他们将灵魂寄存在地底某个堪称神迹的地方,所以他们的命运就由地下那些不知所谓的东西掌握着。正史上,南陵的建国非常奇特,它出现得非常突兀,没有任何征兆地,崇山峻岭之中居然就出现了一个在当时拥有相对高度文明的国家,这让所有的史学家都感到无从探求!”

我将信将疑,只听得龙少继续说下去:南陵具体的建国时间无法确定,但它出现的突兀性是公认的,然而历史条件也大致是具备的。当时的伊洛瓦底江流域莽林中有很多丛林部落,要是某个强大部落统一众部落建国,也不是不可能。但当时的丛林部落大多很原始,统一部落和建立相对有秩序的国度,是需要时间的,不可能一蹴而就。

龙少曾从国外收集过到一份资料,那是从一座地下黑塔中发现的古卷,当年日本驻军在修筑防御工事时无意中发现的,战后被英军缴获,由一个英国军官收藏,龙少正是通过关系从那英国军官手中高价购得的。

经过几年的努力,龙少的人破译了古卷的部分内容,其中一部分正是和南陵建国有关的。

根据古卷中的记载,南陵的建国和一个地下遗迹有关,遗迹存在的历史非常悠久,超出了任何人的想象,被称为远古的神迹。后来遗迹所在的地层发生了剧烈的地质运动,某种东西被破坏掉了,某些东西被释放了出来。龙少他们翻译的原文是:地狱囚笼被挣脱,灾祸之门由此打开!

这些当然仅仅是龙少他们按着字面的翻译,真实寓意无法深究,但龙少对此颇有信心,认为译出的内容就算不完全准确,却也八九不离十。我们听了都有些冒汗,心道地狱里跑出来的不就是恶鬼吗,难道这南陵国是一群鬼创立的?要真是这样,那绝对空前绝后、绝无仅有了。

一系列这种古怪的信息接收多了,有些让人承受不住,接下来的壁画内容还得半看半猜才能理解,我也失去了兴趣,索性让大脑放松放松,把目光移开舒展了下身躯。

在这样的黑暗环境中,我习惯性地举着手电扫了扫四周,看看并无异常,这才放下心来。突然,我脑中一个念头一闪,立即意识到了有些不对劲,好像有个地方,和刚才不太一样了!

我心里"咯噔"一下,赶忙举着手电寻找,惶恐之下我很快发现哪里出现了异常:铜栓门石碑两侧的灯奴依旧矗立在那儿,我清楚地记得所有的灯奴都是跪姿的,而此时石碑左侧的那尊灯奴,不知什么时候成了站立的姿态,就好像自己站起来了一样。

第十四章　记号

我吓了一跳，简直不敢相信自己的眼睛，一时几乎就乱了阵脚。好在我很快沉住了气，再仔细一看才发现，那灯奴是青铜铸的，是固定的造型，不可能会改变姿势站起身，但是它的确无声无息地比刚才高出了一大截，这情形着实让人不寒而栗。

我小心地将情况告诉一旁的鹰戈。刚听我说完，他抬眼一看，当即抬枪就准备打。我赶忙制止，对他道看清楚了再说，万一是风师爷这一下直接就让你报销了，鹰戈回道那家伙一般不会脑子进水，搞这种把戏吓唬人。

但是，眼前的一幕的确让人胆寒，如果不是人为的，这铜质的死物怎么还会起身？这地方邪门得厉害，难不成天长日久的，这里的东西都有了灵性？

鹰戈显然没我考虑的那么多，只见他一拉枪栓上膛，“嘭”地就开了枪，那灯奴上溅起几点火星后，突然重重地磕到了地上，摇晃几下后便不动了，又恢复了原本的跪姿。

我们将所有的光源都集中到那里，确定再无异常后，小心地近前。我仔细检查了下那尊灯奴，这里的湿热气候很不适合这类活泼金属物品的保存，再加上年代久远，灯奴上已是铜绿斑斑，灯奴的表情很怪异，或许之前的经历让我有了心理阴影，此刻总觉得那东西正死死地盯着我看。灯奴心脏的位置有一处弹孔，四周剥落了一大片铜绿，正是鹰戈刚才那一枪的杰作。我心道你这厮也太地道了，跟一个铜人还这么较真，这准头也忒好点了吧！

“这东西是用模子直接铸死的,根本不可能起身。”我检查完了之后满脸困惑,之前的一幕却如此真切,总不会是我和鹰戈两人都看花了眼吧?

我话音刚落,鹰戈突然做了个不要出声的手势,警惕地望了望那灯奴,举着枪绕到了它的身后。随即他一放松,示意没事了,我们才跟了上去。

“应该是有东西在作怪,灯奴肯定是被什么东西举起来了,这里光线不好,所以你们才会有它自己站起来的错觉。”龙少听了我们的描述后,非常肯定地道。我们听了也点头称是,的确这是唯一的可能。

三炮惊道:“我靠,你的意思是这里还有其他人?”

鹰戈道:“那可不一定是人,这地方,很难说没有些乱七八糟的东西,搞不好是墓里的游魂野鬼!”

三炮道:“甭管什么东西,那他吃饱了撑的还是怎么的,拿这么重的东西举着在这里练三头肌吗?这年头游魂野鬼的运动健身观念也这么强?

鹰戈懒得听他扯皮了,在石碑后小心地摸索着,很快来了一声:“有发现!”

我探过身去一看,只见灯奴正后方的地面上,有一个非常明显的图案,图案很简单,仅仅是一个“@”状的圆圈,再引出两个箭头,很像是某种记号。而且这记号的痕迹很新,应该是刚刚才做出来的。

鹰戈对龙少道:“少爷,你看……”没等他说完,龙少已经领会了他的意思:种种迹象看来,这里的确存在着我们以外的其他人,或者是其他东西!

鹰戈道:“这里有情况,来者不善,注意戒备!”

三炮道:“会不会是那女的队伍先到了,装神弄鬼地吓唬哥儿几个,让咱知难而退?”

我听了不以为然,对他道这完全没必要,看那女的就知道她那队伍也不是什么善类,直接把咱结果了不是更省事吗?何必玩这种无聊把戏。

我接着道:“对方举动青铜灯奴,应该就是吸引我们过来发现这记号的,也就是说这记号很可能就是对方做给我们看的,可能是对方想告诉我们什么!”

龙少表示赞同,接着我们的目光又都凝聚到了那记号上,记号上那“@”状的圆圈我们很熟,这正是龙少公司的LOGO图案,具体有什么意义我无从知晓,龙少也自称一无所知,他只是将公司名的首字母截取下来作为公司LOGO而已。

如果这样,那能让我们直观理解的,也只有那两个箭头了,我认为这是指示方向的,其他人也不否定。箭头指示的是两个方向,一个是那块矗立的石碑,另一个是石碑后的山体石壁。

我很奇怪地摸向了那块石碑的正面,石碑的表面光滑如镜,呈浅灰色,并无任何的图案和文字,是一块无字碑。正面已经无字,背面更不会有了,石碑的背面相对粗糙,却也是空白一片,我们并没有任何异常的发现。

鹰戈也在石碑和石壁上都摸索了一阵,一样一无所获,叹道:“要是九指金那老小子在这儿,事情就好办多了,对这些东西他比较在行!”

听到他说这话,想起我们这一路上的遭遇,还未到最为凶险的地方,就已经落下两人,生死未卜,我心里不由得一阵叹息。

龙少还是一贯的那样处事不惊,其实我真钦佩他年纪轻轻居然有如此好的心理素质,之前听龙铭提到过龙少是名门之后,祖上曾风光无限,我感叹这家伙还真没少继承祖上的优良传统。

只见龙少不声不响,闭上了眼睛在石碑上开始前后摸索,他屏住呼吸,手指像游走在钢琴键上一般小心地探知着什么。许久,我正感到奇怪,龙少的眼睛一下子睁开了,左手的食指停在了石碑背面的一个位置,反复感知了几下后,猛地一发力,身后随即传来“霍霍”的声响,原本严实密封的山体石壁上,突然开启了另一道可供一人出入的暗门。

我大奇,十分惊愕地看了看龙少。因为工作的缘故,我和古董界打交道比较多,玩明器的人有几个底子是完全干净的?这些业内人都心知肚明,所以行当里传奇的事情很多,不少都是有关倒斗的江湖神技。

“拈花负叶”就是传说中的绝技之一，顾名思义，捏起一片花瓣背着一片树叶，这都是极其微小的感知，所以“拈花负叶”在明器行当中被用来形容那些堪称高人的玩者。他们仅凭着极其微小的感知和信息，就能准确地判定出明器的各方面信息。很多人拿着高仿的明器来糊弄粟子，到了这些人手里，随便扫一眼，用手掂掂分量，就直接发话：拿回去当痰盂吧。

琉璃厂有名的“黑纸扇”杜麻刀，当年就是凭着这本事，从藏画竹筒上一个小小的虫洞判定出了一幅阎立本的宫廷真迹，就此而发家的。

在倒斗界更是不乏这样的高人，古墓里险象环生，如果没有极敏锐的感知能力，一个疏忽就足以丧命。这种倒斗高手的一双手，精巧无双，极其敏感，任何细微的变化都逃不过。

我不知道龙少所用的这招算不算是“拈花负叶”，但刚才那种情况的确是个技术活，没有两把刷子是绝对应付不了的。我只知道龙少出身名门，只不过是个热衷于探索的商人而已，之前真不知道他居然还会这种旁门左道。

“嗯？有门，进不进？”一看出现了暗门，我们都吃了一惊，一时也不好决断。制造记号的那东西想告诉我们的应该就是这道暗门，但能进不能进真的不敢贸然断定，谁知道对方是善是恶，搞不好是个陷阱。

鹰戈提出自己一个人先进去看看，确定没什么猫腻后我们再进去，龙少不太同意，说我们一路上的情况蹊跷得很，人一个接一个失踪，现在无论如何也不能有人单独行动。

龙少道：“我现在在想对方告诉我们这个暗门的必要性，这个大殿有正常的通道入口，正常情况下，我们按着路线走就应该没问题，现在为什么这里会有个暗门？这道门开得这么隐蔽，到底是什么用意？”

三炮道：“会不会是配殿，放祭品和明器的地方？”说罢眼睛开始放光了。

我眉头一皱道：“这至于吗？从我们进来的情况就看出来了，进到这个大殿其实很容易的，而且这儿仅仅是祭祀的地方，可不是你淘明器的地方！”

三炮不以为然道："那可不一定,祭祀的地方总得有祭品吧,祭品就是明器啊,平常人家放点值钱的首饰还在衣橱里放个保险柜呢,这异国国王的陪陵,怎么也得讲究点,搞点隐蔽措施也是说得过去的。要不你们在这儿候着,我进去瞄一眼就回来,大个子把家伙给我,保准不会有事。"

我对他道你他娘的消停点,要钱不要命还是怎么的。一旁的鹰戈也不赞同三炮的做法,对他做了个勒脖子的手势吓唬他,就上前请示龙少下一步到底怎么办。

龙少此刻已经不再参与我们的讨论了,正站在那块石碑前仰头凝视着什么,也许压根都没听到我们刚才说了些什么。

见到鹰戈上前,龙少突然一副恍然大悟的表情,道:"原来是这样,咱们都错了,我现在知道暗门出现在这里是怎么回事了!"

第十五章 殉葬洞

“怎么回事？是不是这里的主儿藏私房钱的地儿?”三炮一听龙少的话便又来了劲，迫不及待地问道。

龙少没有理会他，三炮自讨没趣，却又耐不住性子，索性直接跑到石碑边，一瞅就惊讶地道:“咦，这怎么变了？无字石碑显出东西了!”

我一听有门儿，赶忙也凑了上去，果然见原本光滑如镜的无字碑表面，显出了图形，我只看了一眼，便看出了这图形的名堂。

“这是地图?”我脱口道，“怎么石碑里面还藏着这个?”

龙少道：“是刚才启动机关的时候显出来的，石碑里居然藏着这个古墓的结构图!”龙少并没有表现出兴奋，接下来他的一句话道出了缘由：“不过只有这个古墓结构的一小部分，其中大部分是关于这里的。”

我对着那上面的地图比对了下，布局果然和我们现在所在的大殿一模一样，而顺带地，地图上标示出了大殿的入口和通向其他地方的出口，我顺着找到了正常的通道出口。

和我们之前发现的一样，入口正对面，祭祀台后方的玉门是正常的出口，是我们进行进一步探寻的必经之路。然而，画面上标示的这正常出口，着实让我看得倒吸了一口凉气。

按着地图上标示的，从玉门进入，沿着一处甬道再穿过好几个类似大殿的地方，再走到尽头，就会发现路一下子被堵死了，这根本就是条死路！而更让人感到毛骨悚然的是这地图上的布局:从玉门一直到尽头,沿途尽是暗弩、毒沙、火龙油等歹毒机关,尽头甚至标示出了巨大的蜈蚣。很明显,如果按着这路线往下走,就算躲得过前面那些机关,最后也得走进山体巨型蜈蚣的巢穴里,直接被当了点心。

看到这我一阵后怕,丫的幸亏出现了灯奴的那一茬,否则我们现在估计早被箭射成刺猬了!令人惊愕的是偏偏这样的地方还设计得如此正规,按着盗墓贼的心理,有正规的甬道、大殿,还有精巧无双的杀人机关,内部必定大有乾坤,必定拼了命地继续往里探。有谁能想到,这样的设计仅仅是对盗墓贼的一种戏耍,而且能要了他们的命。

我脊梁冒冷汗了,连一贯淡定的龙少也叹道:“难怪我们能这样轻易地就进来,如果不是我们运气好,只怕……”

鹰戈接过道:“那奇怪啊,有东西指引我们到这儿来,不就是为了发现这些吗?难道有人暗中在协助着我们?”

我听了一怔,脑子里也有了奇怪的想法。三炮戏道:“兴许就是这里的游魂野鬼,搞不好是倒斗界的前辈,提醒咱们后来者避免上当。咱这回的事情要成了,回头别忘了给人家多烧点纸钱酬谢酬谢!”

龙少听了淡然一笑,好像也是一副心存疑虑的样子。

“这道暗门的具体走向并没有标出来,但应该是正确的通道,这样的设计是为了防备盗墓者,同时方便守陵的人。”龙少下定了决心,当下决定从之前打开的那道暗门进入。

眼下也算是“自古华山一条道”了,不从这里走,那只能乖乖拾掇拾掇返回,一想到费了那么多周折才折腾到这儿,谁也不甘心就这样返回,何况我们对这条路线还是很有信心的。

进入暗门后,内部便是甬道,甬道不高也不宽敞,应该是仅仅作为一条通道使用而已,并没有必要精心雕琢,毕竟好钢要用在刀刃上,这里离主墓室还有不短的距离。

甬道先呈弧线形,随后开始转成直线,我们沿着直线大概走了三十步,四周便一下子空旷了起来,那感觉就是黑暗一下子舒张了,就好像是进入了无边的黑洞一般。

好在我们还有光源,可这里实在太大了,几只手电的光交错着,黑暗中显得极其渺小,想看到些实质的东西却又看不清,这感觉很让人抓狂。看到有不少木质的东西,我们随手收集了一些,堆积在一起准备点着,给空间增加些亮度。这里的木头很易燃,我们的火把刚凑上去,火苗“嗖”的一下就腾了起来,四周骤然变亮了许多,就像突然打开了高瓦数的日光灯一样。与此同时,无数张离奇扭曲的怪异面孔突然显露出来,不带任何征兆地,火光照到的地方,清一色尽是一具具尸骸,散乱地放置着,各种各样的姿态都有,一眼望去能看到的就有上千具之多,火光未照到的黑暗处还不知有多少。

“怎么这么多死人?”三炮郁闷道,“咱不过刚说了句托前辈的福,怎么这下就碰上这么多,这我可消受不起啊!”

一眼看到这么多死尸,这滋味很不好受,就像一只耗子卡在喉咙里一般。我原本还有些松弛的神经一下紧绷起来,再往前走的时候也小心翼翼起来,尽量绕开那些尸体。

我道:“这可能是殉葬洞,既然是王陵级别的,出现个殉葬坑也不奇怪,要是不出现反倒显得不正常了!”

说话间我扫了一眼那些尸骸,让人奇怪的是,在这样的气候环境下,那些尸体居然都没有腐烂,而仅仅是呈现脱水状,上面蒙了一层白霜一样的东西,像是灰尘又像是披上了一层薄纱。所有的尸骸的姿态虽然都不相同,但都呈现着一种很奇特的扭曲状,好像死之前受到过某种虐待似的,看起来极不舒服。

有这么多的尸体,难保不会有什么晦气的东西,我们都是第一次在如此多的尸骸中穿行,一时也毫无办法,只能尽量加快脚步,以便赶紧离开这地方。

“咦！好像有些不对！”三炮走走停停，眼睛不住地在那些尸体上扫视着。

我看到不少尸体上都佩戴有装饰物，担心这家伙老毛病又犯了，赶忙催促他快走。话刚出口，却见三炮已经猫下了腰，伸手就在一具尸体上摆弄着。

“不要碰！”龙少伸手警告道，“这些尸体样子很古怪，不一定是殉葬品，搞不好和什么古怪仪式或巫术有关，还是小心为妙！”

三炮并没有听他的警告，不过他的动作也挺快，龙少话刚说完，他已经将一具尸体手腕上的东西摘了下来，举到了我们的眼前示意。我们一看都吃了一惊，这居然是一块老式的机械手表。

如此现代的东西出现在这里着实很突兀，立即让我们有了种不好的预感，再扫一眼我们便发现，这里的尸体有些古怪。

之前我们只顾着尸体外观的狰狞可怖，压根没注意到尸体身上的装束异常，不用作太仔细的辨别，就不难发现很多尸体都是现代的装束，有“文革”时期的，甚至有近几年的衣服款式。

我顿时倒吸了一口凉气，心道不好，这里八成也是个陷阱，这里的尸体不光是先前的殉葬者，很多后来人也在这里不明不白被结果了，和几百年前的那些人一样，沦为了殉葬品。

“情况有些不妙！眼神都绷紧点！”鹰戈端起家伙凑到龙少身旁，目光四周探视着，看起来好像十分紧张。

三炮见状道：“喂！大个子，这里的东西成千上万，你哪够玩的！再说了都是死的，你那么紧张干什么！”

鹰戈道：“谁说的，你把眼睛从屁股挪到脸上来，看清楚了再说！这些人不会无缘无故就倒在这儿！”

我赞同鹰戈的说法，虽说自己不怎么信邪，但在这样一个拥有奇特文明的古国境内，面对如此多的尸体，心里还是一个劲地打憷。就那些尸体的恐怖模样来看，要让自己心里觉得百分百安全那简直是不可能的。

几人小心翼翼地往前又摸索了大概十几米,就见前方出现了一片空旷地。空旷地是一块石质的地台,大概一丈见方,高出地面约半米的样子。石台的四个角上各矗立着一根石柱,上面交错盘着两条巨型蜈蚣龙,钳口巨张,面朝石台的中心位置,四根碗口粗的铁链固定在石柱的上方。黑暗中看不清铁链的另一端究竟固定在哪儿,也不知道到底锁着什么东西。与四周尸骨纵横的情况不同的是,石台的四周和表面都空荡荡的,没有一具尸体。

眼下的情形看起来很让人发毛,给我的感觉就像是石台上有什么东西,使得那些尸体自己远离了石台一样。

龙少看了看那些石柱,半猜疑半肯定地道:“会不会这里是尸穴地?从整座山的气场来看,这里或许就是最适合养尸的地方!”

我听了眉头一皱,却不大相信真有这种东西,三炮道:“搞错了吧龙少爷,这干净得连个蚂蚁也找不见,你看那些尸体见了这地儿就像见了鬼似的跑得没影,养尸穴也得有尸养才对啊,这光秃秃的养什么玩意儿啊!”

“谁说什么也没有!”鹰戈抢过话,做了个不要出声的手势,指了指上方紧张地道,“你们看!”

我们下意识抬头一看,只见石台正上方的黑暗区域内,模模糊糊有一个长方形的物体吊在那里晃动着。等我把光束移动到那东西上时,立即看清了那东西的样貌,那赫然是一口石棺!

第十六章　石棺

一口石棺被粗大的四根铁链固定着，吊在石台的正上方，之前因为光线的缘故，我们竟然浑然不觉，此刻突然发现这东西着实刺激了我们的神经，几人都止不住往后退了好几步。

三炮失声叫道：“不是地尸穴吗，怎么还离了地了，吊那么高搞什么？龙少，你听说过有空尸穴吗？”

养尸穴我不是第一次听说，正儿八经见到是第一次，但如此怪异的养尸穴倒是闻所未闻，难道这里的主儿已经达到隔空养尸的境界了？

迟疑间，突听得“哗啦”一声响，吊着石棺的铁链忽然抖动了两下，石棺也跟着轻微地摇晃了起来，石棺内也发出了“嘟嘟”的闷响，声音很像是有东西在顶棺盖发出的。

“不好，惹着了，里面的东西要出来！”三炮失声大叫，一旁的鹰戈当即举枪瞄向上方，伸手就准备扣动扳机。

龙少道：“先别轻举妄动，这东西十分厉害，我们能绕开就绕开，不要去惹这个麻烦！”

鹰戈用下巴一指石棺道：“少爷，恐怕来不及了！你看！”

我疑惑地往上方一看，当即也大惊，那口石棺的棺盖不知什么时候已经被顶到了一边，石棺的一侧居然探出了一只手，抓挠着棺面，看那样子里面的东西似乎要坐起来。

一旁的鹰戈已经准备开枪了，忽然他停止了动作，“咦”了一声，我还没来得及疑惑，突然也发现了不对劲。

我有些不敢相信地揉了揉眼睛，再一看才确定自己没有看错，那只手的食指上居然套着截金属指套，正是风师爷的那只天龙钩，难道这里面的主儿是风师爷？

我们面面相觑，大惑不解，风师爷怎么钻棺材里去了？难道是他发现了这样的宝穴，觉得可遇不可求，怎么也不能浪费，索性把自己当“粽子”来养吗？或者干脆这根本就不是风师爷，而是里面的粽子看中了风师爷手上的那玩意儿，直接抢过来据为已有了？

虽然这想法很好笑，但我却没有一丝轻松感，此时只感到极端的诡异，如果这是风师爷，那他不会无缘无故往棺材里钻的，肯定遇到了什么变故。

鹰戈转脸对龙少道：“我上去看看，我们要救出风师爷！”龙少点头表示同意，示意他小心点。我对他道你一个人在上面恐怕应付不来，我上去给你打个掩护吧，万一遇上点问题你一人难敌四手。

鹰戈倒没反对，毕竟现在也不是体现个人英雄主义的时候。当然从心里说，这活我也不是很情愿干的，但底下一个是少爷，一个是有恐高症的三炮，这事还非我莫属了。我和鹰戈相视一点头，他把手中的枪扔给我，自己拔出腰间的匕首咬在嘴里，两人顺着两根蜈蚣龙盘绕的石柱就往上爬。

石柱上因为有立体的雕刻，所以并不平滑，爬起来还不怎么费劲，很快我们都摸到了铁链上，顺着铁链往石棺处靠近。

此时石棺那边有了些变化，不知什么时候，那只伸出的手已经缩回了棺内。而石棺的摇晃却更加剧烈了，不知道是我们在铁链上爬动造成的，还是石棺自己造成的。

不一会儿，我们已经爬到了铁链的末端，已经处在石棺的边缘位置了，我紧张得手心都冒汗了，找了个位置将身子固定好，再把后背上的枪握在手中，瞄着石棺的方向。

对面的鹰戈对我打了个手势，意思是一会儿他来开棺，只要有东西蹿出来，不管三七二十一我就先给它来一枪。见我会意了，他才放下心来，小心翼翼地将脑袋往石棺上方靠近。

我一看即感到不妙，我手中持的是霰弹的猎枪，以我现在所在的角度，这一枪下去肯定鹰戈也得挨子儿，何况鹰戈现在的这种做法我觉得很是唐突，很容易中招的，焦急中我扫了一眼石棺的上方，突然发现了什么，于是赶紧招呼鹰戈先住手。

石棺的上方是一块如脸盆大小的镜面物质，大概是某种器物的一部分，镶嵌在大殿顶面的木梁上。我疑心是大殿里设置的轮回镜，但也无心去判断了，眼下有这么个镜子对我们是有好处的，最起码能先通过它看到棺材内部的情形。

我小心地对鹰戈比划了两下，他大致明白了我的意思，我将光源尽量往上提了一些，果然，镜子里出现了模模糊糊的景象，只是那镜子距离棺材有点远，再加上光线不足，我看得不是很清楚。

因为角度的缘故，鹰戈那边的观察更是困难，我让下面的三炮把手电光照到那镜子上，果然有了作用，虽然仍旧不是特别清楚，但棺内的情形也算得上一览无余了。

石棺的棺盖被顶到了一边，摇摇欲坠，若不是铁链挡住了恐怕会掉下去。棺内赫然躺着一个人，之所以说是一个人而不是尸体，是因为这个人还在动，而且从衣着上看，我已经认出了这就是风师爷。

但奇怪的是，风师爷的脸上卡着一块黑色的古怪面具，和之前船舱顶发生落石事件时发现的那面具一模一样。风师爷整个身子不住地扭曲着，似乎非常的痛苦，就像是全身都有蚁虫在啃咬他一般。

我看得很不舒服，在铁链上长久保持一个姿势也让我很不适，于是朝鹰戈一挥手，道我替你看着棺内的情形，你照着我的手势行动便可。

鹰戈点头应允，右手小心地探入棺内，同时左手紧握住铁链，以确保出现突发情况时，自己不至于轻易地从这四五米高的地方摔下去。

鹰戈按着我的手势，上下左右移动着右手，很快摸到了风师爷的脖子，一把揪住他的衣领就往外拖。那风师爷体形精瘦，但此刻仿佛变得异常沉重，鹰戈吃力地拖了好几下，都没有一点反应。他一个劲地对我摆手，示意我看看到底出了什么状况。

我很是纳闷，妈的！不会被锁在这棺材里了吧？这棺材邪乎得很，既然被弄进去了，可不是那么容易就能出来的。

更让人郁闷的是，从顶上那镜子中只能看见戴着黑色面具的风师爷直挺挺地躺在石棺中，虽然古怪，但却发现不了到底哪儿异常，我在那儿左瞅右瞅只能干着急，恨不得两人干脆一齐上前把风师爷直接揪出来算了。

鹰戈也嫌费劲，索性直起了身，摸索着就往那石棺里探身了。我刚觉得有些仓促，突然，镜子里一个影子一闪，跟着剧烈抖动了两下，好像对鹰戈的动作有了很大的反应。

我心里“咯噔”一下，待仔细一看确定是风师爷的身子扭曲造成的，刚想微微松口气，突然眼前的一幕险些让我窒息。

镜子中反射的棺内情形发生了很大变化，原本平躺的风师爷此刻正慢慢地坐了起来，而他的脑后，不知什么时候探出了半张脸，正歪着脖子往上看。黑暗中我看不清那脸的模样，但从那玩意儿的姿势能看出来，此刻它应该正通过那镜子直直地盯着我看。

这个时候我全身的神经都绷得紧紧的，最忌讳看到一些不明不白的东西。我被吓得一怔，赶紧去摸又背到身上的猎枪，这一下手忙脚乱的，险些从这上面栽下去。我枪拿到手后，立即对着那镜子瞄准，一想不对，那东西在石棺里，我瞄着镜子管个鸟用啊？看来是真被这东西给吓傻了。

"怎么了?"鹰戈看我这边出了状况,自己的动作也停止了,转脸对我问道。我来不及跟他解释,一边招呼他小心,一边借着那镜子继续往棺内瞄。

奇怪的是,棺内的情形和最初看到的无异,风师爷依旧很被动地平躺在棺内,之前的那张怪脸已经不见了,好像之前什么都没有发生一般。

难道是我看错了?受这里的气氛感染,产生心理阴影了不成?疑惑之际,我手中的手电忽闪了两下,忽然熄灭了,虽然还有底下的光源支持,但身周围能见度差了好多,对我们来说极为不便。

这手电不防水,之前在蛇盘河落水之后,一直就好灭,这次他娘的也灭得太不是时候了,这可要了我的命了!我骂了一声,握着手电摆弄起来,这玩意儿这次估计经受不起折腾了,死活就是不亮,一时快把我急疯了。

我懊恼至极,当下对着它一个狠拍,寻思着该过报废期了,直接报销了算了。但这该死的手电这一下居然又亮了,突然袭来的光线让我一时还不适应,晃了一下眼,突然觉得又有哪儿有些不对劲。

再定睛一看,顿时汗如瀑布,心一下子跳到了嗓子眼,我一时连惨叫都发不出声了。

这该死的手电光不偏不倚,突然照到了一张惨自的巨脸,这张脸从大小上看极其的畸形,它的大部分被及腰的凌乱毛发所遮蔽,只看到那干枯的毛发中一个煞白的东西晃动着,徐徐地往外探,此刻与我只有不到半米的距离了。

我身子一颤,当下脑子还算清醒,下意识地望了望现在所在的高度。心遵这回怎么也躲不过了,只能拼了,于是把心一横,一闭眼伸手就摸过猎枪。

我睁开眼想瞅个准头开枪,突然那东西身子一抖,整张脸一下子从毛发中探了出来,直接凑到了我的鼻尖前。

第十七章　百足蜈蚣尸

这一下就像是野兽做扑咬动作一般，只一眨眼，我眼前就多了张狰狞的面孔。那怪脸极端的惨白，畸形地扭曲着，整张脸的面部肌肉和面皮都无力地耷拉着，像干枯的充满褶皱的老树皮。那怪脸此刻半张着嘴，瞪着两只没有眼珠子的空洞眼窟，直勾勾地盯着我看。

我的天！这分明就是一具被剜去双目，再碾碎面骨的腐尸！

我毫无形象地惨叫起来，举起猎枪用枪托狠狠地将它推开，顺势就扣动了扳机。这一下太紧张了，一枪没打中要害，还好这猎枪发的是霰弹，眼下距离又很近，虽然没中它的脸，但它身土其他地方有好几处开了花。

这一枪打得太仓促，我原本就坐在铁链上两边晃悠，这下被强大的后坐力一推，身子一下就失去了平衡，往后滑落了一大截，接着就径直向后仰去。我大惊，心道不好，忙下意识地用手一抓，还好没有抓空，于是当下单手吃力，被悬吊在空中。

铁链太粗，单手根本握不过来，没法吃上劲，不一会儿就有点抓不住了。我挣扎着把另一只手也抓上去，但一抬头就看到那东西已经凑了过来，转眼的工夫已经近在咫尺了。手电也在慌乱中掉了下去，模糊中我只看到一个影子，晃动着朝我缓缓逼近，一只手朝着我的面门就探了过来。

我一看又出了一头汗，心道这东西肯定不会那么好心，伸手过来救我。我转眼又看了看当下的高度，发了发狠：妈的！再不跳八成就喂粽子了，于是心一横就松了手。

接下来就是垂直自由落体运动,我还来不及去思考从这样的高度摔下来的后果,就已经重重地摔到了石台上,滚了两圈躺在一旁;下肢一阵麻痛,很快就几乎没了知觉。

我当下认为八成是腿摔断了,怕得要命,三炮快速跑来将我背离石台,我忍着疼告诉他赶紧让鹰戈下来,上面的情况很不妙。

三炮迅速地又点起了堆火,四周的照度高了很多,借着火光,我们一眼就看到,鹰戈背着风师爷顺着铁链往图腾石柱方向移动。我看了当即哭笑不得,敢情这厮让我上去不是为了打掩护,而是给那玩意儿当靶子。

此时的火光清晰地照出了那东西的模样,那是一具极其瘦削干枯的躯体,身着破旧的甲片状铠甲,浑身被铁链紧紧地勒住,骇人的是,这东西居然有八只手,每一只如枯柴般的手臂同样被铁链锁住。它显然注意到了鹰戈的动静,扭曲着肢体就想蹿上前,不过那一道道铁链将它的活动范围束缚得很死,使得它只能在距离石棺三米左右的地方活动。

那怪尸闹腾了一会儿,终究没法克服铁链的束缚,渐渐地又返回了石棺中,总算是安生了下来。

“这是他娘的养尸穴吗?怎么养出来的东西这么个德性?瘦得跟干柴一样,光长胳膊不长肉!”三炮觉得恶心,皱着眉头骂道。

龙少道:“这是百足蜈蚣尸,有关南陵的记载上提到过这种东西,很是凶险,这里的先人用铁链锁着它是个正确的选择。”

三炮道:“百足?你说八足还是百足?我可是两眼睛一起瞅的,一共也只看到八只脚!”

我听了也皱眉,问道:“那这到底是什么东西,还算不算是人啊?会不会是有意找来的某种特殊畸形?”

龙少回道:“这种异化的东西要存活下来是很不容易的,百足只能是夸张的说法,实际上根本不可能。这个只长到八只脚就已经被放在养尸穴的位置上了,说明应该不多见,我觉得很可能是连体的畸形人!"

说话间,鹰戈已经很利索地顺着石柱爬了下来,三炮他们赶紧都上前接应,他一落地便背上的风师爷放倒在地。

风师爷像犯了羊痫风一般,浑身不停地轻微抖动着,鹰戈一把抓住他脸上的面具,奋力地一扯,岂料那面具粘得极紧,这么一下居然纹丝未动,依旧牢牢地卡在他的脸上。

我一皱眉头,心道该不会焊死在脸上了吧?那可就惨了,估计这辈子也甭想取下来,九指金今后恐怕要变身蝙蝠侠了。

"怎么回事?"三炮上前来了两下,他害怕真的将风师爷的脸皮掰下来,没敢太用力,只象征性地掰了两下,疑惑道。

鹰戈眉头一皱道:"妈的,不会是那东西吧?"

看到我们疑惑的目光,鹰戈继续道:"当年我打仗的时候,有一次在湄公河边上打伏击,那次打了场漂亮仗,当场就报销了几十号越南毛兵。我们那次的任务就是打伏击,但这仗打得太爽了,当时带头的头脑一热,干脆下令追击,我们在丛林里一直追了十几里,终于把一股残兵全部干掉了,但紧接着我们就发现了不对劲!"

鹰戈的脸上露出一丝惊恐的神色,继续道:"等把越南人收拾得差不多了,我们突然发现我们的人数不对劲,莫名其妙地少了很多人。一行三十人中居然少了七八个人,而且这些都不是战斗减员,这情况非常严重,于是我们接下来的任务就是寻找那些失踪战友。我们在丛林里找了整整两天,最后在一个废弃的古城遗址里找到了他们的尸体,几个人都死了,奇怪的是他们的身上都没有任何伤痕,而且脸上都蒙着一个白色的面具,严严实实的,没有眼洞和嘴洞。我们的一个战士觉得奇怪,把其中的一个面具掰开了,结果面具一掰开,一堆恶心的虫子就从他嘴里爬了出来,我的天!那人的整个胸腔里全是虫子,都被蛀空了。"鹰戈说完一抹脸,一副心有余悸的样子。

"后来听那些老兵说,这种东西叫'鬼面盾',古城中有游魂在攻击我们,搞得我们以后都有了心理阴影,见到面具就打憷!"

三炮不相信地道:"真有这种事?那,九指金这下岂不惨了,照你这意思,咱们接下来该对他进行人道毁灭了?"

我的腿慢慢也恢复了知觉,还好仅仅是有些炸筋,没到断腿废脚的地步,我一边揉着腿一边道:"我看不见得,面具这玩意儿也就是个死东西,本身没有邪性的,一般能伤人的都是人做了手脚,可能和某些巫蛊术有关,我们所在的这区域正是缅甸巫蛊之术最流行的地方。"三炮也不太信我的话,把头一转道:"巫蛊术?能厉害到这种程度吗?面具自己会趁你不注意摺你下,有这么神?"我对道:"那你可别说,这地方,稀奇古怪的东西超出你的想象,有些巫蛊术简直就和妖术异能差不多,神乎其神的,而且都确有记载,未必为虚。兰陵王的故事你们应该听过吧!"此兰陵并非我们所要寻找的南陵,一字之差而已,但兰陵王的面具传说是很有名的。传说兰陵王本性宽厚仁爱,不喜好战争,所以他的军队战斗力很差,一与敌国交战即溃不成军。后来兰陵王得到了一个巫师求得的恶鬼面具,戴上后他立即变得凶残嗜杀,以一敌百,极其凶悍。后来,他率领一支全部佩戴恶鬼面具的军队,东征西讨,消灭了各路敌人。而就在一切功成后,他突然发现,他脸上的面具再也摘不下来了。关于这传说有很多种版本,比较科学的是这面具是一种蛊术,通过某种特殊益虫对人进行控制,使得人变得异常有攻击性。这种特殊的蛊术在前秦时期很是盛行,后来失传了,据说公元前一段时期,波斯帝国大流士的禁卫军就是这种佩戴银质面具的军队,并且还曾出征过希腊,一路战绩辉煌。

听了我的叙说,龙少思索了片刻,接着来到风师爷面前,伸出一只手探在他的脑后。突然,他脸色一变,叫了声"糟糕",接着大拇指在风师爷的后脑勺处猛地一顶,随后便顶住不松。

不一会儿,只听得风师爷怪叫了一声,猛地咳了几下,龙少顺势用力一扯,面具硬生生被扯了下来,还连着一条长长的白色肠子一样的东西。

风师爷剧烈地呕吐起来,一股股极其难闻的绿水从他的嘴里鼻孔里喷流出来。我恶心得赶紧转过脸,没承想看到的一幕更加恶心,只见被扯下的那面具上,紧附着一条尺余长像玉一样的白色蜈蚣,和寻常蜈蚣不同的是,这种白色蜈蚣的腿非常的短,却极其尖利,就像一个个无帽的大头针扎在它身上一般。

龙少指着它道:"这东西爬到人的喉咙里,头钻进鼻腔,它们脚上的针尖会像钩子一样钻进人口腔的肉里,紧紧抓住不松开,而且还能通过针尖注射一种神经毒素,侵犯人的大脑控制人的行为!"

我看这东西,再听龙少这么一描述,顿时浑身起鸡皮疙瘩,下意识地远离它。那白蜈蚣晃了两下脑袋后,缩回到面具里像蛇一样盘绕了起来。三炮骂了一声,上前就准备一脚踩死,被龙少阻止住。龙少道这东西是益虫,邪得很,轻易攻击它容易中毒不说,难保它的尸体不会吸引其他的同类。

龙少一说,三炮不得不停了手,但他不解气,将那面具反过来卡在地上,又搬了块大石头将它压得死死的,完了"呸"了一口道:"妈的毛虫,还不让人动了,老子整个五行山镇住你,若干年后你等下一拨倒斗的来救你吧!"

我听了笑道下一拨的倒霉蛋救了它估计就中招了,你这哪是在除害,简直就是在布机关害人。三炮回道、r的老子已经够意思了,难不成还得让我竖个"危险勿近"的牌子在那儿吗?

玩笑开得差不多了,我们都收敛了起来,环顾四下寻找着出口。一眼望去出口没找到,倒发现不少脸上同样扣着那黑面具的尸骸,从装束上看,有殉葬时期的,也有后来进来中招的人。我颇感纳闷,我们可是按着石碑上的地图指示才来到这里的,按说这种地方应该极少有人涉足才对,怎么会出现不同时期的大量尸骨。再想想风师爷的遭遇就越加让我不安,这里这么多的尸骨,碰上个鬼打墙鬼障眼之类的也是个不小的麻烦。

第十八章　鬼行栈道

风师爷呕吐了一大阵，终于消停了下来，鹰戈用水壶里的水给他冲洗口鼻，再喂一些水给他喝，他的意识这才渐渐地恢复过来。

龙少道这应该是西南的一种奇特的蛊术，益虫以这种面具为载体，伺机攻击人类，风师爷中招虽然蹊跷，但在这种地方似乎是不可避免的。

看到我们，风师爷并未感到意外，只是苦笑了一声。我们此时也没空去追问他到底发生了什么，不找到出口，困在这尸体堆里是件很麻烦的事。

风师爷的体力恢复得很快，不一会儿已经能够自己走路了，我的双腿也恢复得差不多了，只是那一下摔得太狠，动作幅度大一点膝盖就会感到针扎般的疼痛。

龙少的这两下表现着实让我咋舌，他这样的身手，生意人这样的身份恐怕驾驭不了，现在这人给我的感觉就是深不可测。但很多时候就是这样的，有些事情你明知道其中有文章，又不能去刨根问底，知根知底、坦诚相待显然仅仅是江湖客套，并不适合尔虞我诈的生意场。

几人重新上路，往殉葬洞的深处继续探，按着标准的格局，再往前一段应该是殉葬的铜车马、人俑，穿过去便是巨大的甬道，可直抵地宫，但我也不敢肯定，因为那是大多数秦汉皇陵的模式，而且一般都处在平原地区，在纵横的山体里挖殉葬坑，修筑复杂的地宫，不是件容易的事情。南陵显然没有大唐帝国的雄风，开山为陵，所以陵墓的修建会受到很大程度上的限制，格局依照山势的走向灵活变动。

其实说白了就是,我们随后遇到的麻烦会比较大,到时候靠着登山钩攀附在悬崖峭壁上艰难前行都是很有可能的。

果然不出我所料,我们走了大概有十多分钟,殉葬洞就开始变窄,而且越往里走便越窄小,最后变成了一条只有两米宽的夹道。

夹道的两边依旧是天然石质山壁,并无特别,只是两边分别有两条铁链,被粗大的铁楔子固定在山体上,一直延伸到前方,夹道似乎很长,看不清尽头是什么。

我一看惊道:“怎么又是铁链,会不会前面有个大家伙?”之前那百足蜈蚣尸让我产生的心理阴影太重了,这里再出现铁链这东西,很容易让人想到会不会又锁着什么东西。

风师爷伸手摸了摸那铁链,用手一把握住,随即摇头道:“不会的,用铁链锁东西没必要还把它固定在墙上,应该有别的用意!”他一边说一边转过脸,望着龙少做了个请示的动作:“去前面看看?”

龙少点头应允,几人又往前摸了十几米,接着就听得走在最前面的三炮一声惊叫:“我的妈呀!这……怎么会这样!”

三炮一边惊叫一边挤着我们往后退,我一听他都语无伦次了,心道怎么了,什么东西把他吓成这样?赶忙探出脑袋一看,顿时也吸了口凉气。

就在眼前一米的地方,路一下子消失了,就像是被巨斧劈开了一般。取而代之的,是一处巨大的裂谷悬崖,深不见底,一抬头,就能看到顶上窄小如细线一般的天空,简直是名副其实的“一线天”。而两边的崖壁上,分别有两条铁链被固定住,向前一直延伸到看不见的尽头,那铁链有茶杯口粗细,但到远处看起来和上面的天空一样,只有极细的一条线。崖壁上密密麻麻地布着许多碗口粗的横木,有长有短,一直延伸到地底深处。而铁链正下方一米的地方,是一条由密集横木组成的栈道,随着铁链一起往前延伸,虽然年久失修,但这里的横木依旧杵在那里未断裂,不能不说是个奇迹。

风师爷道:“现在知道了,这些铁链就是这样的用途,人走在这样的栈道上,用手刚好能扶着它。你们看那些固定铁链的铁楔子排得都很有规律,基本上三米多一个,这正是为了保证链子的稳定性。”

我道:“那这些栈道是干什么用的,打仗吗?”问完之后我便觉得这问题问得有点白痴,就算打仗也得找个平整的地方啊,什么人能在这种地方打仗,蜘蛛人吗?

风师爷却被问住了,看来他也不知道这些东西的作用,只猜测着道:“如果是打仗的话,这些栈道应该不会保存得这么完整,只是……”他皱眉看了看那些横木,疑虑地道:“从这些东西的排列来看,好像一直通到最底下的地方,这些东西可能就是为这个服务的!”

三炮睁大眼睛道:“通到这底下去干什么?这黑灯瞎火的,底下能有什么财宝吗?”

我想了想,如此深邃的裂谷底部,最能吸引人的也就只有矿藏了,会不会是南陵人在底下发现了什么矿藏,如此复杂的工程就是为了开采矿藏服务的?似乎也只有这种说法能行得通,因为南陵不是什么泱泱大国,花这么大代价搞这些东西,是需要有充足理由的。

我把我的想法一说,几人基本认同,但这些都不是关键,关键是我们眼下没别的路了,要想继续探寻只有顺着这些栈道走。此刻我们都没法不担心,这都多少年的东西了,随便哪根木头没经得住我们一脚踩,后果都是不堪设想的!

“有没有其他好走点的路?再怎么也得找个像路的地方走啊!”三炮望了望那些栈道,又望了望头顶上方的一线天,道,“要不咱返回去,绕道从上面走,虽然耽误点时间,最起码路好走,怎么也赚回来了,而且心里还踏实点不是!”

我知道几人中数三炮的体形最臃肿,连我们都担心那横木能否经得起我们的体重,更别说他了。但返回又是不现实的,莽山中的路径不好辨认且不说,我们所寻找的地方都在山体内部和地底,到时候找不到人口,八成一番穷折腾之后还得折腾圆来。

龙少显然不会同意这个建议的,他挽了挽袖口,跃跃欲试,一旁的鹰戈拦住他道:“我先来吧,我往前走十几步,没问题了你们再跟上来!”

龙少倒没有劝阻,显然已经习惯了鹰戈的这种趟雷行为,他只道了句“小心”,鹰戈便将身上所有的负重都抛下,顺着铁链小心地爬上了栈道。

横木枯朽得厉害,被鹰戈这大块头一踩上去,即发出“咯吱”的响声,听得直叫人发毛。鹰戈尽量将身子靠近崖壁,双手紧握住铁链,横着身子往前走了十多米,确定无异常了,这才转过脸对我们喊话,让我们跟上。

我几乎不记得自己怎么爬上栈道的,除了一个劲告诫自己不要往下看外,没有任何办法能让自己不恐惧。每迈出一步,横木都发出让人打憷的呻吟声,碎石木屑“嗖嗖”地往下掉进无底深渊。我时刻都做着横木突然断裂的准备,抓着铁链的双手勒得死死的,攥得满手都是铁锈。

最惨的要数三炮了,他原本就有恐高症,爬这地方几乎能要了他的命。原本他是死活不愿爬的,被我们连唬带骗地揪了上来,现在没爬几步就后悔得要命,一个劲地叫唤。我们知道恐高症的厉害,怕他一时头晕真的出状况,索性用绳子将他和鹰戈捆接起来。

就这样艰难前行了大概三四十米,我已经累得满头大汗,渐感体力不支。要命的是这地方连休息也没法休息,唯一的休息姿势就是双手紧握铁链挺在那儿,坐都没法坐。

而更要命的是走了这一截后,我们发现这里的风居然大了很多,时不时地来阵穿堂风,吹得你东倒西歪晃悠悠。之前都没想到,这种长长的裂谷结构,很容易产生聚风的作用,继续往下走的话很可能风会更大。

三炮气喘吁吁道:“我说九指金,你、r 的是姓风是吧,你哥们儿看到你来了高兴,吹两阵风招待招待你我不反对,但能不能只招待你啊,我可不是你们风家的人!”

风师爷身形瘦削,加之之前受过伤,当前风吹之下显得更加吃力,也拿不出多余的精力和三炮扯皮,只“呸”了一声,将身子紧贴着崖壁靠住。

鹰戈在前面道:“我现在明白为什么栈道上还要固定这些铁链了,八成就是防止这里风大,人走在上面不稳当。”

我倒没什么反对意见,即便这里不起风,这手上没个能抓攀的东西,我估计也没人敢在这上面玩高空漫步。现代居然还有人在露天的高空中玩走钢丝,眼下想想那情形,都觉得是对我们神经的极大刺激。

龙少此时也双手紧握铁链,倚着山壁道:“看来这些栈道的辐射区域非常大,我们现在只走了很短的一截,前面不知道究竟还有多远。”龙少的意思很明白,如果再往下走,很可能会进入一种进退两难的尴尬境地,最后连睡觉都得在这上面。

但是,现在就折回,之前的罪白受了不说,回头还得想办法走这条路,因为这是目前我们发现的唯一的一条路。

我们都异常为难,不过除了三炮偶尔抱怨一下外,倒没人打退堂鼓。我对龙少道:“我觉得问题还没那么严重,那些人修筑了这些东西后,毕竟是给自己用的,他们肯定要从这里走出去的。我们这时候说白了也就是和古代人比试比试体力。而且如果涉及到开采矿藏的话,他们还不会是空手走,应该是负重前行,相比之下我们现在算轻松的了!”

龙少一笑,道:“我不是那个意思,我只是觉得,这里的栈道应该不是为采矿服务的,而是有另外的特殊用途!”

第十九章　悬棺洞

我一怔，问道："特殊的用途？什么用途？"

龙少道："我觉得和南陵的那些传说有关，我们在之前那大殿的壁画中看到用血浸染玉质的光球，从这谷底召唤什么东西出来。你看，这些栈道一直延伸到底下不知道多深的地方，很可能就是为那些东西服务的，这很可能就是壁画上那种祭祀活动的场地。"

我下意识地往下望了望，别说还真有这种可能，从之前那壁画的内容上看，那种神秘莫测的东西具有很强的破坏力，但如此光滑深邃的山壁，不借助某些攀附物是没法上来的，除非那些东西都是长翅膀的，可以飞上来。

龙少继续道："这些栈道辐射的范围还真不小，可见这种祭祀活动对南陵人来说意义非凡。只是，不知道南陵人到底在这底下发现了什么。"

我们所在的区域属于典型的丹霞地貌，处在西太平洋地震带上，多火山多地震，地质运动比较频繁。

出现如此大的裂谷，其实并不是特别奇怪的事情，我猜测会不会是地质运动导致了裂谷的形成，南陵人偶然发现了地底某些让他们感到不可思议的东西，所以把它们当神一样地膜拜。

古代人很迷信的，尤其是文明不发达地区，发现任何超出他们认知度的东西，敬畏和崇拜便随之而来。

而就目前我们所了解的情况来看，谁也没法猜测出裂谷底部的真实景象，只是预感到不会是什么好玩的东西。

不过情况如果真的像龙少所说，这里仍旧是为祭祀服务的，那四周肯定会有进行祭祀的场所，而且规模应该极大，否则真的很对不住南陵人在崖壁上下的如此大的功夫。

几人休息了片刻后，鹰戈又开始打头阵先走了，他的身手比我们都好了很多，不一会儿就将我们甩开了一大截，虽然谁也不愿在这地方多待，但实在双腿发软力不从心，我发誓这是我这辈子走得最提心吊胆的路了。

不一会儿，我看到前方的鹰戈已经停了下来，示意我们快跟上，可能是为了节省体力，他没有大声喊话，只是一个劲朝我们招手。

我们没他那么快的速度，就这么一点距离摸了半天才跟上，鹰戈有点小兴奋，身子一弓居然就消失不见了，接着忽又从山壁里探出了脑袋。

我心中大惊，鹰戈这厮还会无敌穿墙术吗，怎么钻到崖壁里去了？我疑心自己太累出现幻觉了，再一看才恍然大悟。原来崖壁上出现了一个长方形的洞口，鹰戈此时已经钻了进去，坐在洞部。

我顿时也一阵小兴奋，这洞不小，足有五个平方米见方，高度超过一米，而深度更是横着躺里面也没任何问题。

这对于已经双腿麻木、浑身酸软的我们来说，无疑是最难得的恩惠了，总算南陵人还够意思，终于有了个暂时的休息场地。

啥也不多说了，我们一个个猫腰钻了进去，横躺在冰冷的石地上，此刻却都感到说不出的畅快。

三炮道："我的亲姥姥！悬在那枯木桩上再吹几分钟的风，我恐怕就下去给人家当神去了。但总算运气不错，摸到人家睡午觉的地方来了！"

鹰戈用手电扫了扫四周，对我们道："这样的洞对面也有，一路走下去恐怕还会碰到很多！"我顺着光线照到的地方一看，果然在对面的崖壁上看到好几个类似的洞口，我赞同鹰戈所说的，这种洞会沿着崖壁一直分布。

这样的洞，很容易让我想起悬棺葬，又叫崖葬，这种葬制，在四川和福建的一些山区比较常见，有名的有巫峡和福建武夷悬棺葬。

这种葬制的基本做法，就是在陡峭的山崖上开凿洞口，再用特殊的方法将棺木吊至洞口放入。

因为出现崖葬的地方通常也会有这种横木，所以这很容易让人想起悬棺葬，不知道南陵人搞不搞这一套玩意儿。不过奇怪的是，目前我们发现的几个洞中都是空荡荡的。而且就总体来看，这里的洞口排列还是非常稀疏的，就算是崖葬，也是不具备规模的，但从这工程大张旗鼓的程度来看，又觉得十分的不合理，于是我很快就对崖葬的看法有了怀疑。

风师爷道："这些洞都比较宽敞，不像是普通的悬棺洞，应该是特意开凿出来供人休息的！"

看我们听得还不太明白，风师爷解释了一下：修建如此复杂的工程，是需要大量人力的，而且高空作业的难度很大，干活的那些工匠们也需要休息，各种材料也需要有地方放置。这种洞是特意开凿出来的，专供工匠临时休息，同时也有储备仓库的作用。这样各个地段的人既能互不影响，又能相互协调，效率就会高上许多。这貌似是最合理的解释了，我希望这就是它们存在的理由，我们所在的洞算得上宽敞，挤十个人问题都不大，如果一路上都有这些地方供我们休息，那我们的胜算便会又多一成。

鹰戈拿出背包里的食物和水，给每人都分了一些，显然是习惯了军队里的那一套：同志们铆足了劲吃，吃饱了决战疆场。主要的食物也就是压缩饼干和鲑鱼、牛肉罐头，这些东西没在河里被冲走当真是万幸，否则我们现在只能用联想法充饥了。

我并不习惯这些用于野外作业的食物，不过眼下实在饿晕了头，三两下就塞完了。抹嘴后一转眼，只见几人都在狼吞虎咽着，唯独龙少一人蹲在一个角落里，盯着山壁上一个什么东西在看，一边看一边还在思索着。

我凑上前,发现山壁上有一个图案,龙少一转头,指着那图案对我道:“原来是这样,我现在知道这些洞是干什么用的了!”

我看了看那图案,感觉就像是一个围棋的棋盘,上面星罗棋布地标着很多黑点。我看得不太明白,问龙少到底是怎么一回事。

龙少道:“我之前说过,这里修得这么庞大正规,除了祭祀崇拜以外,没什么更好的解释了,但现在看来,似乎有另外的可能性了。”

第二十章 意外发现

我们面面相觑，望着那如棋盘一样的图案，一头雾水。好在我对图纸这种玩意儿有那么点天赋，看了几眼后，总算有些开窍了，试问道：ct 这……这难道是标示这些洞的示意图？”

我辨别一番后，更加坚定了自己的看法，这正是裂谷山体崖壁的简易剖面图，虽然从它标示的范围来看，可能只标示出了这庞大山体的一部分。图上整齐地布着密集纵横的直线，很多交叉的地方用黑点做了记号，我看得出每个黑点就代表一个这样的洞，其中有一个黑点要明显大一些，我明白这是为了区分，它指代的正是我们现在所在的这个洞。而那些纵横的直线标明的是方向，虽然这仅仅是简易的崖壁剖面微观图，却十分的详尽到位。

这的确是令人兴奋的发现，有了这样的示意图，接下来得省不少力气。只是龙少刚才的话我又有些不明白了，他说出现这个就可以说明崖壁栈道另外的作用，到底是什么作用？

三炮道：“是这么个意思，那帮人挖了这些个山洞，但走起来很麻烦，自己也记不住地方，所以把这么个东西印在石头上当地图用！”

风师爷道：“意思是那么个意思，但不是你那样的说法，如果我没猜错的话，这肯定是线路图！”

风师爷看我们都不太明白，得意又略带轻蔑地一笑，道：“古代虽然落后，但人却不笨，这其实和盖楼房、挖地铁一个道理。像这种庞大规模的崖壁栈道，必定有个科学的线路设计方案，不但修筑起来省时省力，而且用起来也更安全便捷。这些点我们称之为质点，这些质点连接起来，就是线路。”

我一听就比较赞同，我做过建筑承包商，深知工程图纸的重要性，像这种庞大的工程系统，的确不可能没头没脑地瞎干的，眼前这图虽然简单，却能很直观地表示各个崖洞的具体位置，走起来的确快捷方便，这也是所谓的简单实用至上原则。

问题铺开了后便变得很简单了，我们都有点庆幸自己的幸运，唯独龙少一言不发，受他情绪影响，连风师爷不一会儿也变得不怎么释怀了，他小心地凑上前问道：“少爷，还有哪地方不对吗？”

龙少摇了摇头，轻声道：“我也不清楚，只是……这种太顺利的感觉，让我很不舒服！”说完淡然一笑，挥手又对风师爷道：“把图描下来，完事了我们继续！”

风师爷照办，他很利索，很快就完事了，这时候几人都已经酒饱饭足，准备着继续上路了。三炮出了点小状况，这厮消化系统强，肚子刚填饱就叫唤着要上大号。在这地方，这可还真是个技术活，三炮是死活不愿到栈道上拉的，称为了保证以后大便没有心理阴影，只能在洞里解决了。

还好我们走的方向是上风，但我们还是远远地走开，直达离之前那洞有一段距离的地方。

等我们走到地方的时候，三炮已经搞定了，一边招呼着我们一边攀着铁索晃悠悠地向我们靠近。一追上我们即喘着气道：“这爬得高也没啥好处，也就是地球引力大一些，还没尝试过爬这么高上大号呢，那真叫个‘飞流直下三千尺’！”

我对他道都刚吃过饭，别整这让人反胃的好不好。三炮挠了挠脑袋道：“就你文化人事多，好好好，不说了，不过刚才那一阵也没白折腾，还有点意外发现！”一边说一边从口袋里摸出个淡金色的金属物，亮在我们眼前。

我伸手接过一看，顿时吃了一惊，这居然是一枚子弹！我心道不好，这里不会无缘无故出现这东西的，肯定有人来过，搞不好就是之前那女人所属的那帮人，当然，理想一点的想法就是龙少的那帮人。

对武器这东西我不是十分在行，于是把它递给了鹰戈，让他辨别一下是不是自己人留下的。

鹰戈接过子弹一看，当即道："不是的，子弹太旧，估计有个几十年光景了，款式也很老，是很早的那种尖头弹，看来更早的时候就有人来过这儿了！"

我一听微微松了口气，虽说已经排除了自己人留下的可能，但同样也排除了另外的人，在我们这种糟糕境遇下，可不想碰上荷枪实弹的竞争对手。

鹰戈一只手捏着那枚子弹，好像在量着什么，紧接着他"咦"了一声，又道："这种子弹我认识，这是友坂步枪弹，日本制造的，这是日本'三八大盖'用的子弹啊！"

三八大盖是日本三八式步枪的俗称，这种步枪在二战时期被广泛使用，是日本陆军极具代表性的枪械装备。

鹰戈刚说完，连龙少的脸色都变了，伸手取过那枚子弹放到眼前看，表情也变得奇怪起来。

这能证明什么，几十年前有日本人来过？从历史的角度看是有可能的，太平洋战争期间，缅甸也曾是日本的占领地之一，日军在这里出现的可能性当然有。不过这又很蹊跷，这荒山莽林的阴森可怖直叫人绝望，除了我们这些脑袋绑腰带上的狂热盗墓者，谁又会来这里，日军爬到这里来干什么？

就在这时，鹰戈突然"嘘"了一声，紧张地朝我们打着手势，示意我们不要出声，俯下身子紧贴在崖壁上。我们都不知道发生了什么事，疑惑间，忽然听得四周一阵清脆的声响，连绵不断的，正是铁链撞击所发出的。

而当我辨清那声音的来源时，冷汗也就随之下来了。我的天，那频繁的撞击声响，正是从我们脚下的无底深渊里传出来的！

我的心一下子跳到了嗓子眼，当下紧张得要命。三炮骂了一声道：“他娘的底下好像有东西！”边骂边用手电往下照着搜寻。

风师爷贴着崖壁稳住身子，安抚众人道：“不必紧张，底下应该存在有交错的铁链，可能是风刮得它们撞击发出声音的。”

三炮想大声反驳，见鹰戈又朝他打了个手势，便压低嗓子道：“大爷的！那刚才不照样刮风吗，怎么没见动静，底下肯定有东西！”

说话间，几道手电光柱都聚集在了下面，我们的手电的照射距离能达到二百米，在这种无边黑暗的环境中，可能还要更多一点。我们清楚地看到，手电光的尽头，正翻腾着阵阵淡蓝色的薄雾，徐徐地在往上扩散着。薄雾的遮盖下，隐约可见一条条细线般的东西悬吊着，而它的顶端，依稀可见一个个人形的影子，左右晃动着。

我有个很不好的缺点，就是想象力太丰富，一看到这样的场景，我这缺点便又暴露无遗了。我当即想起了之前在大殿的壁画中看到的情形：无底深渊中腾起了一阵阵诡异雾气，一个个不知面目的怪物从深渊里顺着崖壁爬了上来。而眼前的所见很容易让我认为，这底下有某些东西爬上来了。

可是按着壁画的意思，不是用血祭光球祭祀的时候才会出现那些东西吗，怎么现在就出来了，难道它们现在把我们也当成了祭品？

好在那些人形影子仅仅是左右不停地晃动着，并没有向上爬的意思，我心道难道是死人？此刻看着那些人影，感觉他们就像在绞架上被绞死的死刑犯一样，我甚至怀疑这里是否也进行着处死犯人的活动，毕竟很多古代神圣的祭祀活动都伴随着血腥屠杀。

“我靠！好多！”三炮手电一晃，指着下面道：“这里也有这么多！”

我们顺着一看，果然见底下又出现了很多人影，姿态各异，这些人影离我们的距离更近，还没有被雾气所笼罩，和之前那些人影一对比，给人的感觉就像是这些东西正在爬动着向我们接近一般。

“好像不是活的!”龙少仔细看了看后道。

三炮道:“那这算什么意思?这帮人这么不讲究,人死了棺材都不用,直接挂在这些木头上当风干腊肉吗?那费劲挖那些山洞干什么?那个什么龙少爷,我觉得这还是有点问题啊!”

龙少道:“应该是后来的探险者的尸体,你们看,这些尸体都比较集中,而且在这样的环境中还能保持基本的形状,时间应该不会很长,否则早就风干坠落到底下去了。”眼下光线黯淡,但我还是注意到,龙少的脸上浮现出了很奇怪的表情。

听到是死人,我微微松了口气,虽然还不是很肯定,但总算不那么紧张了。说起来还真有些搞笑,在这样的地方,我们害怕的居然是活人,对死人反倒没有太多的畏惧。龙少的脸色很不好看,好像有什么心事,他顿了顿,接着又道:“这里好像有点问题,我们得下去看看!”

第二十一章　九根手指

我一怔，大感不解，道："下去看看，就为了那些尸体？有这个必要吗？"说完我便觉得有些多余。眼下我们五人中，只要龙少发话，风师爷和鹰戈必定遵从贯彻，就算按少数服从多数的原则，龙少也很容易拍板了。

龙少只淡淡地说了句下去看看比较好，就吩咐我们作准备。鹰戈看了看情形，还是提出自己先打头阵，先下去瞄一眼，如果没有什么特别的，我们也就不用下了，毕竟这不是个很轻松的活计。

龙少点头同意，嘱咐他小心点，鹰戈麻利地用绳索将自己绑好，快速地攀了下去。因为距离不是太远，再加上崖壁上有横木可以落脚，所以鹰戈一路还算顺利，很快就下到了目的地。朦胧中，只见他一袭黑衣立在那些死人堆里，一时都让人分辨不清。

我们静静地等待着，按着之前的约定，鹰戈到了底下探明情况后，会用手电光给我们打信号，可过了好久，都不见底下有反应，只看到一缕亮光在那里，也没什么特别的动向。

此时裂谷中的雾气似乎浓烈了很多，我们很快发现这是雾气上涌造成的，原本不受雾气侵袭的那些位置此刻已经缓缓地被雾气淹没，渐渐地连手电光也看不清了。我有些急了，心道这魁梧大兵怎么磨叽起来了，尽吊着人胃口，就算有事你也得惨叫一声让我们知道吧。

"大个子！底下什么情况？赶快给个话！"风师爷扯着嗓子喊了两声，回声在裂谷中萦绕回荡着,可除了这鬼叫一般的回声外,底下依旧没有反应。我伸出手一拉捆缚着鹰戈的登山绳,顿时心里一惊,大叫不妙,从提绳子的手感来看,那头的附着物明显轻了很多,居然用手一提便起来了。

我大惊,急道:“不好,可能出事了!”说话间我脑门一热,脑中甚至已经浮现出绳索的那端仅剩下鹰戈下半身的情形。

“妈的!”三炮对着底下骂了一声,举起猎枪对着底下,却又无能为力,那雾气像巨型软体动物一般蠕动着上浮,原本还能勉强看到的情景现在已经快要被遮蔽了。

龙少道了声“快”,伸手一把抢过我手中的绳索,开始往上拉,不一会儿,一具极度干瘪的尸骸被拉了上来。

那尸骸的模样,心理承受能力差点的人看到了恐怕会当场哭出来,它全身高度萎缩,浑身血肉都被吸干了,只剩了层枯皮抱着骸骨,且浑身长满了铜绿一样的霉斑。我想着刚才还好好的一个人,才一会儿工夫居然变成了这样,当下都不忍心去看了。

可当他们将尸骸拖上来直接摆在横木上时,我才发现情况有些不对,这尸骸高度萎缩,且风干腐朽得很厉害,只有长时间的腐蚀才会造成。而且尸骸着的衣物也很特殊,这根本就不是鹰戈的尸体!

“这不是大个子啊,他可能还在下面!”我一向是比较讲人道主义的,一看鹰戈还有救,当下急道。但同时也有另外的不好预感,看着尸骸的模样,像是中剧毒死的,也许是鹰戈在底下真的出了状况,自知没救了,索性将这尸骸绑在上面,让我们看看这些人的下场,警告我们不要轻易下去。虽然这样也太悲壮了点,但以鹰戈对龙少的忠诚度,我觉得也不是没可能。

风师爷看了看那具尸骸,露出了一个极其惊讶的表情,龙少一看也吃了一惊。我正感到奇怪,只听得风师爷嘴唇打着颤道:“少爷,这……这是我们的人!”

说话间，风狮爷伸手摸向那人的腰带，用力一扯，腰带的皮质部分溃散开来，钢扣被扯了出来。扣上已经生了锈，但还是能清楚地看出来，上面有一对“@”状的图案，正是龙少的 Evening Eyes 公司的 LOGO。

龙少之前和我说过，他不是第一次针对南陵进行考察，这次的亲自出马，正是基于前面多次考察积累的资料。当然之前的行动大多以失败告终，还有很多人就此失踪，没想到在这里找到了他们的尸骸。

龙少一脸凝重，显然这一切让他感到了一丝沉重，许久，他才下定了决心，郑重地道：“我们下去看看！”

三炮一听急道：“这怎么行？大个子那么大一块头，不声不响地就没了，鬼晓得底下什么情况，现在下去不是去送死吗？”三炮把龙少当成财神，自然不希望他也出状况，何况这事也关系自己的安全。

龙少用手一指四周道：“我们已经没有选择了，你们看！”我们顺着他指的方向转脸一看，只见之前的雾气已经弥漫到我们所在的位置了，四周变得朦胧起来，之前能看到的很多地方都已经模糊不清了。

“这些雾气很快就会淹没我们，也不知道什么时候才能散去，在雾中我们是辨别不了方向的，很可能会被困在这些栈道上。我们现在已经无路可走了，往下走是我们唯一的希望，那些尸体集中出现在一起，肯定有特殊原因的。”

龙少的意思很明显，这是没有办法的办法，我们现在已经走投无路了，就算我们下去看到的是一堆粽子龇牙流涎地等着我们，那也只能认命。大概龙少认为就算自己挂了，也得和自己的那些兄弟们挂在一起。

既然已经别无选择，那只能强迫选择了，几人顺着之前系着鹰戈的登山绳，小心翼翼地往下攀去。此时的雾气已经很浓烈了，越往下能见度越低，我们估摸着距离，大概爬了有十分钟，便看到浓雾中的一具具尸骸。

之前以为这些尸骸是挂在横木上的，走近看才明白，尸骸分明就是纵横躺在石块上。这里的崖壁上有一块近三平方米的延出石，石头呈圆球形，较为光滑,上面布满了红褐色的覆盖物,那些尸骸横七竖八地躺在圆球上,迷雾中看起来就像是刚刚才死去的一样。

风师爷小心地检查了下那些尸骸,接着对龙少一点头,应该是确认了都是他们的人,可找了一圈,并没有发现有新的尸体,也就是我们在这里并没有发现鹰戈的尸体。

“这儿有个洞!”三炮有了新发现,我们跟着一看,果然见崖壁上有一个可供一人出入的洞口,洞口形状并不规则,而且位置很隐蔽,我们所在的这个圆球状的延出物是完全镶嵌在山体中的,那洞口处在延出物与崖壁的交界处,真的很不容易被发现。

不过这个洞看起来让人很不舒服,结合鹰戈的状况不明,给人一种不好的预感。记得曾经看过一部叫做《隔山有眼》的电影,讲的是某些矿山的不明洞穴中钻出了畸形人类,攻击进入那里的人,很是血腥残忍。

所以虽然眼下发现了洞口,我们却感觉不到一丝惊喜,反倒十分为难,鹰戈的失踪颇为蹊跷,这样小的洞口,连转身都困难,真遇到什么情况,连应对的空间都没有,只能任其宰割。

虽然知道情况很可能不妙,但我还是愿意往好的方面想,当下道:“会不会是出口之类的?也许龙少你的这支队伍走的路径和我们不一样,他们是通过这个洞口到达这里的!”

龙少皱起眉头,既不肯定也不否定,我知道他也不知道情况。他的注意力一直在那些尸骸上,好像依旧对这帮为他卖命的兄弟的死耿耿于怀。

我们都很无奈,心绪烦乱起来,也许是太累的缘故,胸口和浑身的关节也跟着疼痛起来,我剧烈地咳嗽了两声,胸口又是一阵剧痛。

这时,龙少也咳嗽了几声,捂着胸口皱眉看着其中一具尸骸,“嗯?”了一声,举起了尸骸的左手,眼神中立即有了异样。接着,他迅速地检查了下其他的尸骸,突然很吃惊地道:“咦,这是怎么回事?”

我心道什么怎么回事？龙少随即向我们解释了下他的骇人发现，这简直是个让人抓狂的巧合：所有的尸骸左手的食指都少了大半截，就像是被利器削掉了一般。

我一看这，顿时惊得不知所措，虽然我早已料到这底下不会安生，但万万没想到会有这样的发现。我不由得把目光瞄向了风师爷，而风师爷也是一脸茫然的样子。

所有人的左手食指都是从第二个关节开始齐整整地被切断，不知道是生前就是这样的，还是死后被切掉的。无论是哪种情况，都匪夷所思，如果是死后被切断的，这又有什么必要呢？为什么是左手而不是右手，为什么是食指不是其他指头？如果是生前就切掉的，那好端端的为什么要弄断一根指头？而这些九指的人为什么恰好都在这里出现了？

三炮乐道："我说那个龙少爷，你手下是不是有个'九指帮'啊？我说，跟你混口饭吃也挺不容易的！"

龙少依旧眉头紧锁，并没有理会他，许久，他才摇头道："不是，我的人没有这样的，风师爷仅仅是个巧合，这些人恐怕不是我的人！"

"巧合？"三炮不相信地道，"有那么巧吗？不要告诉我说这一大帮人都和九指金一样，为情自残！"

传说风师爷是为了一个女人决心退出江湖，才自断一根指头的。不过他非常忌讳别人当面提及此事，三炮这一下刚好碰到了他的痛处，他咳了两声，一副很不爽的样子，好在他涵养还算好，认得清形势，当下便没有和三炮动怒。

风师爷转头对龙少道："那这些……"他指了指那些人的装束，很快明白，道，"你的意思是，我们的人被这些人掉包了？"

龙少道："如果另一批人杀掉我们的人，再换上我们的装束，这并不是很难办到的事情。"

我听了还是不太明白这样做的必要性，问道："那这么做有什么必要？这地方荒无人烟的，为什么一定要乔装成你们的人？什么人会这么做？”

龙少在思索着，显然也在为这个问题犯难，他的眼神显得迷离起来，越加显得深邃，一直到现在，我都不知道他究竟是个怎样的人，水究竟有多深。

风师爷还想说话，却又止不住咳嗽了起来，我当下也觉得嗓子和胸口越来越疼，头也有些眩晕起来，甚至还有些恶心想吐的感觉。

我找了个靠崖壁的角落，倚着呼呼直喘气，那种恶心乏力的感觉便越加强烈了，我深吸了口气，顿时胸口又一阵剧痛，感觉几乎要吐血。我以为是在殉葬洞那儿摔成内伤了，有点害怕，惶恐间一眼又瞥见了那些尸骸，心里一阵悲凉，也许这也会是我们的最终下场。

我们都是为了追寻某种东西而来，但令人啼笑皆非的是我根本不知道我在追寻什么，只是七号公馆地下室的骇人发现，让我意识到了我有不为人知、不为己知的一面，而这一切到底是什么？是什么人在进行着怎样的计划，是惊世创举还是惊世阴谋？最终我还能否解开这些谜题？

蒙咙间，困意止不住地袭来，我只感到浑身轻飘飘的，像站在云端一般。而睁眼一看，真的看见一抹抹淡云浮动在四周，向着我们这边飘动。我实在困得连站立的力气也没有了，看见一块云团，啥也不顾了，顺势就往上一躺，说不出的舒适！我浑身像散了架一般，躺下就再也不愿起来，意识也渐渐地模糊起来。

第二十二章　血祭灵宫

等我醒来的时候,发现自己正躺在冰冷的石地上,一睁眼,只见一条硕大的蜈蚣盘在我正上方的顶梁上,巨大的钳口张到了极限,双眼恶狠狠地盯着我,眼看着就似乎要朝我扑下来。

我大惊,连起身都来不及,赶忙就地打了个滚。岂料这下动作太急了,压根没观察四周,这一滚直接撞到了一块冰冷的岩石上,直撞得双眼直冒金星,头疼得几乎要裂开,身子依旧酥软得毫无气力。

这时候,有人上前扶起我坐好,对我道:“假的啦,雕像你那么紧张做什么!”我抬眼一看,差点惊得连下巴都磕到地面上,眼前这人不是别人,正是之前在蛇盘河落水后失散的向导阿东。

不会吧?那么急的河水,这小子不但全身而退了,而且还抢在我们前头在这里出现。不可能!一定是幻觉,或者就是压根我还在做梦。我狠狠掐了下自己的脸,疼得我直咧嘴,这才确定这是真实的。

我刚想张嘴询问,阿东先开口道:“现在什么都不要说,先调整好呼吸,能吐的话尽量让自己吐出来!”

我不明白他的意思,扭头一看,只见其他几人都靠在一旁的山壁上,抚着胸口喘着气,就连鹰戈也在其中。

三炮咳了一声,笑着对我道:“算咱几个命硬啊,要不是半路杀出的这位,咱几个恐怕和那些尸体一样成风干腊肉了!”三炮说着还有些心有余悸,张着嘴朝着一旁深深又吸了几口气。

我回想起之前身体上的一系列不适反应,当下明白了,惊道:“我们是不是都中毒了?”

风师爷皱眉道:“是的,没想到裂谷中那种雾气竟然是有毒的,我们当时都太大意了。这种毒气有色无味,吸进去开始没有任何感觉。等你感到不舒服的时候就已经晚了,很快你的呼吸系统和神经系统都会毁坏,如果再得不到救治就九死一生了!”

听到这我一皱眉,风师爷继续道:“好在我们和那东西接触的时间短,中毒都不深,吸人新鲜的空气洗洗肺,就不会有多大问题了。”

通过风师爷的一番陈述我知道,最先下来的鹰戈刚下来没多久就出现了中毒症状,亏得阿东及时出现,将其拖进了洞内才保住了他一条命。而我们的情况大致相同,阿东在这里出现得太是时候了,否则我们几个这回烈士是当定了。

阿东咧着嘴笑道:“你们几个城里老板,不知道这山里瘴气的厉害,还好现在都没事的啦!”

除了庆幸,当下我还真没有其他想法,包括阿东为什么会出现在这里,我也不便追问,索性就当是巧合了,虽然在我的印象中这个人是有前科的。

鹰戈道:“我在越南的丛林里打过仗,见过的瘴气也不是这样的,这些毒气从哪儿来的?这裂谷底下能产生这么大的瘴气吗?”

风师爷道:“这里是火山密布的地带,裂谷底端可能连着火山口,大量的气体都是那些死火山里挥发出来的。只不过……”

风师爷话说到一半卡住了,但我明白他的意思:火山挥发的气体多为硫化物,氯化氢、硫化氢、二氧化硫都是有很浓烈的气味的,再就是无色无味的一氧化氮,但我们看到的分明是一种淡蓝色的雾气,而且我们都是在毫无知觉的情况下中毒的。

我们现在所在的是个相对宽敞的岩洞,不时还有阵阵清风灌进来,我也深吸了几口，颇为惬意，看来这里存在着通向外界的通道，而且那些尸骸也可以证明这点，他们不太可能是和我们一样从崖壁栈道上摸到那里的，应该是从山峰的那侧通过这个洞口抵达崖壁栈道，结果中了那鬼雾的毒。这种情况的可能性还是挺大的，照此推想，我们只要顺着风向，就不难找到出口。

阿东点起根火把，四周立即变得亮了很多，泛出耀眼的猩红色，我这才发现我们所在的地方根本不是什么岩洞，而是一条相对宽敞的倾斜甬道，甬道的内壁有很多地方已经崩落，露出了一截截空心管状物，就像是密布的自来水管道一样。整个内壁的表面都呈现出红褐色，此刻看起来有些发黑，甬道的地面是直上的石阶，两侧是两条排水沟一样的浅槽。

甬道很长，借着火光一眼还望不到头，从吹动火把的风向看，出口的方向正在那边，我们必须穿过这条甬道一直往上。

三炮探出脑袋一看，道："这什么玩意儿，血糊糊的直筒子，我怎么瞅着像肠子一样！"

三炮这么一形容，我倒觉得也算贴切，此时的感觉就像是进入一条血糊糊的肠道之中，着实有点恶心。鹰戈用匕首在浅槽中刮了一下，弄了些粉末在手中碾碎，放在鼻前一闻，脸色一变道："还真是血，这他娘的是引血槽！"

引血槽？我一看那浅槽的宽度，当下吃了一惊，这玩意儿的块头当引水槽都差不多了，要这么大的引血槽干什么？

这时，风师爷忽然"噢"了一声，道："我明白了，原来这就是那种血祭祀，这里就是我们之前在壁画上看到的那种祭祀的场所！"

我一怔，当即也明白了，龙少望了望四周，点了点头，显然也明白了。风师爷又道："壁画上画的那蜈蚣龙的触手上插满了人，鲜血淋漓，鲜血正是通过这血槽，引向蜈蚣龙口中含的玉珠的。那玉珠肯定是某种特殊的物质，和血能起某种反应。"

等我明白过来这种诡异的设计是为了杀人，而且杀人积血的目的是召唤谷底一些恐怖的东西出来,当即感到不寒而栗,望着那猩红的甬道,我仿佛看到许多年前的鲜血依旧在肆意流淌。

风师爷道:“看来这里就是南陵举行血祭的场所,这种祭祀在当时是很神圣的,如果我们能找到出口,那肯定是个不同寻常的地方,也许南陵人会把陵墓的地宫直接建在附近。”

这种可能性是否存在不得而知,但正如风师爷所说的,古代有些民族把祭祀看得比天还大,即便我们找到的不是地宫,也是南陵极为重要的场所。

阿东这时候也说话了,道:“这位风老板说得没错,其实这就是南陵的血祭啦,传说中裂谷底下是有恶鬼的,它们可能是南陵人的祖先,也可能是他们的灵魂,因为很多人都传说南陵人就是从这底下爬上来的!”

这种类似的传说其实已经不是第一次听说了,虽然觉得阿东此时有些危言耸听,但眼下这种气氛下,着实让人感到颇为压抑。当下谁也不愿在这儿多待,钻进那甬道就往里探。

甬道一直倾斜往上,角度颇为平稳,大概是为了保证鲜血能比较缓地流下,又不至于因为时间久了而干涸凝结。这样的倾斜度走起来并不费劲,大概走了五六十米的样子,甬道就没了,四周已经变成了更加开阔的岩洞。

眼下我们所在之地虽说是岩洞,但一座横檐飞梁的大殿般建筑正严严实实地卡在岩洞之中,这是个利用天然岩洞修筑的大殿。

大概是因为建在山体中的缘故,这里显得阴冷异常,而且颇有些潮腐,所以除了顶端的横梁外,支撑大殿的木柱基本都以石柱代替了,因为我们已经处在了大殿之内,所以无法观其全貌。和之前我们看到的那个大殿相比,这里已经雕龙画凤地有了很多装饰的成分,显得奢华气派了很多。

顶面是纵横交错的木梁,由琉璃瓦拼成蛇状图案,围绕着中心一块巨大的圆形区域,很像龙少他们公司的那个“@”状 LOGO,而圆形区域的正中心又是两块方形的半透明玻璃状物体,在微光的照射下,显出淡淡的黄紫色。

大殿到处充斥着蜈蚣龙的形象,墙壁上除了精致的人物浮雕外,便是清一色的蜈蚣雕刻,墙角的受光度比较低,一眼望去就像是无数条蜈蚣趴在墙上。大殿内八根三人才可环抱过来的粗大石柱上,八条巨大的蜈蚣龙盘旋而上,龙身粗如水桶,钳口大张,露出锋利的边缘,栩栩如生甚是骇人。因为是建在山体之中,所以大殿的地面显得崎岖不平,黑色的大理石地面模糊地映出一道道的蜈蚣龙影,看上去诡异异常。

“这是什么地方?”鹰戈问道。

风师爷道:“刚才是血祭的场所,这里应该是灵宫,摆放他们所供奉的神灵雕像或者展现他们图腾崇拜的地方!”

第二十三章 猎龙图

三炮接过话道:“看得出来,到处都是蜈蚣,看得我毛都乍起来了,这南陵王还能是搞特种养殖的吗?!”

我对他道别瞎扯,这是少数民族的图腾崇拜,蜈蚣被称做“天龙”,而且并不是被少数民族异化的龙,而是早期真实的龙形象。即便是到了现代,在一些少数民族中仍然有蜈蚣龙图腾崇拜。

我们从先前龙少掌握到的资料中便已经知道南陵奉行的是蜈蚣龙崇拜,而眼前的一切更是证明了这一点。

大殿四周的墙壁上布满了各种浮雕,八根擎天蜈蚣龙石柱环绕的中心位置,是一座玉制的龛台,也就是摆放神灵雕像的地方,在古代的王朝中,尤其是这种特异的国度中,国王往往被渲染成人神共体,所以如果这里摆放雕像,很可能就是南陵王本人的雕像。

不过出人意料的是,玉台上空空如也,并没有放置任何东西。不知道是墓主人有意这样安排,还是这里曾遭遇过盗掘破坏的厄运。

不过有一点就连龙少也感觉到很奇怪,尽管他浸淫南陵文明多年,但对南陵王的资料却掌握得极少,而我们一路上也没发现任何和南陵王有关的信息,当下再看到本该放置神像的玉石龛台空空如也,一种说不出的怪异感觉又涌了上来。

围着玉台转了两圈,依旧没有任何发现,那玉台造得很精心,四周布有四根铜柱,柱头是精美的镂金异兽,栩栩如生。

风师爷道:“这些东西做工很细,应该都价值不菲,和玉台上空空如也形成鲜明对比,在龛台上放上神像应该更匹配的!”

龙少点了点头,道:“也许这是南陵人搞的某种特殊寓意,他们崇拜的东西可能不是实体,抽象崇拜也是很常见的。”

“那到底什么意思?难不成他们的国王仅仅是精神上的,南陵压根就不存在国王?”鹰戈纳闷地道。

听了这话我也极度纳闷,心道要真是这样,我们到底是来倒谁的斗啊?

风师爷回道这种可能性不大,古代人治社会系统,即使散漫的野蛮小部落也有部落首领,如果没有统治阶级,是不可能成立一个拥有历法、祭祀和图腾文明的国度的。

龙少点了点头,虽然我们之中龙少掌握的资料最多,但此时他也说不出个所以然来。几人在那儿转了一圈,最终放弃这里,接着往大殿里又深入了一些,便见眼前出现了两扇巨大的玉门。

玉门大概有三米多高,两米多宽,密封得死死的,非常的严实,我们推了两下,发现以我们几人的力量,连掀条门缝都困难,根本不可能打开的。

阿东摸了摸那玉门道:“门是封死的,除非用炸药,否则根本打不开的,就算打开也不一定是出口!”

风师爷听了眉头一皱,问道:“你怎么知道不一定是出口?”

阿东呵呵一笑回道:“我们是根据风向找出口的,这玉门都堵死了,哪来的风啊,所以我觉得出口不在这里的啦。”

众人相视,觉得有道理,阿东举起火把,看了看风向挥手道:“顺着墙根走,这地方太大了,风向很乱,墙根那儿容易判断一些。”

因为大殿修建的地方是一处岩洞,平整的地方并不是太多,所以为了保证中间龛台位置的平整,只好牺牲了其他地方,墙根处陡峭崎岖,怪石嶙峋交错,一脚踩空就可能掉到岩石缝下卡在里面。

虽说是墙体,却根本就不是砖垒的结构,压根就是原本就有的岩壁,岩壁上有很多岩画,大多已经脱落得模糊不清了。

我们往前摸了一大截,总算又到了平整的石质地面,这里是一个临界点,随着地面转成石质的,墙也变成了砖石垒砌的结构,数十根石质的廊柱矗立在一侧,一直向前延伸到黑暗中,形成一条长廊般的走道。

这长廊相当的宽敞,足有五米多宽,长度更是骇人,一眼根本望不到尽头。与之前不同的是,这里的石柱上只有简单的纹饰,并没有复杂的蜈蚣盘龙和异兽雕刻。

与石柱一侧对应的便是砖墙,砖墙上下方向的中心位置是两米多高的突出浮雕,整个砖墙的结构就像是故宫的九龙壁一般。

“我的天!你们看!”阿东望着那些浮雕,惊愕得嘴巴都合不拢了。

我们顺着他指的方向一看,很快知道他为什么惊愕了。浮雕上有很多人物和场景,但最醒目的东西,是一条条体形庞大得吓人的巨型蜈蚣。那些蜈蚣巨大的程度我根本没法形容,因为目前还没有任何生物能够庞大到和它比较大小的程度。

更骇人的是,从浮雕描述的情形看,这种恐怖的巨型蜈蚣还是群居的,数量十分的庞大,画面上的它们蛰伏在一处裂谷中,盘曲萦绕着吞云吐雾,一阵阵浓烈的雾气从它们的口中吐出,四处飘散。

我看得后脊梁都冒冷汗了,惊道:“我靠!这不是我们走过的那裂谷吗?难道这些雾气是这些东西吐出来的?”

我环顾了下众人的表情,发现所有人皆眉头紧锁,显然画面的内容不难理解,根据画面上的描述,我所说的应该就是事实。

“不会吧?”风师爷道,“这也太夸张了,这种东西能长到这么大的个头,已经是不可能的了,更别说这么多条在一起制造毒气了!”

阿东道:“有可能的啊,或许这些东西都是妖怪啊,我们当地传说蜈蚣精就会吐毒烟杀人,这么大的东西肯定已经成精了!”

蜈蚣精一直是志怪小说中的常见题材,传闻它们都能吞云吐雾,著名的韶山八景之七“塔岭晴霞”中的宝塔就是一座镇妖塔。那座塔六角六层,合六六三十六天罡之数,传说就是因为山中蜈蚣精吐毒雾作怪,为了镇住蜈蚣精而特意修建的。

当然这仅仅是志怪小说和传奇故事,只为娱乐。但当我看到浮雕的内容时,还是感到浑身不舒服,看来志怪小说中的很多事情也不是信口胡诌的。

不过这浮雕的内容也有值得怀疑的地方,比如如此数量的体形庞大的蜈蚣靠捕食什么为生呢,这裂谷底下有什么能够供这么大数量的巨型蜈蚣食用?

阿东的话一出,都没有人去反驳,诚然,很多时候我们听到有关妖孽的传说时都会认为是无稽之谈,但此刻我们真实领教了那些毒雾的厉害后再看这些浮雕内容,却不敢认为这是种戏谑。

龙少道:“这些内容应该是真实的,试想,任何人看到这么巨大的蜈蚣,他的世界观都会被颠覆的,于是南陵的蜈蚣龙图腾也就出现了。只是……”龙少顿了顿,目光已经移到了下一幅,困惑地道:“这又是什么意思?”

随着龙少的疑问,我们的目光也转向了那里,顿时也感到了匪夷所思。这一幅描绘的是狩猎的场景,一群拿着长枪、弓箭、石头的人,对着裂谷的底端的雾气进行着攻击。而雾气中,一条巨大的蜈蚣探出了大半个身子,正沿着那些修筑的栈道往上爬。

这蜈蚣的体形真的十分庞大,和四周的人物、场景一对比,那简直就是一群蚂蚁在攻击一条筷子长的蜈蚣。更奇特的是,那蜈蚣居然还长了两对像蜻蜓一样的翅膀,可是它的体形实在太庞大了,这翅膀仅仅只是个样子,根本无法支撑它的体形进行飞行,它只有顺着那些栈道才能爬上裂谷顶端。而画面的一个角上,又出现了那种血祭的玉石光球。

“怎么回事？不是蜈蚣龙图腾崇拜吗？”鹰戈道，“怎么现在看起来他们在对他们的神动家伙啊，这帮人疯了，连自己的神都杀吗？”

风师爷也道：“是啊，原来这种血祭光球要吸引出来的东西，就是这种巨型蜈蚣，那些修筑的栈道也是为了方便这东西从裂谷底下爬上来，看样子他们是在猎杀这种蜈蚣！”

“那总得有个理由吧，花这么大代价逮这东西干什么？南陵人没事干打野味改善改善集体伙食吗？”三炮打趣地道，“或者是南陵闹饥荒了，没办法只能吃自己的神了？要真是这个问题，那花点代价倒是值得的，怎么也比活活饿死好多了！”

风师爷道：“别扯了后生仔！从前面描述的来看，事情已经很明显了，可不像你那一套胡诌！”

三炮不大服气地道：“好好好！我胡扯，你的尽是理儿，我倒要听听你想出的是什么理儿！”

风师爷还没说话，阿东忽然插嘴道：“当然是因为那些毒雾了，用脚底板想都能知道，这么大一群蜈蚣成天在谷底吐毒气，这里到处是丛林，毒气根本挥散不去，这是很危险的事情。如果再不治理，这南陵国保不准就亡在这帮浑身是腿的家伙手里啦。”

这解释倒也说得过去，但总觉得很是憋屈，虽然很多棘手的问题都是因为很简单的原因，但我还是不太能接受得了这样的解释。历史传闻南陵拥有灿烂的文化和祭祀文明，搞了半天所谓的祭祀就是不得已而为之的捕猎活动，这未免让人感到太失望，我相信这肯定不是最根本的原因。

风师爷笑了笑，也没再说什么，只跑到龙少身旁，在他的耳边轻声说了几句。龙少听了后并没有什么特别的反应，只点了点头，目光又移到别的地方去了。

那些浮雕的内容很杂，但讲到祭祀的只有这几幅，余下的都是些似是而非的东西,看不出什么具体端倪。不过我偶然发现眼前有一根廊柱有些不一样,这里的廊柱都是光秃秃的,而这一根上面居然盘有和先前一样的蜈蚣龙,好像有意在彰显它的与众不同似的。

我正在纳闷,接着就感到眼前一闪,那廊柱上的蜈蚣龙好像动了一下。

第二十四章 蜈蚣

我大惊，当即认为自己视觉疲劳，出现幻觉了。但我再仔细看清楚时，汗毛都站起来了，只见廊柱上的蜈蚣龙扭了扭身子，伴着一阵窸窸窣窣的声响，硕大的脑袋已经探了出来，离我们只不过一米之遥了。

“小心！这东西是活的！”我吓得声音都变了，赶忙招呼众人戒备。几人反应都挺快，连滚带翻地迅速远离它，倚着墙角和它对峙着。

这时我看清了那东西的全貌，这条蜈蚣足有碗口粗细，全身都盘在粗糙的廊柱上，不知道到底有多长，但看这粗大的程度，就能知道这玩意儿吃个把人是没啥问题的。

很快地，那蜈蚣已经很轻缓地从廊柱上滑到了地面，贴着地向我们这边游过来，无数只脚在石质地面上敲击着，像滚珠落玉盘发出的声音一般，而且那声音离我们越来越近，显然它在向我们这边靠近。

阿东迅速地将手中的火把远远扔了出去，那蜈蚣忽然停下了脚步，竖起了脑袋四处张望着，黑暗中看轮廓感觉更像是一条眼镜蛇。

“我说大个子，现在就看你了，用你的家伙朝它脑袋上来一下，不然咱就成蜈蚣的饲料了！”黑暗中，三炮催促着鹰戈道。

鹰戈道：“根本看不清，不敢保证一枪能中脑袋，打不死我们就遭殃了。”说完他顿了顿，惊道：“我现在只想知道，这家伙到底想干吗？”

说话间，蜈蚣那边发出了“吱吱”的声响，随后不久，四周便嘈杂一片，一阵阵窸窸窣窣的声响交织在一起，就像是大雨淋在瓦房顶上一般，这声响听起来直让人毛骨悚然。

“王八蛋！这东西在叫同伙！”三炮惊道，我也知道了是这种情况，但眼下却一点办法也没有，只得条件反射地将身子往后挪了挪，紧贴在冰冷的石壁上。

风师爷道：“这东西太多了，来硬的肯定是我们吃亏，我们必须赶快离开这里！”

此刻我们虽然着急，但除了冷静应对外，也别无他法了，我强作镇定地问道：“你有什么好办法吗？”

风师爷道：“谈不上什么好办法，也只是权宜之计，眼下也只能这么办了！”说着指了指我们的头顶，道：“到上面去！”

我苦笑了一声，这的确不是什么好办法，这些东西多的就是腿，论攀爬我们占不到任何优势。

鹰戈响应道：“也只能这么办了，你们是愿意爬还是愿意在底下活活被撕碎?！他娘的快点上，我来殿后！”

鹰戈话音刚落，便一个箭步蹿了出去，倚着廊柱站住。最先的那条蜈蚣一听动静，脑袋一转便张着钳口扑了过去，鹰戈瞄准一个点射，正中脑袋，那蜈蚣整个脑袋都被炸掉了一大半，脑袋爆裂开来，一股股绿色的恶心黏稠液体不住地往外流淌着。

鹰戈又催促了我们一声，风师爷打头，踩着鹰戈的肩膀直接蹿了上去，我们紧随其后，一个劲只顾往上爬，爬到石柱的尽头后，再顺着拐到大殿的横梁上。很快地，几条巨型蜈蚣已经围了上来，把鹰戈给围住了。鹰戈奋力把枪向上甩给我们，像猴子爬椰树一样迅速蹿上来好几米，很快就追上了爬在最后面的我。

三炮在上面催促道：“快点，就几步就到了，那玩意儿追上来了！”一边叫一边举着鹰戈的枪瞄准着，但这种霰弹枪很容易误伤我们，他不敢随便开枪。

突然，鹰戈的身子猛地往下一沉，一下子往下滑了一大截。他大惊，骂道：

"妈的！这狗日的咬到我的脚了！"一边骂一边不住地用脚去蹬，将那条蜈蚣蹬脱。上面的人赶紧将光源都聚集到我们这边，手电的光这么一刺激，底下的蜈蚣也一惊，脑袋一缩，慢慢往下退了一点点。趁着这间隙，我一股劲爬了上去，转身对鹰戈伸出手。

我的手刚伸出，突见鹰戈身后一个足球大的蜈蚣脑袋探了上来，对着鹰戈的后背就张开了嘴。而鹰戈此时正在攀爬中，是没有任何办法应对背后的攻击的，如果不见转机，鹰戈这下光荣捐躯是肯定的了。

我急得大叫，伸手从腰间拔出匕首，无奈这东西异常灵活，而且因为距离太大，我的匕首根本够不着它，纵然我挥舞着匕首恫吓，却也无济于事。

"快开枪！"鹰戈扯着嗓子对上面喊道，三炮一看情形，发了发狠道："那兄弟我得罪了！"说着枪栓一拉，瞄准了鹰戈的身后。

阿东见状上前一把按住三炮，阻止道："不能开枪，这样很容易伤到他！"

"最起码痛快点，比被蜈蚣活活撕碎好！"

阿东警告道："这些东西都是嗜血的，如果他受了伤跟我们在一起，会把更多的这东西引来的！"说完把三炮往身后一推道："让我来！"

随后，只见他一个箭步跃上相邻的一根横梁，手弯在口边，嘴中发出"咯咯咯"的声响，好像在学鸡叫一样。

我心道这算怎么回事，学大公鸡叫吓唬蜈蚣吗？不过这些东西一辈子可能都没见过公鸡，只怕不会上当吧。岂料，阿东的这招颇为管用，那蜈蚣一听那声音，立即就被吸引住了，当下也不管即将到口的猎物了，绕过鹰戈朝阿东所在的方向盘了过去。

鹰戈趁着这间隙爬上了横梁，后脚刚踏上，又一条大蜈蚣盘了上来，钳口已经伸到鹰戈脚下了。三炮见状即将枪筒塞了过去，那蜈蚣"当"一口咬住了枪口，与此同时，三炮扣动了扳机，那蜈蚣的脑袋像被敲碎的西瓜一般爆裂开来，绿水四溅。

可刚打死一条,更多的蜈蚣前赴后继地爬了上来,这些东西的攀爬能力很强,在这些廊柱上行走如履平地,很快我们又将再次陷入被围攻的境地。

“还不快走!”阿东大声对我们喊道,随后他俯下身子,继续发出那“咯咯咯”的声响,那些爬上来的蜈蚣一听到这声音便转了弯,都朝他的方向聚集。

龙少见状也不迟疑了,道了声“走”,我们遂沿着那些横梁小心地往前探。这些横梁都很长,很明显不是一根整木,而是多根横木拼接而成的。这些东西都几百年历史了,加之这里气候潮湿,再耐腐的木头也不可避免地腐朽了。

我们走在横梁上如在空中走钢丝一般,几人的体重压在上面,每走一步都能听到木头发出的呻吟声,似乎随时都可能断裂。为防万一,我们只能尽量拉大人之间的间距,适应木头的承载强度。

三炮戏道我们几人在横梁上站成一排,简直就是一串人肉烤串,那些蜈蚣大概都是很多年没尝鲜了,难怪都欲罢不能。

我对他道蜈蚣也挑体形的,肥大油腻的东西比较招它们喜欢,阁下的这副体形是它们最喜欢的。

三炮一听急道你哥们儿我也不是吓大的,咱养这一身肥肉绝不是便宜这帮百足虫的,实在扛不住咱跳下去摔死也不能便宜它们。

我听着三炮的话和四周窸窸窣窣的嘈杂声响,再看到那些蜈蚣顺着四周的廊柱往上攀爬,不由得苦笑一声,看来咱费劲爬这么高也只是权宜之计,不过就是在被蜈蚣咬成两截之前有跳楼自杀的机会而已。

想到这,我赶忙转过脸朝阿东的方向望去,已经看不到他的人了,不过奇怪的是我却并不是特别担心,也许旁人并不知晓,我对他比较有信心,这种情况他应该能够应对。

我们向前摸了二十多米,横梁终于到头了,这里的木梁纵横交错,最中心的位置排成了八卦形,中间就是两块方形的半透明玻璃状物体,泛出黄紫色,往下一看,它的正下方正是之前的那座玉石龛台。我这才明白,原来我们不经意间,已经在上面摸到了整个灵宫的最中心位置。

“再怎么走？没路了啊！”鹰戈探了探四周，指着那黄紫色的玻璃体道，“要不我再过去探探，在那边找找有没有地方能观察到出口，这里能通风，肯定不是密封的，要不然那些蜈蚣从哪儿冒出来的！”

风师爷道：“万万不可！你想和那些东西同归于尽？那里面装的是火龙油，你一个不小心触动了机关或者打碎了那玻璃体，整个灵官都会遭殃！”

“这个地方有这么重要吗，干吗还要装这些东西？”我听了风师爷的话，奇怪地问道。火龙油是古墓中常见的防盗手段之一，在众多古墓防盗手段中可谓是最阴狠残忍的一招。

神秘的马王堆汉墓就是因为“伏火”而被发现的。当年是长沙附近的解放军驻军挖掘战备工事时，无意中发现一股莫名的蓝色火焰正从土壤里向外喷射，且火力极大，能够“飞焰赫然”，足以烧死盗墓者。

这种墓被称做“火坑墓”，是南方地区特有的一种墓葬。而火坑墓出火的原因，正是由于古墓中火龙油隔绝层被破坏泄漏，或者墓室里埋藏的有机物分解，而形成了可燃气体。

火龙油原产西域，见空气即着，且燃烧温度高，杀伤力极大。但也正因为它的危险性和特殊性，这种古墓机关并不十分常见。而眼前出现这么大量的火龙油，更是罕见到了极点。

龙少道：“这种东西是为了对付盗墓者不得已而采取的同归于尽的措施，从这机关设置的位置来看，很可能是……”龙少一边说一边把目光投向底下的玉石龛台。

“触动火龙油的机关可能就安在那龛台上，只要有人动上面的东西，那些玻璃层即破开，大量的火龙油倾泻而下，很快将人烧得尸骨无存！”

一想到这些歹毒的机关是为了盗墓贼而设置的，不由得让人不寒而栗，感觉当下的我们每时每刻都处在极度的危险之中。

我随即道:“可是这么做是为了什么啊,龛台上不是什么也没有吗?”一边说心里一边道南陵人难不成如此乖张,连龛台都不让人接近吗?

风师爷想了想,作猜测状道:“也许这里很早就来过盗墓者,而且他们的手法相当高明,既取走了龛台上的东西,又能够不触动机关!”虽说仅仅是猜测,但风师爷说着话的时候,脸上分明有了种神往的表情,显然这种高超的手段也是他望尘莫及的。

三炮一见我们探讨了起来,当下就急了,大声道:“我说几位,这些问题等咱的命留住了再慢慢探讨好不好,你们看看现在的情形,那些腿多的在欺负咱们腿少的啊,快给想个辙让咱赶紧脱身吧。要不,咱把那火龙油启了,把这帮虫子红烧了!”

我听了当即一个劲摇头道:“你吓傻了还是怎么的,这火能烧死虫子难道烧不死我们吗?火龙油一启开肯定就人虫红烧一锅端了!”

“那你们能看出那些蜈蚣中哪个是头儿吗?咱来个擒贼先擒王,或许还能有条生路!”

我听了哭笑不得,众所周知,蜈蚣并不是和蚂蚁、蜜蜂一样具备社会等级系统的群居生物,去哪儿找什么王,就算有咱又拿什么法子去擒?

眼下我急得像热锅上的蚂蚁,虽然嘴上不愿意冒险用火攻,但心里却已经想这样尝试了,毕竟这是目前唯一可行的办法。

我下意识地往后退了退,伸手搭在一旁的横梁侧柱上,突然感到手上有一阵异样感觉。我条件反射地缩回了手,转脸一看,忽见一个黑色的人形影子在我面前一闪,我还没来得及看清是什么,它闪电般地就从我眼前消失了。

我心里顿时“咯噔”一下,心道他娘的这上面也不安全了。而当我看到我之前手触的东西时,又是一阵惊愕,那竟然是一截登山绳。

绳索肯定不是我们的,而且看起来非常的新,就连绳索系在木梁上打的结也是新的,好像刚刚有人使用过一样。

“这里有人!”我立即开口将几人的注意力都吸引到这边,同时打开光源,这才发现这截绳索很长,悬空一直通向一个地方,因为四周太暗了,区域太大而光源的亮度又很有限,所以一眼看不到究竟是通向哪里。

鹰戈伸手用力扯了扯那绳索,道:“绑得非常紧,看来对面固定得也非常牢靠,肯定是作为高空通道使用的。”

看到其他人还有疑问,鹰戈又道:“先别管什么人留下的了,关键是能不能派得上用场,少爷,这东西是为了逃命而设置的,对我们来说也许能管点用!”说完把目光转向龙少,再次请示他的意见。

龙少思索片刻,又征求我们的意见。风师爷看了看道这个灵宫三面是人工修筑的砖墙,只有一面是在原有的山壁上改造修建的,而系着的悬空绳索正是通向那一面的方向。我们在这里并没有发现任何人的尸体,所以很可能是那帮人找到了出口,照此看出口很可能就在那面山壁上。这灵宫三面都是严实的砖墙,利用天然的山体通道作出口,也是比较合理的。

不知道是职业病还是什么原因,风师爷每次分析都是一番长篇大论,头头是道,让你找不到一点反驳的理由。况且他一贯强势,比较自负,每次提出看法都有那么点强迫别人接受的意思。

风师爷在龙少集团中地位很高,故常有这种盛气凌人的感觉,我们都习惯了他这一点,当然更重要的是眼下我们的确别无他路,只能放手一搏了。

三炮抱怨道:“九指金,咱这回的性命可由你拿捏着呢,要是爬到头发现是一窝蜈蚣粽子流着哈喇子等着咱,哥们儿临死之前都得拉你垫背!”风师爷也不搭理他,一挥手,鹰戈又承担了打头阵趟雷的任务。这种绳子很结实,手指粗的就能承受得起一辆卡车的重量,所以即便我们几人一起爬上去也不会有问题,但为了防止发生意外情况不好应对,还是决定先让鹰戈和三炮打头阵。

第二十五章　袭击

鹰戈二人往前爬了一段，很快就有了回复，说已经能够看到绳索的另一端了，的确是原有的山壁。风师爷听了略感得意地朝我们笑了笑，几人这才都跟了上去。绳索的路径大概有二十多米长，好在我们一路也没出啥状况，都顺利地攀到了另一端。

这是一处陡峭的山壁，山壁不是平直的，上面被开凿出了一块区域，可供人停留。这里比我们之前所在的位置还要高，而且地方很隐蔽，以这样的高度和位置，在大殿地面上任何一个位置都不可能发现我们。

我查看了下四周，发现都是光秃秃的岩壁，根本没有任何通道能够上到这里，我微微松了一口气，但愿这能阻止住那些可恶的虫子。

我的左右两端分别是两尊人头蜈蚣身的武士雕像，雕像是直接在山壁上雕刻出的，看起来就像是正在从山岩中探出来一样。绳索的一端系着一只登山钩，牢牢地卡在武士雕像手中的剑柄和身子之间的间隙，钩子卡得并不十分紧，用力一扯便晃晃悠悠的，随时都有脱落的可能，这时候看到这，不由得让人感到一丝后怕。

两尊武士雕像分立两边，足有两米多高，笔直地矗立着，像是在守护着什么，我们坐在这里，很明显地能感觉到阵阵凉风吹在脸上。

"咦，这儿好像有个出口！"三炮拿手电一照，很快发现了一个黑黝黝的洞口。

我们一看就发现,虽说这个洞口能够供人出入,但极不规则,明显是用暴力方式开凿出来的,地上胡乱地堆砌着碎石,令人吃惊的是居然还有断砖之类的。

我们感到奇怪,灵宫的这一面应该全是山岩啊,哪来这么多的砖石。我好奇之下小心地往洞内探头一看,一条漆黑悠长的通道呈现在眼前,墙面是砖石结构,和我们之前经过的那些砖石通道无异。

我大奇,怎么回事,这山体内部居然也有密道,那帮人怎么找到这儿的?这里被遮掩得这么隐蔽,他们怎么知道密道在这里?

我望了望那密道,转念一想又感觉不对了,从这些破坏的痕迹看,时间已经很长了,根本就不是近期才制造出来的。

就在这时,龙少突然作恍然大悟状,接着面露喜色道:"我明白了,这肯定是灵宫的出口!"

我们都一头雾水,压根不明白怎么回事,这里怎么又成灵宫的出口了?三炮不太相信地道:"那个龙少爷,你别那么肯定,有这种好事能让咱遇上吗?还是小心点,搞不好是蜈蚣窝!"

风师爷也有些踌躇,对龙少问道:"少爷,你怎么肯定的?"

龙少指了指武士雕像身旁的一个位置,又从口袋中翻出一张白纸,正是风师爷之前描下来的那张崖壁上崖洞的方位图。

龙少所指的岩壁上被开凿出了一块平整的长条形区域,上面刻着一条龙形,呈现仰首飞升的姿态,从那龙的形状来看,应该正是南陵图腾中的那种蜈蚣龙。

图案和武士雕像一样,是一边一个对称的,那两条龙形图案合起来看,的确很像是印在开启的门扇上。不过我还是看得不太明白,印两条龙就能证明这里是出口吗?兴许还是警戒的意思呢,搞不好是:蜈蚣龙出没,注意!

风师爷上前拿着崖洞的方位图看了看,略一思索当即也恍然大悟,看我们还不开窍,便拿着那方位图在我们面前和那龙形纹比较起来,我这才吃惊地发现,方位图上那些洞口串起来形成的图形,分明是一条腾空而起的巨龙,和那龙形纹一模一样!

风师爷道:“真没想到这里头竟然还大有文章。南陵人建造这里的时候,把出口设置得非常隐蔽,但路径却被人摸到了,我们得感谢先人前辈们,这么隐蔽的地方都被他们找了出来!”

我不得不称奇,原来之前崖壁上的那些洞口并非无规律排列的,而且不可能仅仅是为了工程需要。这些洞口用线串起来,居然是一个龙形图案,从龙形图案中龙的姿态来看,表现的是舞龙升天,又像是潜龙出水。妙极!妙极!

龙少道:“如此看来,那些崖壁的洞口所表现出的就是一种标记,可以说如果出现了这些标记,就表明我们的方向没有错,而且正在接近南陵最核心的秘密!”龙少表情依旧淡定,但言语中已经表现出了些许惊喜。

不过这样的惊喜仅仅是暂时的,发现是一回事,探寻又是另一回事,即便这里是出口,也不敢确保没有任何危险。

我提议等阿东来了一起走,没有人在言语上表示不同意见,龙少走到我们身旁,拍了拍我的肩膀,示意我们尽快离开这儿。

我大感不解,当即反驳道你是这次活动的组织者,你有义务确保每个成员的安全,更何况阿东救过我们的命,怎么可以丢下他不管。

龙少没有和我理论,只淡淡地说了一句:“这时候没有谁能确保谁的安全,我也一样!”言外之意很明显了:阿东脱离了我们,他能侥幸逃生当然更好,不能也是无可奈何的事情,一切听天由命。

我万万没想到龙少会是这样的态度,按着之前的认识,我认为他无论如何也不会放弃任何一个人的。而现在我们要做的仅仅是原地等待,连这居然都成了奢望,我不是抱怨龙少的冷漠自私,只是我现在已经深刻认识到,龙少想要追求的东西,使他狂热到了一种极端的地步。

风师爷拍了拍我的肩膀,有点劝慰的意思。接下来几人也不再作停留,猫着腰钻进了那通道。

通道为砖石结构，平淡无奇，也不算特别深，没走多远便结束了。随着我们的深入，四周也变得开阔起来，一面巨大的岩壁堵在我们面前。

岩壁上布满了斑驳的岩画，描述的是一些狩猎的场景，并无特别，岩壁非常巨大，往两边都延伸得很远。这种岩壁延伸后会形成两条通道，再往后可能会更多，如果进入了火山岩洞群，那通道简直就和交错的电线似的，根本没法选择。

鹰戈点起火把扬了扬，火光抖动着摇摆不定。这情有可原，因为这里是个近乎密闭的空间，风会产生回流，方向是不好判断的。

“怎么办？好像没路了！”鹰戈试探地道，“我们找一条趟着试试？”

龙少不同意，他表示这个洞先前已经有人走过了，肯定会留下痕迹，我们仔细找寻这些痕迹，对我们会很有用处的。

我听了，望了望四周，心道这可是个细致活，恐怕不容易，在这种荒芜的山洞里寻找人留下的痕迹，其细致程度恐怕不亚于公安机关在犯罪现场搜寻取证。好在我们都曾在考古前线奋战过，仔细搜寻后，果然发现了一组淡淡的脚印。

那脚印往前延伸，看方向是往岩壁左侧通道的，我们顺着那足迹往里走了没多远，前方一下子变得窄了很多，仅有一条很小的夹道。

我打着手电往里望了望，丫的，这夹道的长度还不短，手电的光一下还照不到头，再往脚下找了找，那脚印都还在，很显然那些人从这夹道中穿过去了。我们一见这也就不再犹豫了，顺着夹道将身子探了进去。

眼看着这夹道很窄小，但我没想到会这么窄，进去后才知道，这里面一个人通行都很费劲，身材臃肿一点的还必须得勒紧肚皮才行，要想在里面顺利转身几乎是不可能的。

三炮是我们几人中身形最富态的，当下叫苦不迭，我们都巴不得赶紧穿过这地方。而就在这时，走在最前面的鹰戈却停了下来，我们当下都被堵在后面动弹不得。

三炮立即就急了，嚷道："我说大个子，这时候搞什么暂停啊，兄弟我屎都要被挤出来了。你他娘的快点！"

我以为鹰戈身材粗壮被卡住了，于是伸出脑袋去看他的情况，岂料鹰戈道："你他娘的别跟催命鬼似的催，这前面有情况！"

我一听有情况，顿时有了种不好的预感，一边伸出脑袋去看一边问他什么情况，鹰戈也不住地晃着脑袋不停地在找寻着什么。

随后，鹰戈骂了声道："妈的！那些脚印竟然不见了！"

不见了？我一怔，这可是半道，没理由的啊，总不能是这些人嫌这里的路走得憋屈，爬墙跑路了吧？我想着便抬头望了望两边高耸光滑的岩壁，知道这根本就是不可能的。风师爷道："这里转身都费劲，他们总不能长翅膀飞了吧？你再仔细找找，会不会是漏了？"

"绝对没有，我都找遍了，脚印到这儿突然就断了。"鹰戈说着便顿了一下，对风师爷问道，"师爷，你说我们跟踪的那支队伍只有一个人吗？怎么我到现在看到的痕迹都像是一个人的？"

我一听脑门一热，顿时大感惊愕。龙少道："不可能的，对方的队伍肯定不会比我们小，这里的情况一个人肯定应付不了！"

其实要是鹰戈看错的话也是可以理解的，毕竟这里的痕迹都极不明显，能找到已经算不错了。我刚想说些什么，突然感到脸上一凉，一滴液体滴到了我的脸上，我随手一抹，接着便又是一滴。

下雨了？难道这里是露天的，直接通向外面的？我略感惊喜，随即抬起头往上一看。

这一看不要紧，险些被眼前的景象活活吓死，顶上不远处的岩壁上，一个白色的人形物体头朝下倒趴在岩壁上，正在啃咬着什么东西。它似乎看到我在看它,当下一龇牙,脑袋一甩,它嘴下的东西便被甩了下来,不偏不倚刚好掉在了我的上方。

那居然是一个穿着少数民族服饰的人,已经只剩下了上半身,面部已经被撕裂,眼珠子都爆了出来,耷拉在脸上摇摇欲坠。

我恶心得一阵作呕,惨叫一声将那东西甩开,顶上那东西看到了我的动静,头朝下沿着岩壁就爬了下来,一张惨白得几近透明的脸已经探到了我的鼻尖。

一股血腥味扑鼻而来,我实在无法形容这究竟是种什么东西,它如玉一般光滑,呈现出半透明状,就连血管和内脏都隐约可见,面部更是极其狰狞,居然和之前在殉葬洞看到的那只百足蜈蚣尸有几分相似。

我头皮一阵发麻,费力地将脑袋一仰,可此刻我的整个身子都卡在夹道里,活动空间实在太过有限,根本没法摆脱那东西的纠缠。一转眼,只见那东西将身子扭了扭,又将那狰狞的面孔探了过来。

三炮见状大喝一声,举起手中的火把就往它脸上捅,那东西似乎很怕火,这下被烫到,凄厉地叫了两声,迅速地把脑袋缩了回去。我只感到耳边一阵灼热,头发和眉毛都被烧掉了一块。

那东西惨叫之后,一咧嘴露出满嘴的碎牙,纵身一跃就跳到了三炮的肩膀上,两只利爪紧紧地揪住了他的肉。三炮疼得直叫,火把一下子掉到了地上,他的体形太胖了,卡在夹道里根本就没有还手之力,只能伸着手向上不停地乱抓。

那东西的力道极大,它攀在夹道之间,硬生生地就将三炮往上拖。三炮此刻已经被卡在夹道里了,这样一拖非得将他的骨头挤碎不可。他想对我们喊话,却已经发不出来声了,只一个劲地朝我们挥手。

就在这时候,鹰戈大喝了一声,艰难地扭了扭身子,那东西一听动静,略一迟疑,接着将注意力从三炮身上移开,朝着鹰戈就爬过去。

说时迟那时快,鹰戈举起枪就对准了它的面门,"嘭"一声毫不客气地开了枪,那东西发出一阵像婴儿哭叫一般的声音,捂着脸顺着岩壁迅速地跑开了,消失在黑暗中。

这一枪的后坐力颇大，鹰戈扭曲着的身子受到这下冲击，居然稳不住向后倾倒，一下子跌了出去。起身后他即发现自己已经活动自如了，警觉地看了看四周对我们道："好了，我们已经到尽头了！"

我们一听这，艰难地将身子拼命往外挪，从那夹道里移开。脱离那窄小夹道后，我大大松了口气，呼吸都畅快了许多。

三炮呼呼直喘气，好在他还经得住吓，很快就恢复过来。我们给他检查了下伤势，这厮皮糙肉厚，倒没什么大伤，风师爷简单给他处理了下。

我望了望四周，确定没有异常后才放下心来，心有余悸地问道："刚才那是什么东西？"

风师爷道："搞不清楚，这里头诡秘得很，遇到什么都不奇怪，小心点就是了！"

鹰戈道："是得小心，刚才那东西没打死，可能还会回来，而且不敢保证那东西只有一个！"

一听这话，我又不放心地扫了一眼四周，虽说毫发无损，但那东西给我的心理压力其实蛮大的，这样的环境中最忌讳碰到些不明不白的东西，那东西看起来是人形，但肯定不是人，最起码不是正常的人，人要长成那样，那看他的人还活不活了？

这里是一个圆形的石室，四周依旧是山壁，放置了不少人俑和异兽俑，石室的正中心位置，是一个巨大的鼎状物。石室的顶并不高，穹形顶上雕着很多复杂的纹路，石室四面的山壁上每隔一段都有一个凹槽，里面放置着一尊武士俑，环绕整个石室一圈，一共十六尊。

那些武士俑浑身披金甲，火光照射下，悠悠地泛着金光，十分绚丽夺目，就像新铸的金人一般。

三炮看得眼睛都跟着放光了，几乎就要扑上前，被龙少呵斥住，只听得龙少道:“事情不对劲,别大手大脚的!”

三炮点头称是,却掩饰不住此刻的悸动,我心里明白得很,这厮把到手的生意都扔了到这里来,自然是不愿折本,这一路上吃了这么多亏,总算看到特别上眼的东西了,没法不激动。

的确,那些武士俑个个栩栩如生,材质优良得似为纯金打造,无论在任何时候,都是件极佳的艺术品,放在这里的确显得有些憋屈了。

但我看着这些东西总感觉有些不对,这些东西都太新了,就像是有人刚刚才精心打理过一般,和这里其他物件的脏旧形成了鲜明对比。

这种感觉让我不安起来,此刻看着那些武士俑,总觉得它们不是死物,似乎随时都可能活过来。

第二十六章　十字祭

“看来我们上当了,这里根本不是我们要来的地方!”风师爷环顾四周,略感失望地道,“这是个封闭石室,也仅仅是与祭祀有关的,并没有什么实质意义!”

我们也四周看了看,无奈地点了点头,不得不承认这点,但风师爷所说的上当我却不知何解。

风师爷道:“我们是跟着所谓另一帮人的痕迹摸到这里的,而最后却发现根本就只有一个人,从装束上看,这个人可能是他们的向导,被他们逼着有意去误导我们的,那帮人他娘的根本就没进过这里。绳索、痕迹都是他们有意设下的局,故意误导我们拖延我们行程,他们肯定在灵宫里找到了出口!”

我们听了当下都有点切齿的感觉,想到那帮人的狡猾,虽说义愤填膺,却也毫无办法,谁让咱自己太大意了。

我们当下都十分泄气,如果风师爷所说的一切都是真的,那我们这一段就纯属瞎折腾,还得乖乖地沿着那夹道返回,再回到出口沿绳子爬回去,再去面对那些可恶的多足虫,

我靠!想到这我不由得在心里骂了一声,我不是个很有耐心的人,这样硬生生地让人摆一道儿,心中自然不是个滋味。风师爷狠狠地吐了口唾沫,显然和我有同样的心境。

“怎么个意思,咱这趟白折腾?还要原路打道回府?”三炮一脸的不情愿,对于他来说,在那种狭窄的夹道里穿行,实在是件痛苦的事情。

龙少无奈地道:“也只能回去再作打算了,事不宜迟,我们尽快吧!”他说得轻描淡写,但眼神中分明掠过一丝焦急。

三炮一听真要走,当即又急道:“我说几位,不差这一会儿,苦头也吃了罪也受了,好不容易找了个有内容的地方,再怎么也不能空着手回吧!”

风师爷笑道:“那你还想怎么样?这里又不是淘东西的地方,难不成你搬个这玩意儿走?”边说边指着那些武士俑。

三炮不信邪,目光移到了那个巨型鼎状物上,随即指着它道:“我还真不信了,这么大的东西还能空着肚子?”一边说一边就朝着那鼎跑去。

我伸手去拉他根本没拉住,他丢下一句“就一会儿工夫,见好就收”,边说边往鼎上爬。

“小心一点,别乱动这里的东西!”龙少喊了一句。其实在龙少的阵营中,风师爷是见惯场面的人,鹰戈虽说也有些野性,但他对龙少言听计从,也就只有三炮这刺儿头无组织无纪律,龙少也拿他没办法。

“那东西是装祭品的,你小子小心别摔进去当了祭品!”风师爷有些嘲笑的意思,三炮此刻没心思理睬他,三下两下已经爬到了鼎上,举着手电往里面照着寻找。

忽然,三炮怪叫了一声,带着骂腔道:“奶奶的什么玩意儿!怎么尽是这些东西!”言语中似乎有些失望,但他又不甘心就此收手,又在里面翻找了起来。大概是的确没有什么吸引他的,最后他才失望地随手拿了件器物返回,递给风师爷看看能值多少钱。

这是一个精致的铜质人头,和正常的人头一样大小,据三炮所说,那鼎里面全是这东西,别无他物。

风师爷告诉他人头祭鼎这很常见,有的用真实人头,有的则用石质或铜质的代替,总之都值不了什么钱的,按黄铜的市价计算而已。

三炮确认这玩意儿不值钱后,兴致顿时大减,风师爷将那玩意儿在手上把玩了一会儿，就准备随手扔掉。忽然间，风师爷的脸色一变，摸着那铜质人头的手也颤了一下。这铜质人头是空心的，手可以轻松地放进去，我以为这里面藏着什么毒虫毒蛇，风师爷被咬了。岂料，风师爷面色怪异。快速地将手从里面拿出，捧起铜人头往它的里面看。

接着，风师爷举起了那东西展示在我们眼前，让我们也看到了它的内部，在内部头顶的地方，赫然是一个十字形的尖锐凸起物。那凸起物的边缘依旧锋利，这种头套显然不适合人戴，否则那样一个尖利的玩意儿卡脑壳上，非得把脑壳刻出印记不可。

我看到这种十字记号有种熟悉感，仔细一回忆，猛然想起了之前在船上的经历，顿时恍然大悟，心道不至于吧。

“这难道和那东西有关?”我想起了之前在蛇盘河上船只受到巨型石像撞击的事，那种石像内部填充了几个人的骷髅，骷髅的脑壳上刻着一个十字的标记，和眼前的这种一模一样。

我们对那种古怪的骷髅标记都记忆犹新，所有人一眼就看了出来，确认无疑，二者肯定是有某种关系的。

三炮道：“这玩意儿怎么个意思？拿这东西当模子往人脑壳上刻字，谁想出这种损招的啊！”

鹰戈道：“会不会是某种刑具？我在越南那会儿见到过一些虐待战俘的刑具，在人身上刻字，那些字都刻得很深，很多幸存的战俘身上到现在还有那些字，不挖掉肉就去不掉。”

我对他道不然，往肉上刻字跟往脑壳上刻字完全是两码子事，人的头盖骨是极其坚硬的，用电锯都没法将其完整地分开，刻那么深的印记是极其困难的事情。更何况我们看到的那些头骨上的记号边缘都十分的光滑圆润。显然是记号做上去后那些人又存活了不短的时间。你整得太暴力，一下子把人整死了，是无法达到那种效果的。

龙少将那东西在手中摆弄了两下,道:“虽然不是刑具,但和南陵的祭祀有关,这种十字标记也是南陵的图腾之一,他们将这种标记刻在人头盖骨上,用来祭祀祖先和神灵,我们之前看到的那些有这种标记的人头,就是被当做祭品的奴隶或战俘的!”

据龙少所述,这种祭祀方式很恐怖,南陵人一开始采用的可能是开颅的方式,但效果很不佳,祭祀用的奴隶存活率极低,以至于后来南陵人不得不开始研究新的方法。

他们将这种图腾标记刻成头盔里的模,再选择那些特定的人,在适当的时候佩戴这种头盔,由于要保证骨骼的生长受限制,所以人必须得在骨骼发育阶段就开始佩戴。很多人由于长得过于迅猛,骨头都被硬生生地挤得裂开了,面部也极度畸形。我们在考古界混迹多年,光怪陆离的祭祀文化也没少接触过,但今天听闻了这种诡异残忍的祭祀方式,还是控制不住地感到头皮发麻。

我当即道:“这么麻烦就为了在脑壳上刻一个记号,这也太那个什么了,为什么不直接在死人头盖骨上刻?”

龙少道肯定是这种祭祀对南陵人来说也极其重要,必须采用活祭的方式,而不会选择死祭,而且对于同一个民族或国度来说,所有祭祀活动往往具有关联性,很可能这种祭祀和血祭光球祭祀也有关联。

三炮一听这又来了点劲,问道:“那这意思是这玩意儿还有研究价值,拿去拍卖行一炒指不定还能捞一笔!”

我哭笑不得,对他道论研究价值,这东西的确有,但其主顾也仅仅是对南陵有兴趣的人,拍卖行给你炒到一千万,那也得有人买才行。

“你目前最大的主顾就在这里,不过恐怕这东西人家信手拈来,可就没必要从你手上花大价钱买了!”我指着一旁的龙少,对三炮打趣道。

三炮觉得无趣,随手将那东西扔到了一边,注意力又转到了武士俑那里,又看又摸的,看来还真不想做赔本买卖,铁了心地要捞点东西。

我怕这家伙闯祸，赶紧警告这厮让他消停点，说话间我的目光一瞥，突然发现最靠近我们进来那个入口的那尊武士俑和其他的有些不同。

这种不同还是十分明显的，这尊武士俑已经一分为二了，我发现它的内部居然是空心的。

我猛然间想到了什么，一把将三炮拉开道："不要乱动这些东西，这他娘的里头是粽子！"这些武士俑矗立着，像木乃伊人形棺一般，我现在明白了，这些根本不是武士俑，根本就是棺材。

"刚才那东西就是这里面出来的，肯定是那向导不小心触动了机关，你的手安生点，再弄出个那东西咱们都得倒霉！"我一改对三炮一贯的戏谑语气，很郑重地对他道。

三炮对那东西有心理阴影，当下真被吓着了，哆嗦着就缩回了手，龙少也点了点头，跟着死死地盯着那些人形棺。

三炮道："不会吧？这么严实密封，待里面不憋死也饿死了，出来怎么可能还那样活蹦乱跳的！"

龙少走到那尊被破坏的武士俑那里，小心地伸出手摸了摸，随即眉头紧锁，摇着头道："这些武士俑的样子不对劲！"

第二十七章　送葬俑

我疑惑地望着龙少,其实他的这种感觉我也有,我第一次看到这些武士俑的时候也感到不对劲,但又不知道哪儿不对劲,这是种说不出来的感觉,就是觉得它们和正常的武士俑相比显得有些异常。

"哪儿不对劲了?"我还是忍不住问出了口。

龙少道:"太新了,十六尊都是一样,都像是新铸成的,这些东西放在这里少说也有几百年了,就算有人精心打理也不可能达到这种崭新程度的!"

风师爷此时也看出门道了,试探地问道:"少爷,你的意思是,这是制作人俑的材料本身的问题?"

龙少一点头,转脸对我问道:"你有没有听说过现代一种尖端科技叫纳米材料的?"

我一点头回道听说过,纳米材料现在已经不是什么新鲜事情了,因为其良好稳定的性能,使得它在建筑、能源、电子方面都有广泛的运用,属于重点开发推广的不二选择。

龙少继续道:"那你应该也知道,某些高端纳米材料有某些很特殊的功能,有一种被称做自净功能。"

"自尽功能? 材料也懂得自杀?"三炮作惊愕状道。

我对他道别孤陋寡闻,少见多怪,自净功能是某些尖端纳米材料的一种特性,利用这种材料制作的实物,可以保证本身不受外界影响,始终保持自身的洁净,比如纳米玻璃就有这种特性,不需要像普通玻璃那样需要定期做清洁,典型的如中国大剧院。

看三炮还有些蒙,我对他道:“这么跟你解释吧,你买用纳米材料做的车,以后洗车费都省了,保准每天都锃亮锃亮的!”

三炮一听乐了,“噹”了一声回道:“有这么神?那以后要出来了纳米内裤,是不是一辈子都不用洗内裤了?!”

我骂了他一句,道你这家伙心里想的都是些什么东西。不过话又说回来了,这些玩意儿都是现代尖端科技,在现代都是稀罕物,这南陵何其神通广大,做棺材都用这种材料,难道几百年前这鸟不生蛋的蛮荒古国就已经普及纳米技术了?南陵文明已经辉煌到这种程度了?

龙少道可能是某种稀有金属,南陵人看重的正是它的特殊功能,能够帮助他们保存尸体,而且这种金属应该是极其稀有的,只有南陵的统治阶级和祭祀的祭品才有机会享用。

我吃了一惊,当即又道:“那为什么这里面的尸体还是活的?这种金属能保存尸体,难道还能保存活体吗?”我不能不感到吃惊,真要是这样的话,那这东西不成了粽子孵化器了?如果南陵大规模普及的话,实在可称得上是场灾难了。

龙少一筹莫展,显然也在担心这个问题,他不敢在那些武士俑上多作研究,嘱咐我们小心为上。我们不敢作太多停留了,观察了下四周,确定无异常后就此准备原路返回。

就在这时,我突然感到脚踝一紧,一只极其有力的手抓住了我的脚。我吓了一大跳,赶紧踢腿想要挣脱,不料那只手越勒越紧,忽然用力地一扯,我整个身子当即就失去了平衡。我还没明白怎么回事,却发现山壁下方有一个洞口,自己的半个身子已经被拖进洞口内了。

这洞口的位置很隐蔽,隐藏在黑暗的山壁底端根本看不见,我压根没想到会来这么一下，当下就慌了，拼命地挣扎着试图挣脱。

其他人见状，赶紧上前拽住我的胳膊往外扯，底下那东西的力气极大，几个人连拉带扯地也只能和它打个平手。这可苦了中间的我了，当下双方简直就是在以我为绳索进行拔河比赛，几番折腾，我直感到腰和四肢都几乎要断裂。

突然，底下的东西猛地一发力，我一阵剧痛，止不住惨叫起来，接下来就像掉进了冰车的弯道一般，再也控制不住径直往下滑去。

这洞口的内部并不是宽敞的空间，而是像肠道一般的弯曲通道，很是光滑，很像是某种东西的巢穴。我还没来得及感到毛骨悚然，便"扑通"一声摔到了底，身子重重地撞在什么东西上面，接着便听得一阵嘈杂的撞击声，显然是什么东西被我碰倒了而发出的。

我摔下来的姿态那叫一个狼狈，就差没直接用嘴啃地上的泥巴了，我不敢搞出太大的动静，只倚着里面的石壁坐好，等着上面的人来救我。但这种在黑暗中焦急等待的感觉太熬人了，我记得我摔下来的时候是拿着手电的，应该就在不远处，于是我壮着胆子伸手去摸，这一摸不要紧，没几下，我突然摸到了一副冰凉的躯体。

我触电般地缩回了手，神经也紧绷了起来，那很明显是人的躯体，这里怎么还会有死人？不对不对，这里不明不白的，有死人也算正常啊，我不就是被某种不明不白的东西拖进来的吗？

想到这我有点战栗了，顺着地就往后挪了几步，恰好摸到了手电，我哆嗦着拾起打着，警觉地望了望四周，还好一眼扫去，除了一尊尊石俑以外，并无任何活物。我微微松了口气，目光转向了之前摸到死物的方向。

就在正前方一米开外的地方，躺着一具尸体，我看到即吃了一惊，这东西居然有些眼熟。再一看，妈的，这不正是之前在夹道里袭击我们的那白色怪物吗?!

我小心地探身看了看，证实了自己的判断，果然是那东西，它头部中弹的伤痕可以证明,所不同的是这东西死了之后躯体有了些变化,不再呈现半透明状了,而是浑自如烤瓷一般。它的脑袋呈一百八十度扭曲,耷拉在了一边,应该是致死的原因,也不知道这倒霉蛋碰上了什么更厉害的主儿。

我正看得发楞,恍惚间一抬头,忽然发现我面前不远处居然站着一个人。四周都是石俑,我疑心是自己眼看花了,但转念一想不对啊,这里肯定有人,要不然我是被什么东西拖进来的?

那人一袭黑色雨衣,戴着雨帽,看不到脸庞,他矗立在石俑堆里一动也不动,与石俑无异,要不是看他的装束,根本无法察觉到那是个活人。我不知道那人究竟是什么时候就出现在这里的,也不知道他究竟是何用意,我只觉得他一直在盯着我看,当下被他盯得都有些发毛了。但我也不敢轻举妄动,就这样与他对峙着,气氛一时极为紧张尴尬。

“你是什么人?”我勉强稳住阵脚,壮着胆子问了一句。

对方没有回话,但我看到他有了些动作,他的头原本是微微低着的,听到我说话,他轻轻地抬了抬头。我有些急了,一边在心里骂道你他娘的到底是谁,别给我装神弄鬼,一边悄悄地举起手电,将手电光往那边照。

我手电刚照到他的刹那,只见一道影子闪过,那人瞬间就消失了,就像是飞天遁地了一般。我冲过去一阵找寻,却没有丝毫发现,这里一点痕迹都没留下,就好像刚才的一幕根本就没有发生。

这里怎么可能还有人?我靠!该不是碰上鬼了吧!我不安地扫了扫四周,眼前的场景一下子变得诡异起来,此刻感觉那些石俑也仿佛都有了生气,一个个像看着怪物一样在盯着我看。

忽然,我感到嘴巴一紧,一只有力的手勒住了我的脖子,两下就将我控制得动弹不得。我刚想挣扎,忽然捂着我嘴巴的手又松开了,一个熟悉的声音在耳边响起:“别出声,是我!”

我一听这声音,再扭头一看,顿时就恼火了,这家伙不是别人,正是之前再次消失的阿东。

“你他娘的差点没把我吓死,你到底在搞什么,每次都装神弄鬼的!”我看到阿东的脸上带着一丝幸灾乐祸的坏笑,火气便越加止不住涌上来了。

我还想发作,阿东伸手制止住我,接着对我挥挥手示意我跟着他,接着他就钻进了石俑堆里。我不知道他又在搞什么名堂,现在问他又不会回答,索性就跟着他探过去。

石俑横七竖八地倒在地上,其中夹杂着一块倒塌的石碑,再往前,石俑的排列就整齐了很多,人俑、兽俑、车马俑一应俱全,而前方是一条如隧道一般深邃的通道,那些石俑沿着通道两边排列,一直延伸到看不见的深处。

这些石俑栩栩如生,如此多地排列着,显得气势恢宏,看起来就像是一支庞大的劲旅正在出征一般。

我在啧啧赞叹的同时也有些纳闷,一扭头,却见阿东正盯着我,我们的目光相撞后,他指了指那些石俑阵。

“你是让我看这些吗?这时候别卖关子了!你到底想告诉我什么?”我有些急了,对他催促道。

“这才是真正的通道,你看!”阿东一边说一边用手指了指那块倒在地上的石碑,伸手抹去附在石碑上的一层灰,石碑上一块纹饰显露了出来。我一看顿时又惊又奇,这纹饰我看得眼熟,居然正是那幅舞龙升天图。

我问道:“你怎么知道这个地方?你又是怎么找到这儿的?”

阿东没有回答,反倒继续问道:“你能看出那些石俑有什么特别的地方吗?”

我一头雾水,特别的地方?说实话,一眼望去,除了感觉这些东西数量比较惊人外,还真看不出哪儿特别,在古代王侯陵墓中,这样的车马俑几乎都是必备的,陕西临潼秦始皇兵马俑光出土的都成千上万,除了气势恢宏逼人外,倒也未见其他特别之处。

我试探地问道:“是行军俑吗? 这些人是往什么方向去的?”

阿东道:“不! 这是护陵卫,是护卫送葬的队伍! 其实这种龙形标记正是标记送葬队伍的行军路线的!”

“送葬的路线? 你怎么证明?”我将信将疑,我很明白阿东的话意味着什么,如果这真的像他所说是送葬的路线,那只要沿着这些石俑一直往前,相信很容易就能找到地宫。

在任何复杂的环境下,如果事情变得非常容易了,反而会让人感到十分不安。这么容易就找到路径,我也感到不安,南陵人原本就来历不明,诡秘异常,谁知道这里头又有什么猫腻。

阿东见我还不明白,带我往前又走了走,这时候,我看到了一对比较特殊的石雕。这两块石雕被几尊武士俑簇拥着,块头显得比其他的要大上一些,内容是八个小鬼模样的东西,抬着一口棺椁,呈现出向前迈进的姿态。那些抬棺小鬼皆青面獠牙,狰狞可怖,它们弯腰躬身,身子向前倾,一只脚向前凌空迈出,另一只脚也只有半只踏地,好像要腾空而起一般。

我一看这些小鬼的模样便明白了,这不是那抬尸千棺塔阶梯上放置的那些恶鬼抬尸吗? 我是偷偷跟踪阿东偶然发现的,这小子当初的托词我肯定是不信的,没想到现在在这地方又发现了这东西,难道那千棺塔和这里也有联系?

第二十八章 龙魂

我不解地望了望阿东，问道怎么回事。阿东一改往日的回避态度，表情有些凝重起来，他苦笑了一声，问我道：“如果我跟你说了，你信不信？”

我对他道我信不信取决于很多因素，比如你说的值不值得我相信，能不能让我相信，但其中最重要的其实是你必须说出来。

阿东道：“其实这也不难理解的啦，很容易想到的，你想这里是南陵王入葬的路径，那南陵王的尸身从哪里来的？如果那张龙形图是路径的话，那就说明南陵王是来自于那裂谷底下啊！”

我听了点了点头，的确，如果舞龙升天图是南陵王送葬的路径的话，这就有点矛盾了，因为从石俑的朝向来看，这分明是一条自下而上的路径，好像是把南陵王的棺材从裂谷底端往上抬，这似乎有点不合情理。南陵王怎么会在谷底呢，难道南陵人所尊崇的，是裂谷底端的一只怪物吗？会不会是那种巨型蜈蚣呢？

这想想便会让人觉得不可思议，南陵人再古怪也好歹是人吧，怎么也不会认一条大蜈蚣做他们的王吧？但这到底又有怎样的玄机呢？

我忽然陷入了无尽的苦恼之中，我是为追寻某些东西而来，但除了发现的疑问越来越多外，更要命的是我发现这一切似乎和自己无关，但这仅仅是似乎，我怕自己与这一切有任何瓜葛，所以困惑越多，我越容易深陷其中不能自拔。

我问道：“会不会是反路径？也许南陵王的尸体是埋在裂谷底下的，舞龙升天图也许是个误导，很可能我们走的路径根本就是反方向！"

阿东听了当即摇头否定，我见他反对得很坚决，好像对自己的判断异常肯定，而我刚才那一番就是无端猜测。

"你怎么这么肯定?"我望着阿东问道，说话间我望着他的眼睛，并没看到他有一丝慌乱，似乎并没有欺骗我。

阿东回道："很简单的啦，因为我比你们都了解南陵！"

我一怔，但他之前的种种表现说明，这句话应该是对的，我相信即便是对南陵文明浸淫多年的龙少、风师爷等人，对南陵的了解也仅限于理论上，如果来真格的，都没法和阿东相提并论的。

"为什么?"我好奇地问道。

阿东望了望我，又望了望我摔下来的那个洞口，对我道："说起来很复杂的啦，我带你看一样东西你就明白啦，跟我来！"说完对我一招手，顺着那石俑阵又往前趟。

我好奇地跟在他身后，没走一阵，他便停了下来，弯腰在石壁上打开了一个暗格，从里面捧了一个东西出来，居然是一只古铜色的金子。

他刚把盒子取出来，我没等看清它的样子就已经猜到是什么，仔细一看果然如此，这正是阿东从千棺塔里拿出来的那只盒子。

阿东也不说话，伸手从脖子上取下来一个齿轮状的吊坠，扣在盒子上某个地方一拧，盒盖便被打开了，他伸手从里面取出一个物件，微微举高展示给我看。

这是一件颇为精致的金属器物，通体呈红褐色，光线不好的情况下看起来通体黝黑，显得有几分诡秘。它的上部分为苍龙追月雕，栩栩如生，苍龙的四周簇拥着很多像猴子一样的东西，紧密镶嵌连接着，在苍龙背上形成几个圆形的扣环，底下便是一座方形基座，基座四周为日月山河图，中间四个篆体大字：龙授天机！

我伸手接过，在手中翻来覆去看了两遍，以我的经验很快就认出了这东西，这应该是古代的某种官印。

官印这种东西还是比较常见的，古代在礼制方面很有讲究，充斥着大大小小的官印，多为玉质，金属的比较少见，现在我手中的这个虽说和其他官印有明显不同，但从外形上来看，它应该属于武将所用官印。

"这什么意思？"我举了举那东西对阿东问道。

阿东望了望我问道："你有没有听说过'天机营'？"

我摇了摇头，这个名字听起来比较陌生，感觉像是某种特定的军队编制，我疑惑地望了望阿东，问他到底怎么个意思。

阿东的解说让我大吃一惊，如果他所说的一切属实，那么天机营的来头着实不简单。

阿东对南陵有如此高的认知度并不是偶然的，他所掌握的信息，来源于一本曾经流失海外的叫做((天劫录》的清朝乾隆年间的线装古书。

乍听书名，很像是一本讲述各种灾难来临的预言书，其实并非如此。《天劫录》成书于乾隆四十八年，它的编纂者身份不明，已无从考证。

而《天劫录》中所记载的，正是有关天机营的种种异闻。作为一种特殊的机制，天机营的诞生是必然的，而且它并非只存在于某个特定的朝代，往上追溯到奴隶社会最初时期，天机营就已经有了雏形，而且一直延续到往后的历朝历代，虽然名称各不相同，但性质从未有多大改变。直到清代后期，内忧外患，国势日衰，天机营才渐渐没落，以至于最终退出了历史舞台。

天机营是为某些特定的人(一般是最高统治者)服务的，有点类似古代求仙的方士，但他们的目的不仅仅是为了求仙问药，而是寻异，任何对统治者有特殊用途的奇人异物、仙域神迹等都是他们寻找的对象。

所以，天机营的存在也是必然的，而且越是太平盛世，它的发挥余地便越大。《天劫录》虽然算不上研究正史的文献，但上面记载的奇闻异事，并不是全然虚构的，从某种程度上说，它有着很高的研究价值。

根据阿东所说的《天劫录》上的记载，明神宗万历十二年，明军逐东吁王朝缅军出木邦、孟养。不久，天机营在深山中觅得一罕见的神迹，随即上报朝廷邀功。朝廷大喜，遂遣当地明军前往，但这支军队不知出了何种变故，数百人居然一夜之间尽数消失，任何痕迹都没有留下。当地的明军都惶恐不安，坚信这里是冥界的一个入口，一旦进入便再也回不来了。

但军令如山，朝廷继续调兵遣将，在朝廷的重压之下，大军在山中又苦苦搜寻数月，付出了巨大的牺牲之后，终于在一个被他们称做“幽冥鬼谷”的地方，找到了一口背面满布异兽纹的巨型青铜棺，随即快马递送京城。按着书中原文记载的意思，就是一帮人英勇奋战，终于迫使地狱罗刹鬼屈服，缴获了这口青铜棺，并与“龙魂”一起献与圣上。

听到这我打断了阿东的话，急问“龙魂”是什么玩意儿，因为阿东的叙述中提到皇帝得“龙魂”后龙颜大悦，很显然，这次天机营最大的收获正是这种东西。当然我还有很多其他不明白的，比如(《天劫录》不是流失海外了吗，阿东怎么会有机会接触到？龙少此行的目的是否也是为了寻找这种东西呢？

阿东没有回答我的问题，一副无可奉告的架势。我见状有些恼怒：靠！你小子他娘的把我揪到这儿，不会就是告诉这半拉子东西吧，关键的地方你压根没提到嘛，这样不是纯属消遣我吗?!

我道：“你小子神出鬼没的，存心消遣我是不是?！装神弄鬼吓唬我也就罢了，问到你关键的地方你又不说！”我一边说一边望着阿东的着装，忽然想起了什么，继续问道：“你从哪儿来的黑色雨衣？”

阿东道：“我消失自然有我的道理，我不瞒你，我其实是去谈交易了！”

谈交易？别逗了！我心里暗笑，你在这地方谈什么交易？和谁谈，陵墓中的南陵王吗？

“我得告诉你，这件东西你好好保管，千万不要落到龙少一行人手中，如果你遇到那个叫胜男的女人,就用它和她交换一样东西,我已经和她谈好了,你按照我说的做就可以!"

"和胜男那帮人做交易？把这东西交给她?"我颇为纳闷,这东西要是个国宝,那我可就成罪人了,真想不通阿东为什么让我这么做。

阿东没有再多说,只再次强调了一下,突然很奇怪地望着我,扯了扯身上的T恤回道:"刚才好像听你说什么黑色雨衣,我不明白,你到底在说什么?"

"这时候别开玩笑了,那个穿黑雨衣站在石俑堆里装神弄鬼吓唬我的,不是你是谁!"

阿东露出了一副惊讶的表情,睁大眼望着我道:"有这种事？你说你看到一个穿着黑色雨衣的人?"

第二十九章　地下暗河

我反问道难道那不是你吗？看到阿东的表情出现了异样，我才确信他并非刻意掩饰，也就是说，这里的确存在其他人的行踪。

我们那队人都在上面，没有可能在这里出现，值得怀疑的自然也只有胜男那支行踪诡秘的队伍了。说实话，我们对对方的实力一无所知，时刻处于一种极其被动的境地，照此下去，我真的不敢保证我们能有多少胜算。

不一会儿，我掉下来的那个洞口方向传来了响动，随即我看到了晃动的手电光，还听到有人在喊我的名字。我知道是龙少他们找到下面来了，刚想张嘴回应，阿东突然阻止住我，轻声道："最好不要让他们发现我们在一起，我先走了！"说完不等我答应，一头就蹿进了黑暗深处。

我并不明白他为何如此在意别人发现我们单独相处，就好像我们之间有某些东西不可告人一样。

我正待起身，突然发现自己手中还握着那块天机营的官印，短暂犹豫后，我将其塞进了自己的背包，这才起身去迎下来找我的人。

一看是三炮，我略感惊喜，自己人总算好解释一点，他看到我很激动，戏道："丫的还以为你喂了粽子，没承想你还细腻红润有光泽，是不是在底下和女鬼狐仙什么的合演《玉蒲团》啊？"

我磕了他一脑壳子道："别尽贫嘴，你摔一下下来试试，本来还以为今后要在这里陪这些石头了，你小子他娘的还算有点良心！"

三炮是放了绳索从上面攀下来的,这地方还挺深,一卷登山绳几乎都用到头了。他指了指绳索,催促着我顺着它从这个洞口原路爬回去。

我把这里才是真正的送葬路径的事实告诉了三炮,他有些吃惊,接着就将上面的人都叫了下来,所有人再次集合到了一起。

对于龙少等人,有些事情我还是选择了保密,只告诉他们我偶然发现了倒塌石碑上的舞龙升天图,根据石俑阵推测出来这里是送葬路线。

风师爷到底是老到,很快他就提出了和我之前相同的疑问:无论是从舞龙升天图还是从送葬石俑的走向来看,送葬队伍都是沿着从谷底到地上这样一条自下而上的路径,这显然是和正常的下葬路径相背离的。

三炮猜测道:“要我说啊,搞不好那蜈蚣谷底下还有座国王的行宫,这个南陵王都是在地底下办公的,死了之后再用棺材抬上来下葬!”

我听了哭笑不得,对他道:“这底下暗无天日的,到处都是大蜈蚣,换了你你愿意不愿意待这底下啊?还地底办公,你当南陵王是搞蜈蚣养殖的啊?!”

三炮道:“就你爱和我处处唱反调,那你们倒说说看,除了我说的那种情况,还有什么其他可能性!”

众人皆沉默不语了,许久,才听得龙少道:“难道我们的认识是错误的?这也许根本不是什么送葬的路径,而是……”

龙少顿了顿,对着风师爷道:“我一直在怀疑我们之前的认识,首先,这里的送葬方向和正常的相反,更关键的是,舞龙升天象征的是一种活力,和死亡又是相背离的,以它作为送葬路线也不合理!”

龙少提出了新的提法,一时让我们找不出怀疑的理由,细细品味之际,总有一种毛骨悚然的感觉扑将而来,气氛一下子又变得诡异起来。

“不是送葬,那是什么?”三炮脑袋转得没那么快,一时还稀里糊涂的没明白过来。

风师爷抚了抚下巴,眉头一皱道:“或许少爷你的猜测是对的,如果真是这样,那还真不好解释了!"

这话我听得也稀里糊涂了,风师爷和龙少的默契程度着实可以,都达到了心照不宣的程度,我们这类人着实没法猜出他们的意思。

风师爷又是轻蔑地一笑,继而又眉头紧皱道:"你们应该知道,帝王和普通人是不同的,他一生可以经历很多事情,但很多事情对于他本人来说是无足轻重的,只有一件事情特殊!

"其实帝王的一生最重要的只有两件事情,一件是每个人都需要经历的,也就是死亡,而另一件就是登基!"

登基?我只稍稍消化了一下风师爷的话,顿时就一阵发憷,就像一条活蛇从嗓子眼钻到肚子里一般,浑身不舒服起来。

我不相信地道:"风师爷你的意思是,南陵人从那裂谷底下用棺材抬一个东西上来做国王?这太玄乎了吧!"

这点的确是让人难以置信的,因为根据我们掌握的资料,南陵并非杂乱无章的原始丛林部落,而是具备完整体制和历法的国家,即便有图腾崇拜的存在,南陵的最高统治者只可能人神合一,但绝不会是人以外的东西,我想南陵人绝不会蠢到认一只畜生作国王吧。

我继续道:"能不能这么理解呢?南陵的传说中不是有很多东西都和那条裂谷有关吗,甚至传闻南陵人的灵魂都寄存在那底下,古代的统治者一般都大肆渲染君权神授,会不会是南陵人对那底下的东西崇拜到了极致,以至于南陵王即位时,都要举行这样的仪式,给人感觉南陵王就是从底下上来的神灵?其实也就是种精神例证法!"

风师爷微微点了点头,没赞成也没反对,三炮接过道:"有这么个必要吗?要真这样,这南陵王还真是个浪费的主儿,你看这些人俑排的,我看没个二里地肯定完不了。"

我对他道有必要的,修筑这样一个庞大的工程,恰恰也是统治者渲染自己的权威和神力的体现。我不知道这个王陵的规模究竟有多大,但破船也有三斤钉,南陵虽然是南陲小国,但该有的场面绝对不会少,从我们经历过的王陵外围来看,它的规模绝对不会小,而且这里实在太诡异了,种种迹象使我预感到,再往下我们会有更加不可思议的发现。

鹰戈对龙少道:“少爷,我们下一步怎么办?继续走吗?”他在考古探察和历史研究方面显得比较白痴,看我们在那儿讨论起来,有些耐不住性子了。

龙少似乎也觉得现在下任何结论都言之过早,再有道理也不过是信口胡猜,他点了点头道:“总算是天无绝人之路,我们被人耍了,但终究还是走到了正轨上,我们先沿着石俑走到头再说!”

我朝石俑行进的反方向望了望,同样的黝黑深邃,不知通向何处,按着我们现在的说法,如果沿着反方向一直往前走,就能找到之前的崖壁栈道和灵宫的出口,只是现在不可能有人去尝试证实了。

按着正常的送葬路径,我们顺着石俑往前走,依次应是断头门、往生殿、龙楼宝殿,最后才由天殿人地宫。这些都是非常正规的,一点也马虎不得,一般来说在王陵中是必备的,更讲究的则置九转界门,为飞升九重天庭之意。

但这一切都是按着通常陵墓的标准来判断的,我们眼下遇到的这个实在太奇特了,谁也不敢保证这就是通向地宫的神道。如果真的像风师爷所说的,这里是南陵王举行登基仪式的通道,那再往前到底是什么谁也说不清了。

不过这条通道修筑得还是相当正规的,无论是作为哪种用途,气势上绝对都能配合得上,地面为青石铺路,两侧的砖墙用到了不少画像砖,每隔一段,顶上都会有一座拱梁,两边的墙壁上分别有一根方形立柱支撑。漆黑的穹形顶上也有很多复杂的纹饰,只是这里光线黯淡,很多东西都看不出来,如果在这里打上一根冷烟火,气势绝对能更好地彰显出来。

通道的墙面和地面都有不少砖石呈现隆起状,显出凹凸不平的样子,有不少石俑倒塌在地上,正是地面的砖石隆起造成的。这里地质运动频繁,出现这种情况是意料之中的，很多古墓的地宫都是因为地质运动而导致了坍塌，还好这里还不算严重，不至于到毁坏地宫的程度。

我们往前走了大概百米左右，地上变得不平坦起来，通道出现了轻微的倾斜，而且很没规律，有的地方向左倾有的地方向右倾，看起来很不舒服，就好像底下有什么怪物顶着地面想钻出来一样。而且此时石俑的样子也有了变化，原来的石俑都是站立的，现在居然变成了跪拜的姿态。

“怎么都跪下了？难道到了地方了？”三炮望了望那些石俑，接着一个劲地向前看，可是这里实在太暗了，我们这点光源根本起不到什么作用的。

“等等，好像有声音！”鹰戈伸手示意三炮不要搞出动静来，侧耳作倾听状，很快又道，“是水声，可能是地下暗河！”

“不会吧，大个子，就你耳朵好使？”我们竖耳倾听，也没感觉有水声的迹象，三炮对鹰戈嚷道，“是不是打仗那会儿在水里搞出了心理阴影，现在总爱出现幻听？”

我对他道不太可能吧，古墓是最忌讳水的，就算这里不是古墓，出现暗河也是不可能的，一来这里雨水充沛，暗河的水势会极不稳定，地下的建筑极可能被冲垮；二来地下的暗河极其暴露古墓位置，寻龙点穴、望闻听切的什么也不用，顺藤摸瓜就能直接把斗给掀了。

鹰戈一看我俩都反驳，当即不爽道：“别嘴上较劲，不服气就再往前探探，到时候是真是假一清二楚！”

随后我们又往前走了一截，路况越加差了，地面隆起的隆起，塌陷的塌陷，石俑阵里的各种石俑东倒西歪，像遭遇了强烈地震一般。而鹰戈也证实了自己的说法，伴着阵阵清风，的确传来有节奏的清晰水流声。

我纳闷地往前跨了两步，想看个究竟，突然身后一紧，鹰戈一把攥住我的背包带，硬生生地将我拖了回去道：“你不要命了？想跳河自杀还是怎么的！”

我被他吓了一跳，一时还没明白他的意思，他指了指前方，我扭头一看，顿时傻眼了:石俑阵突然在前方断开了,前方仿佛一个巨大的深渊,充斥着无边无际的黑暗。前方似乎就是隔绝阴阳二界的幽冥之门,那些石俑此刻仿佛都是有生命的人,正通过这道幽冥之门进入冥界之中。

原来这里已经出现了大规模的塌陷,前方的路已经崩塌了,留下一个两丈余宽的缺口,而底下水声潺潺,正是一条暗河穿行而过。方才幸亏是鹰戈那一下,否则我非坠下十几米掉进暗河里不可。此刻听着那清晰的水流声,我感到脚下不自在起来,不由自主地往后退了几步,实在担心脚下的路已经经受不起我们的踩踏了。

“完了,路被冲断了!”三炮有些失望地道,“真的像你说的那样,墓道被地下河冲垮了!”

惋惜归惋惜,但其实这也算是正常的事情,这一带原本就雨水充沛,河流汇集,光是地下水渗透就让很多古墓难以保全,这样的事情虽说不一定不可避免,但遇上了也只能自认倒霉。

我们都略感失望,龙少目测了暗河的宽度,道:“还没那么糟糕,我们刚才走过的那通道还能保持干燥,暗河的水位不可能这么高,不然那地方都不能幸免的。”

“那你的意思是……这里还是正常的通道吗?可是明明已经是断头死路了啊!”三炮将信将疑地问道。

龙少道:“这里原来肯定是有座桥梁的,因为地质运动挤压,使得桥梁断裂坍塌了。石俑阵没有断,过了这个河道肯定还会延续的,我们想办法过去!”

第三十章　尸体

过去？我望了望那两丈余宽的河道，顿时又发了愁。办法不是没有，丢根绳子过去晃两圈绕住一个固定物，再固定好绳子爬过去就行了，一般都是这么个做法。

可这说起来挺容易，干起来还真是个技术活，对面黑乎乎的什么也看不见，想套住个东西是不容易的，我们的装备大多都丢在蛇盘河里了，没有冷烟火也没有照明弹，完全靠运气绝对有点难度，毕竟运气这东西有时候是很不靠谱的。

绳索我们有，长度也足够，鹰戈用特殊的方法打了一个活结，将一个石俑的脑袋捆在里面，一拉紧再打个死结，石俑的头便被牢牢捆在里面。

这里的黑暗实在骇人，就好像能吸光一般，我们的手电光居然连七八米外的对岸都没法照清。其实我也很清楚，我们的光源经过长时间使用，明显已经有点力不从心了，光线明显黯淡了许多，坚持不了多长时间的。

鹰戈还是能想到办法，他点着了一根火把，抡起胳膊甩到了对岸，一晃而过的火光照出了对岸一根巨大的立柱的轮廓。于是他再点着了一根，嘱咐我照他的样子甩过去，朝着立柱的方向，他同时把绳索甩过去绕住那立柱。

我身手不济，第一次居然没甩到位，再点着根火把试了一次，鹰戈总算找到了准头，系着石俑头的绳索在立柱上绕了几圈，牢牢地固定住了。

爬绳索我们不是第一次，还算是有点经验，这次的压力要小一点，最起码底下不过是河水，不是能把人摔得脑浆迸裂的石头地面，很快地，几人都顺着绳索攀了过去。

我们刚坐定准备喘口气，鹰戈突然又做了让我们隐蔽的手势，望着前方伸手就从背上摸枪。

我心道怎么了，遂一边作戒备状一边朝他望的方向望去，正如龙少所说，石俑阵并没有从这里断开，而是一直延续，朦朦胧胧间，我看到不远处的一座石礅旁，似乎蹲着一个人！

这里有很多石俑，我之所以觉得那是个人而不是石俑，是因为那东西的姿势很奇特，看起来就像是一个人借着石礅为掩体，举枪在向我们瞄准。

我们一直都高度怀疑这里有其他的队伍，不得不加强戒备心理，所以鹰戈的举动绝不是草木皆兵。想到这我倒有些担心起来，就凭咱们这人马，一个退伍大兵带着几个文化流氓，真干起来指定只有挨宰的份。

就这样对峙了一会儿，未见对方有任何异常，要真是个活人，是敌是友也得吭个气吧，难不成是之前遇到的那种粽子？

鹰戈随手捡起块石头，照着那玩意儿就丢过去，一看还没反应，这才确信没有危险，他猫着腰小心地贴了上去。随后他朝我们示意已经没事了，我们这才跟着凑上去。

这的确是一个人，浑身着迷彩服，从装备上就能看出他的专业性。这人趴在一块石礅上，双手紧握一支 M16，仰面朝上，嘴巴张得老大，眼睛也上翻，死状十分恐怖。

三炮觉得恶心，朝着他的脑袋一脚将他踹倒，他脑袋一扭便倒到了地上，双手仍然牢牢地握着武器，眼珠子还瞅着上方，看那模样，之前显然经历了一场惨烈的搏斗。

“这是什么人，怎么死在这儿了？”风师爷自言自语地道，一边说一边往四周看。他这么一说我当下也缺乏安全感了，随着他的目光四处扫视，很快就发现四周的乱石堆里居然还有几具尸体。

尸体有五六具,四周的石俑散落倒塌,横七竖八地躺在地上,那些尸体躺在石俑之间,黑乎乎的环境中看起来与石俑无异,四周还散落着一些子弹壳,正如之前猜测的,这里似乎还曾进行过混战。

我自然知道这肯定不是两队人在火拼,只是这些人到底在和什么东西搏斗,为什么他们如此荷枪实弹的都遭到惨败?虽然他们的失败正是我希望看到的,但此刻看到竞争对手的惨状,我们都丝毫没有庆贺的意思,反而是四周无边的黑暗让人压抑得喘不过气来。

鹰戈来到一具尸体前,小心地检查了下他的脖子和头部,并没有发现什么致命的伤口,接着他用匕首挑断他的衣领扣子,一把扯开他的上衣,眼前的一幕险些让我呕吐出来。

这人的整个胸口、腹部、后背上全是破开的血洞,就像被人丧心病狂地用匕首捅了几百刀一般,再一检查,发现脑袋上也有很多。那些洞口大小基本相同,流血却很少,看起来就像是全身长了很多眼睛一样,恶心得要命。

鹰戈检查了下其他几具尸体,基本都无异,有几具尸体的脸上都布满了血洞,连眼珠子也没了,整张脸完全破了相。

眼前的一幕那叫一个惨不忍睹,我们不是没见过死人,只不过那些都是多则成百上千年、少则数十年、即将化为尘土的躯壳,这样新鲜血腥的还是第一次见,那血腥气止不住地涌进鼻孔,让人止不住就呕吐起来。

鹰戈道:“都没救了,他们身上还有不少东西,我们拣一些用得上的吧!”

这话倒没人不赞同,我们当下缺的就是装备,这帮人的东西与其在这里丢着,不如发挥些余热,这样一想我倒不觉得有什么不自在。

我们找到五四式手枪两支,M16 三支,还有两个大包,里面装着冷烟火、登山绳、狼眼手电、弹夹、蓄电池、照明弹、几捆炸药以及一些食物和药品。对我们来说,眼下这些东西简直是雪中送炭,一时间恐惧都被喜悦冲淡了不少。

三炮找了一番还不罢休,忍着恶心将那些人身上也检查了一遍,把戒指、手表、项链之类的也扒拉了下来。

看到我们的表情不自然起来，三炮解释道反正该拿的也拿了，这些东西扔在这儿也只能给南陵王殉葬了，咱本来就是来掀他的斗的，到时候指不定还得撬他的棺材，现在用不着跟他这么客气。

充实了自己的装备后，我们的底气足了不少，总算不至于再那么狼狈了，就算真遇上什么恶鬼粽子，这些家伙足够顶上好一阵子了。人就是很奇怪，有时候手里捧着危险的东西，反而更有安全感。

我们把白得的东西都点了一下，枪械之类的分发，有用的装包带走。鹰戈在那些人的身上也翻了翻，当然他和三炮不一样，不是为求财，这应该是龙少的意思，看看能不能找出些能证明他们身份的东西。一翻果然有点收获，在其中一个人的上衣口袋里，鹰戈摸出了一个笔记本。

这并非笔记本电脑，而是纸质的笔记本，看来这个人有记笔记的习惯。鹰戈把笔记本递给我，我随手翻看了几眼。这个人还有点浪漫主义情调，笔记本首页记的是一首诗，匈牙利诗人裴多菲的《我愿为激流》，但往后翻翻，里面也并没有什么实质性的内容，也就是一些探险经历和个人感触什么的，和我们经历的都大差不差的。可能这支队伍的保密工作做得比较严格，真正泄露行踪和行动机密的内容是不允许记在随身携带的笔记本上的。

一看没什么重要内容，我将它递给风师爷，他翻看了两页便觉得没有什么价值，随手将其丢掉，笔记本内页一展，忽然一个东西从里面掉了出来。我定睛一看，居然是一张黑白照片。

之前还真没发现笔记本里还夹着东西，它掉出来即引起了我的注意，我弯腰伸手捡起，拿到眼前细看。

这是一张黑白照片，且有些年头了，但是照片却比较新，相信应该是用底片新洗出来的。照片的背面写着几个字母：AIIH，似乎是一个英语单词，正面是一队人的合影，分四排共三十多人，清一色的英军军服，看起来就像是某个飞行大队在合影。

不过他们不全是大鼻子老外，其中也有东亚人和印度人，只是看不出那几个东亚人究竟是不是中国人。

照片右下角用白色字写着日期：1944 年 5 月 13 日，应该是照片拍摄的日期，没想到这居然是二战时期的，这照片怎么会在那人的身上？按理说无关的人不会带这样的照片，难道这里面有人是他的祖辈吗？

带着这样的疑问，我又扫了一眼那照片，突然，照片中的一张面孔一下刺激了我的眼球，让我猛吸了一口气。我不敢相信地揉了揉眼睛，再一看才证实自己没有看错，与此同时，心中的那种怪异感却越来越强烈了。

照片中最后一排左起第四人，居然和龙少长得一模一样。

第三十一章　七宿星龙

这张照片还算新，人的面孔看得还是比较清晰的，我看到的那人和龙少根本就不是那种单纯意义上的像，那五官、眼神……复制品都未必会这么相似，似乎根本就是一个人，眼前的龙少，似乎就是从照片中走出来的。难道龙少也像那些巨型蜈蚣一样成精了吗，眼前看似年轻的龙少其实是个七八十岁的老头？带着这种想法，再去看龙少那白皙如玉的肌肤面庞时，总觉得不自在起来，怎么看怎么觉得眼前的龙少有了种妖异感。

我望了望其他人，还好当下的光线不好，好像没有人注意到我的异样，我觉得如果让龙少发现了这个，兴许对我不利，索性就当什么也没看见，趁着旁人不注意，我用指甲将那张脸刮掉了。

龙少将照片拿到手中看时，那张脸已经面目全非无法辨认了，他也不会怀疑是我搞的鬼。可让我没想到的是，龙少看到照片后也是一副惊愕的表情，有些不敢相信的样子。

我脑袋一蒙，心道不会吧，难道还有人长得和他一样？会有这种匪夷所思的事情吗？

不过龙少只是在脸上表现了出来，并没有吱声，他默默地将照片夹回那笔记本中，将笔记本收好，对我们示意没什么异常。

出于道义，我们将那几具尸体拖到一块儿堆起来，这里也找不到泥土掩埋，只能就地找了些断裂的石俑碎石之类的掩盖起来，也算让他们入土了。

一番折腾后,几人围坐在之前的石柱旁稍事休息,取出些食物和水出来补充下体力。虽说刚才的情景很让人倒胃口。但饥饿一袭来任何东西都是挡不住的,当下便在距离尸体不远的地方海吃猛喝,也没有什么特别的不适感。

风师爷就着烧酒吞完了两罐牛肉罐头,直接用手一抹嘴巴道:“这酒还真是好东西,喝多了醉人,但一尝鲜就能让我脑袋清醒,嗨!呼儿将出换美酒,奇谋欲出谢杜康!”

三炮一听即道:“嗨嗨嗨!就你这量,没两口就上脸了,还自称脑袋清醒,在我们面前转什么文!”

风师爷道:“那好,我言归正传,其实就目前的情况看,出现地下河也不是什么奇怪的事情,在某些情况下还是有可能的!”

我一看风师爷不像是喝醉的样子,这厮还算是个比较靠谱的人,就算他忽悠我们,也不会忽悠龙少的,我看他挺清醒,就问道是哪种情况。

风师爷道:“这里只是有水,不一定就是地下河,在南方的某些大型古墓里,为了防止雨水渗透,通常有引水渠排水,我们之前看到的不排除是这种情况。如果真是这样,我们现在的位置就比较微妙了,可能不经意间我们少走了许多弯路,我们现在可能已经非常接近地宫了。”

接近地宫这个概念是模糊不清的,在地宫外围被宫墙所阻叫接近,在往生殿、龙楼宝殿内也叫接近。而且就方才我们看到的那河道宽度来看,规模实在骇人,都能顶得上小护城河的标准了。

我对风师爷道:“刚才那河的宽度咱也领教了,会是引水渠吗?这里再怎么也是高地了,光靠自然降水会有如此大的水量吗?”

风师爷很肯定地回道有可能,刚才的一条如果作为引水渠的主渠,其实也并不是很夸张,如果是这样,这里的排水系统一定会很复杂,包括我们之前走过的石俑通道,它的四周可能都贯穿着引水渠。

三炮道那不一定是水啊,别是水银河,没听说过秦始皇陵里江河湖海都是水银打造的吗？既气派又防盗。

风师爷笑道你以为水银这东西是水啊，你要多少有多少，多个“银”字不知道金贵了多少，很多人为了搜集水银，还特地去挖掘古墓里的水银尸，刮尸以出水银。再说了，像你说的那么大水银量，咱几个早他娘的中毒死翘翘，成水银尸给南陵王陪葬了。

龙少用手挠了挠鼻尖，也开始思索起来，不一会儿也道：“单纯地为古墓服务，这么复杂的排水系统还是很少见的，如果有另一种情况存在的话，就很有可能了！”

一听这，我们都把目光聚到了龙少身上，等着他的高见。龙少不紧不慢地继续道：“单纯为了陵墓修筑这么复杂的排水系统，既耗时又耗力，再加上陵墓这些庞大的工程，以南陵的国力，时间肯定不会短，很可能经历了数代南陵王的努力。但如果作为一项城市设施，它们存在的合理性就大了许多！”

城市设施？我大吃一惊，明白了这意味着什么。龙少的意思显然是这里的排水系统不仅仅是为古墓服务的，而是主要作为城市排水系统而使用，也就是说，这里不仅仅是南陵王的王陵，消逝的南陵城很可能就在我们的头顶上。

不会吧？龙少这么一说连我都有些飘飘然了，地宫和王城一起找到，这当然是我们迫切希望的，但我这个人就是有些悲观主义，总是不相信我们的运气就会这么好。

龙少道：“这种利用山体筑城是有先例的，典型的就是铁瓮城，而且，地上王城地下陵墓这种情况并不少见，西域的楼兰、精绝等国，很多都是这种结构！”

龙少和风师爷一样，一旦提出自己的观点，总能说出一大堆理由让旁人信服，这大概就是所谓的博学在起作用。其实我自然也愿意一切正如他们所料，这样我们能省去不少麻烦，最起码心理上有了盼头，毕竟已经在慢慢接近一个曾经无比辉煌如今已然消逝的国度的核心地方了。

三炮自然是万分欢喜，如果能找到南陵古城王官，那从他身上割两块肉他都不会反对，毕竟破船也有三斤钉，南陵好歹也是正儿八经的王朝，历经多载，多年的积累一定不会少。

“那下一步怎么办？我们还顺着那些石俑去找？”我问道，因为我对当下所在的地方一无所知，缺少安全感，总觉得再沿着那些石俑去找，实在不是个明智的举动。

我忽然想起了什么，接着又道：“我们不是找到了照明弹吗？打一发看看再说，总比睁着眼睛瞎碰好多了。”

鹰戈回道可以，但得先清楚这个空间的高度和大小，不然照明弹反弹回来，很容易伤到我们自己。

他一边说，一边捡起几块石头向不同的方向用力抛去，判断着整个空间的大小。三炮急道：“大个子，你丫的怎么也变得磨磨叽叽了，拿出点你打仗的气势来，照明弹这东西我又不是没使过，大不了烫掉层皮晃晃眼呗，咱几个皮糙肉厚的也不怕那玩意儿，反倒这乌漆麻黑的我心里瘆得慌！”

几人都有些熬不住，鹰戈见此也不好推托了，道了声“小心”，举着照明枪就打了一弹。

只听得一声响，黑暗中照明弹划过一道优美的弧线，直冲顶上而去，一道强光扑面而来。由于眼睛长期处在黑暗中，如此强的光线我们一时根本适应不了，我只感到眼前白光一闪，双眼即一阵疼痛，一个劲地冒金星，有种短暂失明的感觉。

还好我很快地恢复了过来，照明弹形成了一个大光球，硬生生地将四周的黑暗挤了出去，眼前的场景一下子尽收眼底。

这里的高度只能用“惊人”二字来形容，照明弹居然都没能打到顶，而同样骇人的是这个空间广度，我无法用其他词语来形容这里，只能说这里是一个相当宽大气派的空间。

对面是一块巨大的山体，上面并排着几尊巨型石像，石像是嵌在山体中的，手持大剑端坐着,面目凶悍骇人,极具震慑力。最中间的两尊石像之间是高耸陡峭的千层阶,扶摇而上,颇有泰山"十八盘"的气势。在山体的对面,四根巨型石质廊柱如天涯海角的擎天柱一般高耸,廊柱上纹饰极其复杂,从底部一直蔓延至顶端,与顶面无数诡异的雕刻连成了一体。

眼前的每个物件,光用"大"来形容显然都有些苍白了,这里什么都是巨型的,大到了令人战栗的程度,身处这里,不得不让人疑心是不是来到了雅典卫城或远古巨石阵。

我们都惊愕得合不拢嘴,直到四周的光线随着照明弹的熄灭渐渐暗了下来,这种震惊才缓和过来。四周又恢复了一片黑暗,刚才那一发照明弹光给我们制造惊愕了,压根没看到到底哪条路能走,我正寻思着要不要再打一发,一抬头,突然发现我们的顶面好像发生了些变化。

照明弹灭了以后,四周就是一片漆黑了,顶面也应该是,但奇怪的是,此时的顶面和之前的确不一样了。

这个巨大空间的顶部距离我们足有五层楼那么高,此刻上面布满了无数个红色的光点,如浩瀚星海一般,极为绚丽。那些光点都是差不多的大小,因为距离太远了,看起来就很小,但是很亮,有些光点忽明忽暗的,像红色的报警器在闪动一般。

"这些是什么东西?之前好像没见到过!"我不知道这些东西突然出现是吉是凶,有些吃惊地问道,因为之前我们看到顶上也是漆黑一片,这些东西似乎是打了照明弹以后才出现的。

风师爷道:"也许是某些发光石吧,有些玉石本身不发光,而是靠其他的光刺激感应才能发出微弱的光,之前我们看到的那种血祭光球就是这种玉石,很多夜明珠发光也是这种原理。古人在墓穴的地宫里用这东西模拟日月星辰,据说秦始皇陵的地宫里就是这一套,夜珠为星辰,水银为江河!"

三炮一听到夜明珠,当即道:"夜明珠,我的奶奶!那这回咱比进了金库还带劲啊!"

风师爷道:"就怕你得空欢喜一场,先不说这些东西是不是那玩意儿,就算是你还能长了翅膀飞上去摘吗?"接着他又道:"这些只是普通的发光玉英,受到照明弹的强光刺激感应发光的,没一会儿肯定就灭了!"

风师爷刚说完,龙少忽然问道:"师爷,你懂不懂星象学?"

一听这,风师爷不好意思地笑了笑,回道:"少爷,虽说我混迹江湖这么多年了,但对这星象还真是个门外汉。怎么,少爷你看出这上头的猫腻了吗?"

三炮跟着附和道:"就是嘛,观星术啊什么的,跟算命瞎子的那一套有什么区别,现在都兴天气预报了,费那心思干什么!"

龙少继续道:"刚才打照明弹的时候,我看到了顶面的景象,那是个像棋盘一样复杂的方阵,我怀疑是……"

"是星象图?你的意思是顶面是张巨大的星象图?"我脱口而出,打断了龙少的话,说实话刚才那一阵太晃眼了,顶面实际什么情况我压根没看到。

龙少道:"还不止这些,你们看,这些光点串起来,和之前崖壁上那些悬棺洞一样,组成的也是个龙形的图案!"

龙形图案?我还真没看出来,而除了龙少以外,其他人也有和我一样的困惑,顶上的那些红色光点在我看来完全是杂乱无章,且呈环状排列,时疏时密,丝毫没有巨龙蜿蜒腾飞的感觉,这怎么会是龙?难不成是条盘着身子睡觉的龙?

三炮打趣道:"龙少爷,你对龙上瘾了吧?看什么都是龙!"

和龙少相处这几天,他的习性我也摸到了一点,他从不和任何人争辩,他一贯的方式就是用专业知识去使得对方信服,我见他一副不紧不慢、胸有成竹的样子,便知道了这次同样如此。

龙少道:"你们有没有听过《周易》中的四象星宿?"

龙少这一说,除了风师爷愣了一下,其他人还是面面相觑,三炮急道:"哎哟我的少爷,你别打哑谜了,什么四像四不像的,欺负我们没文化是不是?”

说这些的时候,龙少的目光始终盯着顶上的那些光点,眼神中透出坚定,显然他对自己的见解很自信。

据龙少解释,四象即为四大神兽,即青龙、白虎、朱雀、玄武。在古代星象学中,四象被用来划分星宿,青龙、白虎、朱雀、玄武,分主东西南北四个方向。其中东方又分七宿,每一宿又由多颗繁星组成,连接起来便是一条腾空飞舞的巨龙,称“东青龙”。

龙少称眼下这个顶面其实是张巨大的星象图,那些光点所组成的,正是东方七宿连成的青龙图。并且,青龙的龙头朝向和石俑阵延伸的方向一致,更加说明出口的方向就在那里。

我止不住赞了一声,一旁的鹰戈望着顶上,突然发话了:“少爷,师爷说那些都是发光的玉英是吗?怎么这些东西还会动?”

听到这我们又把目光移向了顶上,果然,之前那些固定不动的红色光点,不但没暗下去,反而更加亮了,而且都动了起来。

第三十二章 虫攻

原本被当做是玉英的光点,此刻居然都动了起来,与此同时,四周也不再安静,充斥着轻微的声响,这声音既杂乱无章又似乎很齐整,就像是很多人走在枯叶堆里踩踏而发出的。

在极其静谧的环境中突然出现这古怪的声响,直让人感到毛骨悚然,我仿佛感觉到四周有一队莫名的东西在朝我们接近。

“怎么回事?有点不对劲啊!”三炮脱口而出道,“奶奶的,难道那些东西都是活的?”

没有人回答他的问题,因为此刻几人都警惕地四处张望,一副如临大敌的样子。

“你们看!”鹰戈的目光一直没离开上方,他突然吼了一声。我们顺着望去,只见顶上的那些光点的运动越加剧烈了,原本它们仅仅是原地抖动,现在居然都移动了起来,无数的光点在顶上四处移动,就像是一大群萤火虫萦绕在上空一样。

“完了,南陵王发飙了,青龙变成萤火虫了!”三炮在那儿打趣,我倒感觉不到一丝轻松,那些红色的光点此时就像是一双双妖怪的眼睛一般,说不出的诡异。

突然,黑暗中的嘈杂声大了许多,“吱吱”一片,那些红色光点在顶上盘桓几下后,径直向下俯冲下来,如流星雨一般,极其壮观。

我还没来得及赞叹，就意识到不妙了，那些东西冲击的方向，正是我们几人所在的位置！

我直感到脚底一凉，一阵刺鼻的焦味便扑鼻而来，那些光点像飞蝗箭矢一般直砸在我们身上。我伸手护住脑袋，随即便听到几声惨叫，三炮和风师爷发了疯似的拍着自己身子打起了滚。

还没明白过来怎么回事，我即感到脖子、手臂几处一阵剧痛，就像被烧化的塑料烫到了一般。我咧着嘴大叫，下意识地拼命拍打着疼痛部位，很快地，身上又有几处出现了剧痛。

我忍不住惨叫起来，虽然那模样很狼狈，但实在是扛不住。此时后背上的剧痛让我几乎要撞柱子自杀，那痛是无法忍受的，我发了发狠，伸手就往疼痛的部位抓，一把揪过来一个东西。

那东西被揪到眼前，我一看又惊又奇，一种似曾相识的感觉便涌了上来。这是一种像蜈蚣一样的虫子，浑身赤红发光，使得它几乎呈透明状，它的背上长有两对翅膀。几天前我们在蛇盘河的船上，失手打碎了一面镜子，镜子里面锁的就是这种虫子。虽然那只怪虫被阿东烧成了灰，但那东西古怪得很，我当时就祈祷别再碰上这恶心东西了，没想到现在居然遇到了这么多！

正想着，食指又传来一阵剧痛，我一咬牙奋力地将手中的怪虫摔到地上，一脚踩个稀烂。

虫子实在太多了，我们无一幸免，其中最惨的要数三炮了，浑身都被虫子爬满了，疼得他杀猪般地惨叫，几乎要撞墙。可恶的是我们穿得都很单薄，浑身上下都容易受到攻击。一旁的鹰戈见势不妙，赶忙扑上前用衣服对着三炮一阵扑打，将他身上的虫子驱赶走大半，随即转头对我们喊道："这些东西太多了，杀也杀不完，赶紧找掩体藏身！"

找掩体藏身？别逗了！我一阵苦笑，刚才那一阵我们也看到了，这个洞是如此的空旷，根本就没什么可供藏身的地方，难不成要我们挖地洞钻吗？

情急之下，我们只能举着手中的枪四处挥舞，不时还打上两枪，可这无异于用大炮打蚊子，根本没有作用。说实话，如果现在有支喷火枪的话，我情愿用喷火枪对着我身上喷火，也不愿被这些恶心的东西趴在我身上撕咬我的皮肉。

龙少和风师爷身上也爬满了不少这种虫子，他们索性脱掉外衣，直接点着了披到身上，再揪着当火棍甩，驱赶着不住贴近的怪虫。

那些怪虫对火颇为畏惧，它们的翅膀极易被燃掉，没了翅膀只能顺地爬，灵活度便差了很多。我们一看这招能奏点效，赶忙都将自己的外衣脱下，点着了当武器。不过这招也只是权宜之计，火势很快就弱了下来，那些虫子便又恢复了嚣张，我们也没几件东西能烧的，总不能衣服脱光烧了接下来裸奔倒斗吧！

这时，鹰戈道："少爷，目前只有一个办法了，我们再点一把火，把这些虫子驱赶上去，我再打一发照明弹，你们趁着光赶紧找路跑！"

我也知道这是唯一的办法，但还是有些不放心，当下对他问道："那么，你呢？你怎么办，不和我们一起跑路吗？"

鹰戈回道："你们保持身上的火不灭，尽可能快地离开这里，我在这里还能把这些东西引开！"

"那你不就……"我刚开口，鹰戈一扬手中的枪道："照明弹的热度很大的，足够灭掉它们一大半了，快点！别再耽搁了！"边说边用枪托顶了我一下，几乎就要用脚去踹我了。

我心道如果照明弹这一下没解决掉它们一大半，你这烈士可就当定了。不过眼下也没工夫犹豫了，风师爷道了声照着他说的办，鹰戈举起枪对着怪虫密集的地方"嘭"地发了一颗照明弹。

那一瞬间的感觉就像是一颗流星砸向地面，四周被巨大的光亮映照得一片惨白，似乎被烘烤熟透了，我们根本没法睁开眼，只能埋着头朝着记忆的方向一顿猛跑。

我们已经知道，七宿青龙图的龙头朝向和石俑阵的方向是一致的，我们这次学乖了,也不抄什么近道了,钻进石俑堆里顺着往前趟。我们这一下拿出的是逃命的力气,只顾跑也顾不上什么狼狈不狼狈了,一路连推带撞地碰倒了不少石俑。

而此时照明弹的强光也渐渐暗了下来,那些怪虫形成的红色光点果然少了一大批,要么直接被照明弹的强光烧死,要么就是烧断了翅膀掉下来摔死。我们微微松了口气,总算是摆脱这群催命鬼了!

龙少让我们停下来等鹰戈,同时打着手电示意,不出意外的话鹰戈看到手电光便会追寻过来。

我们确定没有危险后,都原地盘坐了下来,各自开始处理身上的伤口。我算是比较惨的,身上足有二三十处伤,两只手臂像刚被荆条抽过一样,之前后背的那一下着实让我疼得几乎晕厥,据说后背上有一处人体痛穴,扎之则疼痛难忍,我心道这虫子真有文化,人体穴位竟然也懂。

当然最惨的当属三炮了,那些怪虫也懂得挑肥拣瘦,似乎很中意三炮的体形,他浑身上下几乎找不到一块完整的好肉了,浑身布满了铜钱般的伤口,看上去就像穿着铜钱花纹的地主服一样,那真叫一个体无完肤。

我们将残留在伤口中的虫刺拔出,再挤出里面的脓血,一开始的时候疼得我牙齿直打颤,慢慢地居然不疼了,受伤的部位像注射了麻醉剂一样,居然没有了一点知觉,渐渐地,我感到手脚也麻痹了起来,连站起身来都异常困难。

我担心中毒了,不过风师爷道不用太担心,咬我们的那些虫子都是刚从卵壳中孵化出的,还没完全成形,毒性非常小,少量的虫毒会使我们出现短暂的麻痹,休息一阵会自行慢慢恢复的。

三炮被咬得最严重,一听这不放心地叫嚷着,他浑身上下都挨了虫子咬,基本没好肉了,当下居然担心中毒太深直接被整成小儿麻痹症,直叫我们哭笑不得。

风师爷道:“原来顶上那些点缀的星辰竟然是这种虫子的卵壳,还好这些虫子刚出壳没太大攻击力,不然之前那些尸体就是我们的下场!”

我心有余悸地问道:“这虫子怎么还会发光?”

说实话,会发光的蜈蚣我不是没听说过,不过那都是在传奇故事当中,古代传说中就有带金光的飞蜈蚣,能钻人脑袋吸髓致命,一直都是蛇类等妖精的克星。

风师爷道:“这种生活在黑暗环境中的异虫,肯定要为了适应环境而进化,就像深海中浑身扁平而且能自发光的鱼类一样。要不是照明弹的强光和巨热使得这些东西破茧而出,不知道这些东西一直要在这里寄居多少年!”

这点倒很容易理解,不过让人感到不可思议的是这些虫子怎么会在顶面那巨大星象图的适当位置产卵,从而形成绚丽的七宿青龙图。我想了一下便有了点头绪,这一带历来蛊术盛行,南陵人肯定掌握了控制这种虫子的方法,别说产卵了,就是让这些东西去打仗都没问题。而南陵人用这些虫茧作为顶面星象图上的星辰,很可能是起一种保护作用。

不一会儿,鹰戈顺着我们的手电光摸了过来,刚一到目的地便一头栽倒,看来就在我们趁着照明弹打出瞬间逃跑的同时,鹰戈又没少中那些怪虫的招。

他打了个滚起身,一把扯掉自己的上身衣物,露出黝黑结实的胸膛。我一看不由得一阵恶心,他的整个胸口和腹部,足足趴着十几条那样的怪蜈蚣,那些蜈蚣半截身子已经钻入鹰戈的肉里,露在外面的半截身子不停地摇摆扭曲着。

鹰戈不等我们惊叹,伸手就摸出把匕首,放在火把上烤红了,然后一手抓住蜈蚣露在外面的半截身子,一手把匕首尖探进伤口处,在原来的伤口上割了一个十字,再一刀将蜈蚣硬生生地挑了出来。

这些蜈蚣和蚂蟥不同,既不能硬用手拔,也不能用匕首去烫。用手拔的话很容易拔断,留在肉里的半截身子仍然会继续往里深入啃食,而如果用匕首去烫它的身子,反而会刺激到它,导致它进一步往里钻。唯一的办法只能是用匕首将伤口扩大,再把它挑出来。

这样的疼痛绝对是撕心裂肺的，我看着都感到心里打颤，鹰戈更是牙关紧咬，豆大的汗滴顺着他的额头流下来，但自始至终我没听到他发出一声呻吟。

鹰戈处理完身上的伤口，随即取出绷带，我们的绷带之前浸过水，没湿的被我们几个一用，已经所剩无几了，主要是我们没想到鹰戈会伤得这么严重，肚子上破出了十几个血洞。

鹰戈取出剩下的绷带，拣着受伤较重的地方缠了几下，随即对我们道："奶奶的一点皮外伤，枪林弹雨都没折腾死我，几只虫子算什么！"做完这一切他麻利地又套上上身的衣服，再将腿上松散的绑腿重新固定好。

我看鹰戈虽然受伤严重，但似乎并没有什么大碍，悬着的心总算是落了下来，说实话，在这样的环境中，如果身边有人遭遇不测，实在是一种巨大的心理冲击，绝对是我不愿意看到的。

我望了望之前我们受到攻击的方向，仅有寥寥几个红色光点在盘旋闪耀了，还有零星的几个停在顶上，有气无力地闪动着，已经对我们构不成什么威胁了。这个星象图顶面也算得上是神迹了，看到那壮观的七宿青龙图荡然无存，我甚至有了种莫名的失落感。

"我们还要多久才能恢复体力？"我对着一旁的风师爷问道，此时我们的手脚都麻木得厉害，走路都如醉酒一般颇显吃力，但在这种地方待着还是让我感到没有安全感，如果再遭受一次攻击，我们只有被屠宰的份。

风师爷道："不知道，不过我们肯定不能在这里久待，少爷之前说的没错，青龙图的龙头朝向和石俑阵延伸的方向是一致的，我们还是得沿着这些石俑走！"

他一边说一边不安地望了望前方，脸色非常的难看，看得出心存顾虑，好像在忌惮着什么。

我问他怎么了，风师爷摇了摇头，起身望了望前方。有了前车之鉴，我们自然不敢打照明弹了，连冷烟火也不敢用，只借着手电光向前张望。前方一片狼藉,石俑横七竖八倒在地上,一直蔓延到远处,无一幸免,奇怪的是这里居然出现了火烧的痕迹,很多石俑都已经身首异处,就像遭遇了龙卷风摧残一般。

我正为石俑在这里突然出现这种异状感到奇怪,突然,手电光捕捉到了前方一个巨大的黑色物体。

那物体造型奇特,在它四周灰白色的石俑的映衬下,显得格外醒目,但这种异型的东西放在这里又显得极端的不协调。

龙少紧盯着那东西看了片刻,忽然就道:“奇怪,怎么这东西会在这里?它是怎么进入这里的?”

我诧异地把目光转向龙少,随后只听得他又道:“这好像是‘龙魂’!”

第三十三章　龙魂战机

“龙魂?”我听到这大吃一惊,因为我第一次接触到“龙魂”这个概念,是从阿东的口中,天机营寻找敬献给当时帝王的正是这种东西。而这种东西居然轻易地就出现了,不得不让我感到惊讶,一时甚至无法相信。也不知道龙少凭什么就能断定它是这种东西。

我好奇地探过脑袋,却依旧只看到一个黑乎乎的影子,而且十分的巨大,至少相对于人的体形来说,这绝对算是个庞然大物。

我们迈开步子小心地向那东西靠近,但等我们靠近后,它的庐山真面目随即显露了出来,着实让我大跌眼镜,这居然是一架飞机!

搞错了吧?这就是“龙魂”?我诧异地望着龙少,当下也明白了为什么这东西出现在这里给我一种不协调的感觉了。

鹰戈伸手清理掉机翼上的灰尘,露出了机翼上的太阳旗标志,随即他很肯定地道:“这是二战时候的东西,日本人的侦察机!”

龙少道:“没错,这是日本的龙魂侦察机!机身小而轻便,十分适合穿行在狭窄的山谷中,只是……”龙少一边说一边望了望四周,显然让他感到困惑的是,这个地方完全是密封的,这龙魂侦察机究竟是从哪儿飞进来的?

相对龙少而言,此刻的我更加困惑。万历年间天机营敬献的所谓龙魂,居然是一架二战时期的日本侦察机?这怎么可能!这就好比古人在开采矿藏时,在远古地层中无意间挖出一款 IPhone4,如此未免也太荒谬了!

其实这里出现日本飞机倒不见得有多荒谬,之前我在七号公馆顶层会议室保存的录像中,也看到了日本的轰炸机群。但关键是这飞机的命名实在让人感到怪异,想想看当年的天机营在深不见底的裂谷中,发现巨型蜈蚣群中再突然飞出来一架这种钢铁怪物,怎能不感到惊愕和恐惧。

阿东之前对我灌输的那些,龙少他们似乎还不知情,所以他们此时的困惑与我大不相同。

三炮道:“这种侦察机为什么会叫这个名字?龙可是我们中华民族的图腾啊,小日本居然用它命名他们的战机,这不明摆着亵渎嘛!”

鹰戈笑着对他道不要太愤青,小鬼子做事情很诡异的,光是在这地方搞一架侦察机来飞行,就是个匪夷所思的事情,至于稀奇古怪的名字那更多了去了。

“咦,不对,我好像想起了什么!”三炮继续道,“要说这小日本,我记得我好像也打过交道,奶奶的还是好些年前的事了!”

鹰戈道:“好些年前?你小子是参加抗日的时候打的交道吗?”

“别散扯了大个子,哥们儿我扯正经的!”三炮说完把目光投向我道,“老沈,你还记不记得前些年我们在七号公馆的时候,咱的上层和小日本做了笔不小的交易,好像还共同搞了个什么项目,交换了不少资料!”

我听得一头雾水,说实话,这事情我还真不知道,不过要说三炮知道些端倪也不奇怪,这厮比较吃得开,加之家庭背景不错,和单位的上层关系处得也好。印象中七号公馆不是一次两次和境外的公司进行合作了,既然能和龙少的公司合作,自然也能和日本的公司合作。

当下我不由得想起了在七号公馆办公楼里看到的录像,现在不难推测出那些录像带资料的来源了,很可能正是日本的公司提供的。而这里出现日本人的行迹,并不是偶然的,现在和龙少角逐的另一支队伍很可能就是这家日本公司,而胜男正是这家公司的人。

事情虽然蹊跷,但我倒觉得这里出现飞机并不是什么坏事情,最起码说明这里存在很大的入口,不过随之问题又来了,这里就算不是王陵的地宫,也是王陵的地下部分,肯定是密封的啊,怎么可能还存在足够让飞机飞进来的入口?再说了,就算有入口,这里也是山体中啊,龙魂侦察机又是怎么飞进来的呢?

日本人给某些东西或者行动取名是有些讲究的,比如在二战时期日本的电文中,经常会出现和天气有关的词语,如东风雨、北方晴等,这其实是种表意的暗号,用方向指代国家,用天气表示国家之间的关系,东风雨即与美国关系紧张,北方晴则表示与苏联关系平稳。

类似的词语不胜枚举,而且在日本二战时期的战机系列中,并没有特定以“龙魂”命名的战机,倒是到了战争后期,日本在东亚东南亚诸国甚至本国内搞了不少匪夷所思的绝密计划方案,很多绝密行动计划直到二战结束后才被捅了出来,我不知道眼前出现的战机和这些是否有关,因为除了这个,还真不好解释为什么在这里会出现日系的侦察机。

这架侦察机的机头部分损毁严重,机舱内有明显火烧的痕迹,飞行员座椅上的防护钢板现在已经成了木炭。二战中,日本战机为了减轻自身重量,保持灵活性和爬升能力,将机舱内很多不是很必要的钢铁物件都改用木质的代替,机舱内一旦着火,这些东西便荡然无存了。而我们并没有发现任何机组人员的残骸,不知道是成了机舱内的一堆炭灰还是当初坠机时侥幸逃脱,不过就一般情况来看,前者的可能性更大一些。

就军事方面,鹰戈应该比我在行得多,我刚准备问他战机在这里出现有哪几种可能性,突然机翼上有一行字引起了我的注意,这是一行英文字母:AIIH。

日本战机上有英文字母编号是很普遍的,在日本有一套特定的英文编码用来标示日军战机,主要是标示此战机的机种、型号以及生产厂家等信息。

比如零战2 1型 A5M2,A 表示舰载攻击机,5 表示机体形号,M 是三菱缩写,表示三菱制造,2 表示由第二样机定型。

但我此时看到的这个 AIIH 的标号似乎有些不同,因为它并不是锻印在机翼上的，而是用红色漆笔写上去的，很有些连体英文单词的感觉。而且 AIIH 这样的字符我并不是第一次见到，之前那张军人合影的照片背面，也写着一模一样的 AIIH 字符。

我的英文虽然很蹩脚，但也认为这肯定是种代号，而并非英文单词，我怀疑这就是日本人的某项行动代号，甚至和“龙魂”有着某种千丝万缕的联系。

龙少此时的注意力似乎不在这上面，他一直在环顾四周，好像在测算着什么。很快，他很肯定地道：“这架侦察机进入的方向和我们进来的方向肯定是一致的，进入后强行迫降才导致了坠落！”

鹰戈随即肯定地道：“是的，这里地方虽然很大，但障碍物不少，总体来讲空间还是不够的，除了直升机以外，任何飞机都没法在这里长时间飞行。按着当时侦察机的速度，开进来没撞墙就已经算不错了！”

三炮道：“那你的意思是前面还堵着一座山？那咱还找个屁的出口啊，根本就是条死路嘛！”

我对他道那倒未必，这是相对而言的，就比如一条窄小的胡同，对汽车来说是死路，对人就不是了，眼下前方对飞机来说是条死路，对人来说可就不一定了。反正我们找不到侦察机飞进来的那个入口，一路向前还有点戏，不然还得乖乖地原路返回。而原路返回这种得不偿失的事情，我想这里是没有人愿意干的。

“不对不对！”风师爷突然道，“刚才打了两发照明弹我都观察四周了，按着我们现在面对的方向，这个洞其实是左右窄，前后宽，就好像也是一条巨大的通道，我借着照明弹的光看到前方仍然是一片虚无，根本什么也看不到，可能距离还很远。”

我还真没注意这茬，不过根据常识，我又有点怀疑了，道：“不太可能是通道吧，建造这样大的通道那得多少人花多长时间啊，南陵不是大唐大汉，恐怕不具备这样的国力吧！”

风师爷这回没有反驳,似乎觉得我说的也有道理,但有一点确实如他所说的那样,照明弹的强光始终未冲破前方的一大片虚无,整个空间真的呈现一种巨型通道的样式。

想到这我不禁又有了种毛骨悚然的感觉,如此大的通道真的仅仅就是为南陵这样的南陲小国的国王所服务的吗?为什么这里呈现出的气势总让人觉得非南陵这样的弱小国度所能驾驭的呢?

我用狼眼手电照了照前方,这只手电是之前那些死去的人的装备,目前在我们装备的所有手电中是穿透力和光度最强的了,有效照射距离能够达到一千五百米。不过即使这样,我还是没看到前方存在障碍物。看来很可能如风师爷所说,这里真的是条巨大的通道,到尽头还有段距离。

前方的石俑尽数倒塌了,一直蔓延到将近百米远的地方,可见飞机迫降时的匆忙,飞行员当时已经无法操控它了,以至于产生如此大的冲击力。不过我看着眼前的情形,又感到了一丝不对劲,接着,我发现鹰戈的表情也变了,显然也感觉到了什么。

“不对!怎么会这样?”鹰戈一把夺过我手中的手电。往前方扫了一圈,接着转头对龙少道,“少爷,我们判断错了,这架飞机进入的方向和我们不同,而是刚好相反,它是从我们对面的方向飞进来的!”

第三十四章　鬼讯号

龙少怔了一下，接着鹰戈只简单地解释了下，几人都明白了，这不过是个很简单的问题，只是我们之前都过于关注这架飞机本身了，关键的问题险些被我们忽略。

按着正常的思路，飞机紧急迫降撞倒这些石俑，再向前滑行百米停滞，最后的状态应该是机头朝向的部分一片凌乱，大量的石俑被撞倒，而身后必定留下百米长的破坏痕迹。但我们现在看到的情况恰恰相反，那道长长的破坏痕迹并不在机尾方向，而是机头朝向的方向。这显然是不合理的，眼下唯一的可能性就是飞机在迫降过程中与石俑撞击，导致机身方向发生了偏移，刚好来了个一百八十度大转弯。这样一来便显而易见了，飞机飞行的方向恰恰与我们前进的方向相反，也就是说，飞机是从我们对面不见边际的黑暗中飞出来的。

众人听了都恍然大悟。这对我们来说应该算是个好消息，因为它暗示着：我们对面的黑暗中存在着一个可供飞机进入的巨大入口！

我们都有些小兴奋，总算没被虫子白咬，误打误撞中总算看到了点希望，只有龙少依旧愁眉不展，仍然不是很释怀的样子。

和他相处了这些天我也算摸到他的脾气了，他是任何事情都闷在心里的人，我总觉得他心思过于缜密了，忧患意识太强，实在搞不懂他这种养尊处优的阔少爷哪来的这种脾气。

这一阵过后，我自感手脚麻木的情况好了不少，全身的肌肉差不多都恢复了知觉,很快我怀念的那种手脚轻盈的感觉又回到自己身上了。不过知觉一恢复,之前被擦伤咬伤的部位也有了感觉,又疼又痒,十分难受。

接下来我们要做的肯定就是沿着石俑阵再往前走,三炮建议再打一发照明弹探探虚实,别走到那儿真是一堵山壁,那就得不偿失了。

我戏道:"你丫的是嫌没被咬够还是虫子进脑子了?发照明弹也可以,那把虫子引诱开、掩护大部分群众撤离的光荣任务可就交给你了!"

三炮想反驳我,可是又找不上词,只得悻悻道:"得得得!逞嘴上功夫我不如兄弟你,但我可是为了咱大伙着想,这地方我瞅着总觉得不对劲,你就说这小鬼子的飞机吧,很可能还有另外的可能性啊。一小鬼子开着侦察机,沿着和我们一样的方向飞,突然他发现了什么,赶紧掉转机头逃跑,结果运气不好直接栽下去'玉碎'了。"三炮边说边用手比划着,这回倒不显得戏谑。

他似乎怕我们不相信,强调道:"兄弟我可不是吓唬诸位啊,真得考虑这种可能性,保不准这一团黑里头真有什么古怪,这小鬼子连慌带吓地掉转机头就出了事!"

他的话我倒没觉得是危言耸听,但眼下我也不想和他争辩,这种可能性即便有,也改变不了什么结果,我们下一步还是要往那方向去的,这是必然的,小心自然是应该的,但没必要给自己制造心理压力。

在做了短暂的最后准备后,众人的身体都恢复了,我们越过那些残碎的石俑,抬脚开始往前趟。

刚走没多少步,突然一阵"扑哧扑哧"的声响从身后传来,这突然的一下把我们都吓了一跳,转过身握着家伙警觉地寻找着声源。

我以为又是那种怪虫出来了,四周一看却发现什么光点也没有,再听那声音感觉和那虫子发出的声音并不一样,当下心里就毛了。

那声音断断续续的,在这样静谧的环境中显得格外清晰,这种感觉就像是走在墓地中,有一个看不到的人在你耳边窃窃私语一般。直让人头皮发麻。而我仔细辨听了一下,越加感到那声音像是人发出的了,声音显得很沙哑,内容也模糊不清,听起来像是有人在呼救。

龙少辨听了下,脸色突然一变道:“好像是人发出的声音,奇怪,怎么……怎么会这样?”

我看龙少面色不大对头,已经有了种不好的预感,急问道:“怎么……怎么了?哪样了?”

“这人在向我们呼救!不过,他居然说的是日语!”

我们听到这不由得都倒吸了一口凉气,立即把目光凝聚到了那架龙魂侦察机所在的方向。再一辨听,果然没错,声音正是从那个方向传来的。

我脑门一热,第一反应就是见鬼了,那声音原本就很诡异,听起来就跟叫魂一样,而且是从几十年前一架几乎被烧成灰烬的日本侦察机上传来的,内容居然还是用日语求救,这情形谁碰上也保准被吓掉魂儿。

“不会吧?小鬼子的话我不懂,不过叽里呱啦的倒有点像鬼叫,龙少爷你没听错吧?”三炮不自然地擦了擦额头上的汗,悚声问道。

鹰戈接过道:“是日本话没错,不过听起来有点怪,不像是人发出来的!”

三炮道:“不是人话就是鬼话了,这时候你别再强调这个了!”

鹰戈道:“我不是这个意思,我是说这声音不是人发出的,‘吱吱啦啦’的有干扰,好像是无线电讯号!”

无线电讯号?我一听心道这比人发出声音更邪门,刚才我们也都亲眼看到了,那架龙魂侦察机烧得就剩个壳了,哪来的什么无线电讯号!

情况一时变得异常的诡异,在这种场所碰上这样的事情,实在是对我的一种摧残,此时我双手紧紧握着枪,才勉强让自己不至于过分恐惧。

“摸过去看看!”龙少轻轻打了个手势,我们几人便朝着龙魂侦察机的方向包抄了过去,沿着地面一路搜索,最后集中到龙魂侦察机的四周将它包围了起来,注意力都锁定在了它身上。而那诡异的声响此时更加清晰了,确确实实是来自龙魂侦察机的内部。

鹰戈用枪托将侦察机的驾驶舱座椅残骸敲碎，忽然见一道绿光在座椅的底部悠悠闪烁，就像是一只眼睛一般，它一边闪烁着，一边断断续续地发出之前那种可怖的声音。

鹰戈伸手就将它捞了起来，我们一看到那东西的真面目不由得愕然，这居然是一只 GPS 对讲机。

这对讲机看起来很新、很现代，当即就可以判断出是另外那支队伍中的人丢弃在这儿的。

对讲机内发出的声音也是真实的，的确有一个人发出求救的呼声，这里的信号并不太好，对讲机又受到了损毁，使得那声音听起来有气无力的，像是在痛苦地呻吟一般。

"不会是那小鬼子的鬼魂吧?!"三炮悚声道，"这厮觉得自己死得屈，想骗咱几个中招给他垫背?"

鹰戈道："怎么可能，这东西肯定是那支队伍里的装备，他们试图联系先前那帮人，却不知道他们都已经成了尸体!"

这里只有龙少懂点日语，他点了点头，仔细辨听了那声音，忽然眉头一皱伸手道："不要出声，他好像想说什么话!"

几人见状都闭上了嘴，对讲机内的声音也越来越微弱，我甚至能感觉到他的气息渐弱，灵魂慢慢从他身上抽离出去。

"他说的是危险，四周有危险，然后……"龙少一边说一边环顾四周，接着道，"他在说门，门有危险!"

门？我极度纳闷，跟着也胡乱张望起四周来，这里空旷异常，哪里有什么门的踪影。我不知道那人指的是什么，或许他所说的门并不是真正意义上的实体门。

龙少道："他是在警告后面的这批人，不要试图靠近某个叫'门'的区域，这个人此时肯定就在那个区域内，遇到了什么不测！”龙少说完，用日语对着对讲机喊了一阵，但一直就再没有回话了。

接着他又道：“这种对讲机的可控距离并不大，而且这里的通讯信号不好，但这对讲机里发出的声音还算清楚，所以这人应该就在这附近不远的地方！我们得找到他！”

三炮当即对他道：“有这个必要吗？他都说了有危险，再说现在去救他也赶不上趟了啊，听那声音这人很可能已经捐躯了！”我明白三炮隐含的意思：对待我们队伍里的人，怎么没见龙少你如此上心？

龙少是个聪明人，他显然意识到了三炮话中带刺，于是便道：“我也是为了我们剩下的这些人着想，知道危险而不去探求危险，那不是等着中招吗？在这种地方，靠躲是躲不掉的！”龙少的话说得更绝，意思是咱们没有选择，明知山有虎也得向着虎山行！

我们将那架龙魂侦察机上下都搜了个遍，再无异常发现，我们随即再度折回，向着可能出现异常的地方小心翼翼地搜索。我们搜索的并不是某个地方，而是在搜索危险，我不知道那个人所说的“门”具体指代什么，而这种感觉就像在趟地雷阵一样，整个人的神经绷得极紧，乃至到了一触即断的程度。

一路往前足足探了有百米的样子，突然，对讲机里又出现了嘈杂的信号干扰声，“吱吱”一片不绝于耳，随后，风师爷指着前方道：“找到了，在那里！”

我们循声望去，果然见前方躺着几个人，可能已经成了尸体，其中一人手里紧紧握着对讲机靠在嘴边，对讲机里不时地还传出一阵嘈杂声。

看到此景，我们不敢轻举妄动。向四周扫了几眼，一时也没发现有什么异常，这才小心翼翼地摸上前。不出所料，其中几人的身子都已经僵硬，早已经死去多时了，从衣着上看，他们和之前我们看到的那些死者应该是同一帮人。

不同的是，这些人的身上大多没有什么伤口，即使有也不是致命的，但这些人浑身僵挺，毛发和衣物上还有烧焦的痕迹，皮肤也呈现出紫黑色的淤斑，但这些并非尸斑,而是高温侵袭所造成的。

“咦!”风师爷一探那些人的鼻息,看到这些异状立即道,“不可能的啊,怎么会出现这样的情形?”

他这一说我也感到了不妙,当即问他怎么回事,怎么不可能了,死人还有什么不可能的?

风师爷道:“这些尸体看似完好无损,其实致命伤不在表面,他们的内脏肯定受到了毁灭性的损伤,从尸体表面这些痕迹看,他们是被电击致死的!”

第三十五章 天门

“电击?”听到这我也是一头雾水,试探着问道,“这怎么可能,你肯定不是烧伤致死吗?”

风师爷道:“当然不是了,虽然电击也算烧伤致死,但它的主要攻击范围是人体的内脏器官,并非人的体表部位,这些人烧伤致死是不可能的,除非是传说中的人体内脏自燃!”

这样的事实着实让人郁闷了,这荒山野岭的古墓中,哪来的电击?在这种地方,出现任何死法其实都不奇怪,但这样的死法就显得太另类了,甚至让人感到有些诡异,我虽然听说南陵有着相对较高的文明,但可能高到这种程度吗?几百年前的南陵先民们就在古墓中搞电网防护?

三炮随即道:“别扯淡了,哪来的什么电击,怕是被雷劈的吧!”

风师爷当即道:“你才扯淡呢,这里是山体内部,都能赶上超级防空洞了,雷再劈也劈不到这里,而且哪那么巧刚好劈中他们几个。”

“那就是有人暗中使坏了,用电棍偷袭他们!”三炮开始发挥他的想象力,胡扯八道起来,不过自然没有人把他的胡猜乱想当一回事。

很快,鹰戈的发现打断了我们的猜测:“这个人还有气!”

我们一听还有幸存者,当即又围了上去,果然见一块巨大的岩石后面还藏着一个人,也不知道是借助了岩石的掩护还是怎么的,从表面上看,这个人的伤势比其他人要轻很多,此刻仅仅是昏迷而不至死。而等我看到那人的脸时吃了一惊,这不是之前在船上害我们的那个叫胜男的女子吗?

我仔细一看,果然没错,她换了一身装束,齐耳的短发也束到脑后扎了起来。我们这几条命险些就撂在这女人身上,所以对于她的记忆可谓刻骨铭心,是不可能认错的。

风师爷眉头一皱道:“是那个女人!”龙少点了点头,随即转脸对风师爷问道:“还有救吗?”

我明白龙少的意思,对方的这些人知道的比我们多,眼下不是计较个人恩怨的时候,现在这种情况下,有她比没有她好。

风师爷探了探她的脉搏,随即回道:“她没有生命危险,可能遭受的电击力度比较小,只造成了短暂休克,不至于要了她的命!”

三炮当即道:“那赶紧抢救啊,对了,需要做人工呼吸什么的吗?”

“她是触电,不是溺了水,你是不是还打算给人做胸腔挤压啊?”我哭笑不得地对三炮说道,心道你小子想动什么坏脑筋。

风师爷象征性地对胜男做了些抢救,再灌了一些水给她喝,随后说她受到电力的重击,需要一段时间才能恢复,不过问题不大,没多久应该会自己醒过来。

我们听到这都稍稍放下心来,风师爷提醒我们不要四处乱走动,这些人肯定就是在这附近中招的,我们要避免重蹈覆辙。我四周望了望,发现除了虚无的黑暗外,就是山壁的岩石,看样子这些岩石还比较干燥,按理说这样的环境是不太可能触电的,因为根本没有可供电流通过的导体。

我们自到了这个地方后,手中的枪都感觉有些异样,止不住地无故晃动起来,风师爷拿出罗盘一看,当即断定这里存在很大的磁场,我们此时已经深受这些地磁的影响了。

出现了强大的磁场,发生触电事件便稍微有了点合理解释,毕竟电磁本为一家,可以相互转换和影响。

但要说产生足够打死人的电流,所需要的条件是十分苛刻的,不太可能是偶然因素。想到这我不由得又额头冒汗了,南陵人居然懂得如此复杂的原理,其诡异程度由此可见一斑。不过,我始终不太相信这一切是几百年前一个蛮荒国度所能拥有的。

我们现在所在的地方三面是虚无的黑暗,只有一面是高耸的岩壁,看不到边际,没法知道到底有多大,我疑心所谓的出口会不会就在这附近,毕竟这里有飞机出没,如果有出口,自然不会太小。

龙少道:“那架龙魂侦察机的坠毁肯定是这里的地磁造成的,在如此大的磁场影响下,飞机上的一切仪器包括钢铁的机体都可能受到影响,失控几乎是必然的!”

如果这样的说法成立的话,之前那架龙魂侦察机的确是向着我们的前方飞行的,但突如其来的某种变故使得它迅速地改变了方向,但还是未能摆脱强大地磁的影响力。

再按着这进一步推理,不难得出这样的结论:前方的虚无空间是很广阔的,飞机都可以高速自由地穿行,甚至可以说前方根本就没有任何可以下脚的地方,必须借助飞行物才能进入。

想到这,我产生了一股窥视的冲动。但有了先前的教训,照明弹我们不敢用,鹰戈打着了两根冷烟火,用力地向前方甩了过去。

转瞬间,四周被映照得一片通红,仿佛着火了一般,红光的映射中,前方依旧朦胧一片,仿佛在起雾一般。

就在这朦胧的雾气中,隐约可见几个巨大的影子矗立其中,模模糊糊看不清楚,很像我们之前看到的那种擎天柱,我甚至看到了类似大型建筑屋顶上角檐一般的建筑元素,而数根巨柱状物体再配合上顶端的角檐,看起来就像是一座竖立的巨大牌楼。

我还在纳闷,突然鹰戈叫道:“前面的地方是悬空的,都小心不要踩空,这个地方是通着外面的，飞机进来后肯定是想通过这里飞出去！”

我大骇，心道果然被我猜中了，不过麻烦也随之而来了，且不说那诡异的电击从何而来吧，前方是大片的悬空区域，很可能是一望无际的深渊，四周都是笔直的悬崖峭壁，没有任何可供攀爬的地方，没有飞行器物，光靠双手双脚根本就不可能走出去的。

这的确是个让人绝望的现实，我们就算有再大的本事，也不可能对抗强大的地心引力，或是变出一架飞机来，眼下的情形让我们一筹莫展。

风师爷道：“这里又出现这么深的深渊，确实有些不正常，还有这种巨大的牌楼……总不会这里是通往主墓室的神道吧？”

风师爷在猜测，我们却无法相信。按着这样的猜测，前方的这种牌楼肯定不止一个，一直向前共会出现四道。而我们看到的那个是第一道，被称做“天门”，之前对讲机里的人所说的门应该就是这里，天门是送葬的队伍最终到达的地方，也是他们生命的最终归宿。而石俑阵也是到此就结束了，恰恰也能说明这一点。

但这又显得异常怪异，再往前便是万丈深渊，别说天门了，随便碰见个什么门，队伍都得戛然而止，毕竟总不能飞着去送葬吧。难道南陵王如此神通广大，料定了这条路是盗墓者必走的路线，有意设置这样无法逾越的障碍让盗墓者望而止步吗？

面对这种进退两难的局面，没有人能拿得出主意，风师爷建议等那女的醒来再说，但愿他们那些人的性命没自牺牲，能给我们提供点什么。

龙少表示同意，我们不知道这批人是否已经全军覆没，如果那个叫胜男的女子是唯一的幸存者的话，事情就好办得多了。如果不是，我还真怕她以这种方式再次混入我们内部搞破坏，毕竟我们已经吃过她一次大亏，警惕性自然高，有点一朝被蛇咬十年怕井绳的感觉。

我们就地耐心等待，龙少端坐在另一旁，拿出了之前的那张照片，又细看起来。而此时他的眼神中已经有了一丝异样,很明显照片中的某些地方使他感到异样。

他盯着照片看了一会儿,一转脸发现我在盯着他,随后他便凑过来,把照片递到我眼前,指着上面的一个人道:“你认不认识这个人?”

第三十六章　恐怖的梦境

这问题问得我一头雾水，我当即摇头道："这些都是几十年前的面孔，我和他们八竿子也打不上，所谓认识从何谈起？"说话间我还特地仔细看了看他指给我看的那个面孔，除了看出他是个老外，长得有点像贝克汉姆外，没有任何的熟悉感，毋庸置疑，我肯定和这个人没有任何的交集。

龙少有点纳闷地盯了我一会儿，似乎还不相信我所说的话，接着他又道："你确定？确定不认识这个人？一点印象也没有？"

我苦笑道："你是不是还得让我对天发誓啊？说实话，除了你，这么多年来我还从没和老外打过交道，你说这几十年前的一个军人，我从哪儿对他产生印象？"

龙少笑了笑道："好，我相信你，看来你真的还是一无所知啊！其实我也一样，很多东西追求了很多年，到头来还是一无所获，也不知道有没有个结果！"

我一听这话中有话，心道这算什么个意思，突然间怎么又玩起深沉了。我看了看龙少，又望了望照片上那个被我刮掉脸孑 L的人，心里的异样感也陡然升起了，当下对龙少问道："反正我一眼望去，这就是张普通的照片，难道这照片里还有什么玄机？"

话虽然这么说，但我心里是明白的，普通的照片不会出现在这里，不会出现这样的异样情形，也不会让龙少用照片上的某个人物来试探我。

龙少道："照片是普通的，但照片上的人物不普通，他们可不是单纯的驻缅英军,你知道这是一支什么样的队伍吗?”

难道是……龙少这种带提示的提问,不由得让我想起了阿东所说的天机营,难道这是一支现代天机营,也来这里执行某种任务?天机营、日本人、英国人,以及现在的我们,究竟是什么东西吸引了这么多的人来这里?

我指着之前龙少指给我辨认的那个人问道:“这个人是谁?怎么你会怀疑我认识一个几十年前的人?”

龙少淡淡地一笑,略带神秘地道:“这个人,可以说是一切的起点,是非曲直其实都是从这个人而起的,包括我这些年的追寻在内!”

“哦?”我颇感惊愕,仿佛一下子掉进了一个巨大的泥潭里,即便努力挣扎也找不到脱离困境的方法,只能深陷其中,而且会越陷越深。

龙少道:“此人名叫伊涅塔·贝莱德,英籍犹太人,是著名的超自然学家!”龙少一边说一边将那张照片收起,坐到了我的身边,显然打算和我详细聊聊这个神秘人物。

其实,超自然学实在是一门难登大雅之堂的学科,甚至根本就不能算是堂而皇之的一门学科。毕竟它所研究的东西,和主流无神论是相背离的。

所以,这个人在科学史上非常的冷僻,有关他的资料很少,如果不是和他研究的东西挂上钩的话,根本就不会知道这个人,但这个人在超自然学上的贡献却是极其巨大的,他的很多理论都是超前的。

正因为这样,所以很长一段时间内,他的研究被认为是伪科学,他本人也被人骂做“狂热的精神障碍者”。直到冷战后期,他的理论才被一些人接受,一度还掀起了一股超自然学狂潮,当时甚至有人将其抬到了爱因斯坦那样的高度。

我素知科学史上有不少奇人怪人和天才,听龙少的介绍,伊涅塔·贝莱德应该也属于其中之一,而我的确对这个人一无所知,实在想不通龙少怎么会因为这个人来到南陵,而我和这一切到底又有何瓜葛。

我只知道龙少好这一口,在这方面不遗余力,曾千方百计花高价搜索收集一些冷僻偏门的东西来研究，而除了他自己，相信没有人知道他到底在研究什么，我甚至把他当成一个受伪科学毒害的青年。

如果仅仅是这样，我倒可以从容许多，关键是七号公馆里的那一切对我的冲击太大了，诡异人脸、消失的录像带……而每每想到这我都会从心底升起一股巨大的恐惧。活生生的我，其实多年来一直是别人的研究对象。而一件东西如果有巨大的研究价值，往往也意味着它有着令人不寒而栗的恐怖之处。

龙少见我有些走神，有意咳嗽了两声，我这才缓过神来，不好意思地朝他笑了笑，问道："那你又是怎样和这个人产生联系的呢，为什么你说你这些年的一切追寻都是因为这个人？"

龙少淡淡地笑了笑，看起来颇有深意，他道："说起来没有人会相信的，包括你在内，我说是因为一个梦。你肯定也会觉得荒谬吧？"

"因为一个梦？"我不解地望着龙少，此时他的笑容已经收敛，面色变得凝重起来，我相信如果真的是因为一个梦的话，那肯定也是一个噩梦！

龙少将目光从我身上移到了前方，眼神变得有些迷离起来。我很理解回忆噩梦的过程，那的确是令人恐惧的。

"无数次在梦中，我都被黑暗包围着，黑暗中一群不知名的东西在追着我跑，好像在驱赶我，而我就这样被驱赶进一个巨大的山洞里。那山洞特别的大，没有出口没有入口，就好像我是通过空间扭曲进去的一样。山洞里也是一片黑暗，我只看到一个巨大的像塔一样的东西矗立在洞中，那塔十分的高大，分成很多阶，像金字塔一样一直往上累积，而且每一个阶梯上都摆满了石棺！"

我听到龙少的描述，不由得一阵惊愕，一种熟悉感直让我感到窒息，这分明就是我跟踪阿东所看到的那种抬尸千棺塔！

龙少并没有注意到我的异样，继续说道："塔上的石棺排布得十分紧密，好像是某种集体的葬制一般。每一次在梦中看到这座千棺塔，我都不由自主地往上爬，一直爬到塔顶，那里有一口极其奇特的棺材，那棺材非常的绚丽，而且非常的新,周身金黄泛光,就像是刚刚才用黄金打造的一样。而我每一次都毫无例外地控制不住地启开了它,往里面看时却什么也看不到,那棺内仿佛就是一片虚无,像是一个无底的深渊,无论我怎么看就是看不到它内部的情形。而每次我打开那口棺材时,下面所有的棺材都会启开,里面的东西都爬了出来,我想任何人都不可能想象得到,那些棺材里爬出来的是什么!"

龙少说到这,又把目光转向了我,显然他所说的任何人肯定也包括我在内。而龙少一向都是个话很少的人,印象中这还是他头一回一次性和我说这么多的话,而且内容居然不过是一场诡异的怪梦,我虽然觉得荒诞,但龙少最后的那句话,还是让我止不住感到毛骨悚然!

那里面能爬出来什么?大不了就是僵尸恶鬼呗!我心里这样想着,却还是有种不舒服的感觉,因为以龙少的性格,他不会用如此慎重的语气仅仅来和我研究一场荒诞的梦境。

"爬出来什么?"我悚声问道。

龙少苦笑了一声,这才道:"我说过了,谁都不可能想象得到的,你敢相信吗?那些棺材里爬出来的,竟然全部都是我!"龙少说到"我"字时特意抬高了声音,一边还用大拇指指了指自己的鼻尖。

"全都是你?"龙少说出来后,我当即头皮一热,几乎就打了个哆嗦。看到无数和自己相同的人其实是很恐怖的,更骇人的是这些"自己"居然还是从一座奇特的塔状物上堆积的棺材里爬出来的。不用再作过多的描述,此刻我所产生的恐惧感,就足可以和龙少产生共鸣了。

"虽说那只是梦境,但逼真得能把人逼疯,普通人真的很难想象出那样的恐怖,那些'我'就这样盯着我看,好像我本人是他们眼中的一个异类。而随后,他们都会举着自己的左手,缓缓地爬着向我靠近,好像示意我去看他们的左手,而我同样是无论怎么看都看不见,每次到了这里梦就会醒,再周而复始,这样的梦境事先没有任何的征兆,就这样突然而至,无休止地折磨着我!"

我看着龙少的脸上现出了一丝痛楚,心道没想到你这样养尊处优的阔少爷也遭受着如此巨大的痛苦,换成是谁也非得被整得精神分裂不可。

我对他道:“再可怕也不过是噩梦而已,你没必要这么在乎的。”

说实话,我这话说得比较违心,而龙少似乎还不知道梦中的那座千棺塔其实确有其物。

龙少又是一声苦笑道:“噩梦是会被时间洗刷掉的,但可怕的是每次我准备忘记它的时候,它又会不期而至,似乎我永远都别想摆脱得了它,再这样子下去我迟早会被逼疯的。于是,我开始怀疑一定是我某些地方出了问题,我花了极大的代价四处找寻,浪费了很多人力财力,最后,我终于找到了问题的突破口!”

第三十七章　伊贝函数

龙少接下来的叙述，着实让我吃惊，我自认为是坚定的科学主义者，坚决反对伪科学，但龙少所说的一切直接让我产生了动摇，我开始相信，这个充满奇迹的世界上，的确有诸多的不可思议存在，现在有，以后也一直会有。

龙少所谓的突破口完全是用金钱砸出来的，这些年，他动用了巨大的财力，收集了大量的资料，而被他称做突破口的，正是那位伊涅塔·贝莱德的研究理论。

而伊涅塔·贝莱德研究的起源则是一份古老的残卷，古卷是装在一只铁质的匣子里面的，龙少曾试图收购，但没有成功，根据龙少的考证，那只装古卷的铁匣子最初来源于缅甸阿瓦城。

明朝后期，国势渐衰，1527年，云南边界地区发生了三土司叛乱，叛军三分阿瓦城，残害僧侣，毁佛塔，而这只铁匣子就是在一座地下佛塔中被发现的。这座佛塔是非常神圣的地方，常用来举行大型的祭祀活动，所以这件东西引起了当时某些人的注意，有人甚至还知道这种特殊铁匣的用途，但却无人可以破解铁匣内古卷上的文字，他们都称铁匣为“天锁”，意为锁住天机的意思，而古卷则被他们称为“天书”，最后它们被保存在缅北的瑞珊陶宝塔中。

这两件东西就在宝塔中静静地躺了数百年，直到二战的来临，才打破了这种平静。日军在占领缅甸后，进行了疯狂的资源掠夺，大量的佛经、佛像等物也成了掠夺的对象，这只铁匣便又到了日本人手里。

直到盟军在缅甸战场上获得了最终的胜利,这件东西才被驻缅的英军当成战利品缴获。值得一提的是,同时缴获的还有大量的文献研究资料,日本人对这些东西进行了大量的研究,并且还破译出了古卷中的不少内容。这些资料被送回英国国内后不久,以伊涅塔·贝莱德为首的研究组便来到了缅甸,进入了南陵古城的遗址进行了大规模的考察。

在科学界来说,伊涅塔·贝莱德平生最大最成功的研究成果正是在这以后诞生的,但不久以后,这个人便从公众的视野中神秘消失了,只留下他的伟大理论和诸多的世界级难题。

有理由相信,伊涅塔·贝莱德的理论很可能来自对那份古卷的破解,但因为种种原因,他的系列理论并没有像爱因斯坦相对论那样得到公认和普及,他的伟大发现甚至连名字也没有,只有少数人将其称做。伊贝函数”。

龙少正是从伊贝函数中找到了问题的突破口,但这种理论非常的复杂,并不容易让人接受,所以龙少也就没有和我具体说究竟是什么理论。

但龙少还是强调了一点,他对我道:“和其他的科学一样,伊贝函数里也存在概率说,一种事件出现了多次的重叠反复,它的性质便由偶然变成必然了。所以我身上出现那些恐怖的梦境其实是必然的,这是一种前世感应!”

“前世感应?这怎么可能!你的意思是你之所以看到那些,是因为你拥有对前世的记忆?”我诧异地望着龙少,一时还没法相信他所说的这个,我始终认为所谓的前世根本就是无稽之谈,连伪科学也算不上。

龙少显然已经料到我不会相信的,他笑了笑道:“虽然这听起来很荒谬,但根据伊贝函数的理论,这一切其实也是成立的,如果要归类的话,它可能会被纳入遗传学的范畴,遗传你总该相信吧!”

“可是这的确很不可思议啊,真的很难想象,记忆居然也可以作为遗传的基因!”我大惊失色,顷刻间仿佛已经意识到了什么。

龙少道:“我认为是这样的,我始终认为我的先辈们经历了某些不可思议的事情，从而才导致了我拥有了他们的记忆碎片，但仅仅是碎片，要把它们拼接起来是很难的，这种遗传肯定不是尽善尽美的，中途肯定出了某些严重的差错！”

如果真的是这样的话，龙少身上的这种怪现象又是什么原因引起的呢？外因还是内因？其实这很可能和古代的长生术有关，难道龙少的祖上是服用某些所谓的丹药才导致这样的结果吗？或许和那种被称做“龙魂”的东西有关？

我还在那儿纳闷，龙少这时突然停止了说话，鹰戈在那边有了动静，对着我们所在的方向道：“少爷，那女的醒了！”

我们见状立即就凑了上去，那名叫胜男的女子已经醒了过来，她原本还睡眼惺忪，似乎还不大清醒，但一看到我们当即吓了一跳，显得十分惊讶和恐惧。

三炮当即象征性地虚晃着扇了她两个耳光，坏笑着道：“天意啊天意，哥儿几个可不是什么好东西，今天栽在我们手上算你倒霉了，我说哥儿几个，要不要先来个泄愤游戏？咱有仇的报仇有冤的报冤。”

鹰戈道：“我们对待俘虏的政策一向都是宽大的，从来不乘人之危，落井下石。不过，这只对听话的人！”一边说一边晃了晃手中的枪。

我们这些人之前都吃过这女子的大亏，连命都险些送在她手里，现在她落到了我们手里，还搞到如此狼狈的地步，也算是让我们出口恶气了。

龙少阻止住他们的行径，我对他们道要保持绅士风度，几个大男人欺负一个弱质女流，南陵王看见了只怕也会抱打不平。

三炮道：“她还算是弱质女流？女人要都像她这样世界我别想和平了，放心吧，哥们儿我吓唬吓唬她而已！”

胜男此时显得很虚弱，现在听到他们的话居然也没多大反应，风师爷迅速灌了一些水给她喝，她才慢慢缓过来。

胜男被呛得咳嗽了两声，这才轻声对我们道：“错了！错了！”说着她环顾了下四周，看到地上那些尸体时，她的脸色也黯然起来。

三炮凑上去道:“现在知道错了?后悔还来得及,刚才大个子的俘虏政策你也听到了,坦自从宽,抗拒咔嚓!”

龙少伸手示意他打住,对胜男问道:“你们遇到了什么,怎么会触电的?”

胜男回道:“你们为什么要救我?”言罢眼中还带着一丝警惕和戒备,这是她一贯的眼神。

龙少淡淡地道:“我们不救你,你只能死在这儿,就和他们一样!”龙少边说边指了指地上那些尸体:“他们都是触电身亡,相信你们的人已经全军覆没了,你现在已经没有别的选择了!”

胜男听了这话,脸色才慢慢恢复了正常,不一会儿即道:“我们好像犯了什么错误,莫名其妙地被电击伤,直到现在我也不知道怎么回事,好像根本就不能从这道门里穿过。”

三炮哈哈一笑道:“当然是犯错误了,还好雷公也懂得怜香惜玉,不然你现在早被南陵王收了当丫鬟了!”

胜男只没好气地瞪了三炮一眼,眼下也没有多余的气力和他较劲,随即道:“你们如果要走最好小心一点,这里非常的古怪,我们这些人根本就不知道到底是怎么中招的!”

鹰戈听了举起枪道:“要不我再去趟趟?这地方再古怪我们还得靠两只脚去走啊,总不能坐在这里干等吧!”

风师爷阻止道这万万不可,这地方的危险是潜伏的,而且是古怪的电流,和其他东西不同,你身手再好枪法再精湛也白搭。

可鹰戈不理他这套,端着大枪朝着巨门内就是一阵扫射,接着举起枪小心地往巨门的方向靠近。虽然这符合他趟雷先锋的本色,但此刻也着实让我为他捏了一把汗,几乎就准备看着他光荣触电了。

等了好久,却见鹰戈安然无恙,我不禁大奇,心里暗自钦羡这厮的运气当真好,趟雷这种任务他干得多了,每次都没见他遇到实质性的危险。

“没什么状况，都是自己吓自己，不过你们小心脚下，这里的地面不平坦，千万要小心滑下去。”

我们一看鹰戈毛也没少一根，都准备凑过去。胜男此时体质很虚弱，连走路似乎都费劲，必须得有人背着她走，而眼下几人都不同程度地受了伤，就我的情况还好点，这任务自然落到我身上，好在龙少此时也没什么架子，对我道走一阵他再替换我。

几人小心翼翼地穿过那道天门，当下也顾不上冲撞犯煞什么的了，直接连探带摸地就进去了，而往前一看，我才明白鹰戈所说的小心是什么意思了。

这里的崖壁更为陡峭，虽说也有那种可供攀援的铁链，但问题要严重得多，因为这崖壁上根本没有栈道，而且还光滑异常，连个下脚的地方也没有。要走过去只有一种可能，就是攀着铁链往前一直爬到终点，这根本就是不可能完成的事情。

“妈的！怎么办？连个路都没有！”三炮叫骂道，“这帮人纯粹偷工减料嘛，怎么连下脚的地方都被卸了！要咱们飞过去吗?!”

我看到这令人绝望的一幕当即也发了愁，鹰戈接过道：“看来还是小鬼子事做得绝，直接开侦察机来，这条道看样子还不会近！”

鹰戈说的是显而易见的，飞机能在这里飞行，距离自然不会短，我们仅凭两只手想爬过去，简直就是异想天开。

风师爷道：“不可能的啊，如果真是这样，那入葬者怎么被送人主墓室？他们的情况和我们是完全相同的，总不可能他们能飞过去吧！”

这时，我背上的胜男开口了，她肯定地道：“这里有暗道，必须要找到暗道才能过去！”

我转头问道你怎么这么清楚？胜男没好气地回道：“你们爱信不信，不要以为你们现在在帮我，如果没有我的帮助，你认为你们可能找到‘龙魂’吗?”

龙魂，听到这个词我一怔，心道这帮人的目的果然在此。鹰戈当即道：“你最好不要耍花招,暗道在哪儿?”

鹰戈的态度似乎很不好,我怕这样逼问效果会适得其反,便转头对胜男道:“你也别跟他一般见识了,现在咱俩都绑一起了,还能把你怎么样?现在咱们的目的是一致的,也没必要作无关的争执。”

胜男虽然性格执拗,但似乎觉得我说的有道理,也就没作争执,直接对我道:“记号,有人在这里留下过记号,顺着记号就能找到!”

有人来过?我颇感诧异,当下顾不上多问,随即就向众人转达了这个意思。但我也是心存疑虑的,心里想着这么大的区域,要找个小小的记号还真有些难度。

岂料没过一会儿,鹰戈便道有发现。他的效率就是高,我们都没想到他能这么快,我们顺着他指向的方向一看,在不远处的一处陡壁上,果然有一个记号,是几个英文字母:AIIH。

第三十八章　天堑鬼城

记号在距离我们十多米远的崖壁上，因为字体比较大，才被我们发现，我不明白什么人在崖壁上做的记号，更关键的是为什么又是这几个字母的组合。要知道这几个字母组合在那张照片背面和那架龙魂侦察机上都出现过。

龙少他们也感觉到了异常，鹰戈道："难道是标示飞机飞行路径的？照这记号的大小，目的就是要很容易被人发现。"

"那和暗道有什么关系？"风师爷转过脸又对胜男问道，"记号和暗道有什么关系？是不是顺着记号找就能找到暗道？"

胜男没有直接回答，语气中略带着讥讽道："我不清楚啊，你们试试不就知道了！"

鹰戈见状又要发怒，被龙少伸手示意制止住，龙少道："我们遇到很多这种情况了，没有更多的选择留给我们，顺着记号找吧！"

话是这么说，可做起来就不是那么回事了，这里的路根本就没有下脚的地方，全凭臂力攀爬。

考虑到这是个高难度动作，胜男还是选择了下来自己走，不知道是不是在我身上没有安全感。

好在这样难走的路并不长，等走到那记号的位置时，铁链便由一条变成了多条，我们可以用脚踩着铁链前进，虽说也困难，但比之前连个下脚之地都没有的境况好了不少。

没走多久，铁链更加密集了，十几根铁链并排排列着，在崖壁之间形成了一道长长的铁索桥。

只不过这铁索桥不是横向的，而是纵向的，一直延伸到前方看不见的地方。而每隔一段距离，都会有横向的几根铁链将这些长索固定在两边的崖壁上。

这铁索桥踩上去颤巍巍的，走在上面风一吹便两边倒，一个劲地晃，我不由得想起了大渡河的泸定桥。不同的是泸定桥下面是汹涌的大渡河激流，而我们现在脚下是无底的深渊，甚至可能就是传说中的地狱。

这样的桥走起来实在费劲，我们每走一段就得攀住铁链休息。就在这时，突然一阵古怪的声响从我们脚下的深渊漫了上来，声音不算大，却相当的浑厚，轰轰隆隆感觉就像是地震来临了一般，直让人感觉浑身发麻。

我靠！咱这不是在火山口吧？要碰上了火山喷发，那可就光荣了。不过我也知道这不大可能，于是还是好奇地望了望脚下的方向。

这一望直接将我吓得心都跳出了嗓子眼，握着铁链的手险些滑脱，险些就从这崖上坠了下去。

底下原本是漆黑一片的，此时变得灯火通明，无数星火四处游移着，笼罩在一层雾气之中，虚无飘渺，那感觉就像是在飞机上俯瞰一座夜色中的城市。更离奇的是，借着深渊里朦胧的灯火，隐约可见一道道长线沿着这裂谷一直向前延伸，而每隔一段都会有一个高耸的柱状物，连结着这些长线，这玩意儿，怎么看都感觉像是一根根架设的高压电线，我不由得想起了胜男他们那帮人诡异的触电经历。

这底下有人居住！我突然蹦出了这样一个奇怪的想法，虽然这似乎很荒谬，但在见识了南陵的种种诡异后，对任何诡异的事情我都已经不会抵制了。我相信我绝对不是个例，任何人在这里折腾一回，什么事都会相信了。

“这怎么回事？怎么这底下……”鹰戈一时也诧异得说不出话来，眉头紧皱，即使他见惯了枪林弹雨，但这样的情形还是让他的心理防线遭受着巨大的冲击。

“看起来像是座城市啊,神迹!神迹!”风师爷不住地赞道。

城市?怎么可能!这底下怎么会有城市,那会是什么城市?地狱的枉死城吗?我想起了南陵的种种传说,眼下这幅灯火通明的景象非但不能使我感到万家灯火的温暖,反倒有种后脊梁冒冷汗的感觉。所有人此时都呆在了原地不敢再动弹,生怕惊动了底下的什么东西似的。

“会不会是什么废弃的秘密基地?”我试探地说出了自己的猜测,毕竟这种地方人迹罕至,是搞些秘密研究之类的首选场所,搞不好就是当年日本人遗留下来的东西,虽然这么多年过去了,里面还有些残存的电力,电压大到电死人不成问题。

三炮这回倒来反驳我了,“就算是,那底下现在都是些什么人啊?就算是日本人,放到现在早成了魂儿了,怎么这基地的保质期还这么长?”

他这一反驳我也没辙了,毕竟我也仅仅是猜测,没法和他去理论,只是因为这里出现了日本战机,才信口胡猜而已,以我的性格,看到这样的场景,有些乱七八糟的猜测完全正常。

风师爷眉头紧皱道:“好像有些不妙啊,按常理这底下空气稀薄,不可能有人生存的,可这又是怎么回事?难道……”

“难道底下生活着一群鬼?或者说是不同予我们人类生存状态的东西,并且也拥有高度的文明?”我接过风师爷的话,一口气说了几种可能,虽然还是猜测,但这已经是最大的可能性了。

胜男听到我们的讨论。突然道:“你们是真不知道还是假不知道?”

我们听她这话问得奇怪,立即把目光都转向了她。几乎是异口同声地问道:“知道什么?”

胜男以极其诧异的目光在我们的脸上扫了一圈,确定我们真的一无所知,当下略带轻蔑地道:“我真搞不懂你们,什么都不知道在这里瞎碰?你们嫌自己的命长吗?”

我心道正因为什么都不知道,才来这里追寻答案的嘛。龙少见胜男似乎知道些什么,急问道:“你指的是什么,你知道些什么?”

胜男道:“这底下就是南陵传说中的‘鬼影城’,南陵人的灵魂都寄存在那里,而史料上记载,南陵最神圣的‘龙魂’,就是在鬼影城里发现的!”

“底下是鬼影城,那一直往前到尽头是什么?”龙少继续问。

胜男道:“看来你们真的什么也不知道,能让你们找到这儿,只能说明你们的运气太好了。南陵城的遗址就在我们的顶上,下面就是鬼影城,中间的地方当然是南陵王的陵寝了!传说中南陵王为了便于统治,将国民的肉身和灵魂分开,肉身在上,灵魂在下!”

风师爷笑道:“别开玩笑了姑娘,你还真当我们好糊弄了?你说前面是南陵王的陵寝我同意,别的我可是完全当耳边过的风了,只怕你自己也不相信吧,现在却来误导我们!”

胜男听罢“哼”了一声,便不再说话。龙少紧接着道:“我想可能是这样的,这里的裂谷,其实和我们之前走的有栈道的裂谷是相连的!”

三炮道:“这不可能吧,那我们怎么走到这儿的?我们可是一路上绕了不少弯,顺着那石俑阵才摸到这儿的,难道我们摘了半天还在原地打转?”

我当即有些明白了,试探着道:“难道,这个裂谷是环形的?我们现在其实还处在那裂谷的范围?”

龙少点头道:“我是这样认为的,因为除了这种特殊地形外,飞机很难在这样的裂谷中顺利执行飞行任务。裂谷可能就是环形的,只不过我们走到了另一边而已,如果沿着这里一直走,很可能就回到我们出发的原点了。”

如果这样的推断是真的,那我们之前那罪可就纯属白受了,直接爬到顶端围着裂谷绕一圈多好,既省时又省力,还有安全保障。

可这底下又算怎么回事?我们知道这裂谷底下可是蜈蚣窝啊,那鬼影城里到底是些什么东西？难道是一群和蜈蚣生活在一起的……

正百思不得其解，我感到铁链震荡了几下，不经意间一抬眼，突然看到几个模糊的人影正从崖壁上往上爬，此时已经爬到了我们所在的铁链上。

“什么人？”我止不住惊叫出了声，我们的人的注意力立即被我吸引了过来，把手中的家伙都亮了出来，像看见怪物一样警惕。说实话在这里看到什么都不可怕，反倒是看到人更让我们感到不可思议，难道他们就是这底下城池里的居民？没事爬这上面来干什么，遛弯儿吗？

对方这才发现我们，同时也表现出了警觉，立即就与我们对峙起来，我再一看才发现不对，因为这些人的手里居然也拿着和我们相同的家伙，而且身上所着的衣物看起来还有些面熟。

眼看着就有点要火拼的架势了，这时候胜男忽然站起身，面露喜色对着对方打了个手势，接着一挥手对我们道：“别一惊一乍的，是我们的人！”

三炮惊道：“你们的人？不是全捐躯了吗，怎么这儿还有残余部队？”

胜男道：“我们分批进来的，而我们那批在天门那里出了事，我没想到先进来的一批人竟然还活着！”

三炮一听开玩笑道：“好家伙！敢情你在半道设了伏兵啊，幸亏咱这回准备得周全！”

胜男不理他，对着对方又打了几个手势，对方这才放松下来，我们跟着也将举起的枪放下，气氛总算没有那么紧张了。

对方有人用英语开始喊话，似乎是他们的头儿，这边的龙少也用英语回应，两帮人在铁链上晃晃悠悠地连比划带喊话，终于会合到了一块儿。

对方只有三个人，两个老外一个矮个儿黄种人，看样子他们的境况比较惨，头发蓬乱衣冠不整，神情也显得格外沮丧。那个文弱的矮个儿黄种人似乎被吓破了胆，神情呆滞，浑身还不住地打哆嗦，要不是另外两人护着他，只怕直接就抖到这深渊底下了。

一看到他们，胜男的神色也变得黯淡了下来，很明显他们这队人出发的时候绝对不止这几个，眼前的这几个只不过是幸存者而已。

胜男正准备问他们发生了些什么事，突然风师爷脸色铁青地望着下面，紧张地道："都先别说话，下面好像又有情况了！"

第三十九章 人面鬼蝠

听到这话我一怔,当下有了种不祥的预感,一边作戒备状一边低头往下一看。只见底下灯火通明的场景此刻变得混乱了起来,原本密集排列的那些灯火状光点,此时居然像冰雪融化一样化开了,形成了一簇簇的火红色光团。那些光团缓慢地蠕动着,开始膨胀,变得越来越大,很快就蔓延至了整个谷底,就如一片火海。

"怎么回事,鬼影城失火了?"三炮半惊愕半调侃地道,此时我却没心思调侃,这地方不发生变化还好,出现一点异样就足以让人精神失常。

就在这时,我感到耳边突然"呼哧"几声,几道灰色的影子从耳边呼啸而过,带起一阵疾风,险些让我站不稳。我们不约而同地举着手电四处扫视,却什么也看不到,那东西的速度极快,我的视线根本没法捕捉到它。

"什么鬼东西?"鹰戈骂了一声。我们的反应还算小,那两个老外一看这情形,脸色都变了,叽里呱啦尖叫了起来,用手对我们比划了两下,然后攀着铁链没命地开始往崖壁那边爬。

怎么回事,他们都见鬼了吗?疑惑间胜男突然叫道:"还不快跑?这里危险!"此时她的身手恢复了敏捷,顺着铁链的横向索也往崖壁的方向爬,看得出这力量都是逃命激发出来的。我们虽然还稀里糊涂,但也知道有潜在的危险,情形相当不妙,我也顾不上探求到底怎么回事了,掉头就准备跑。

突然,我抓住铁链的手一阵麻痛,像被无数针尖刺到了一般,我硬生生地缩回了手,整个身子都险些被弹了出去。与此同时,三炮骂了一声,脸色变得铁青,瞪大眼睛悚声道:“奶奶的,有电,这些链子上有电!”

我脑门一热,险些没反应过来,不过三炮说的的确没错,刚才的那种怪异感觉的确是电击造成的。

只是让我感到奇怪的是,我们一路都是抓住铁链子过来的,怎么之前没有异常,而现在出现这种事情?难道刚才的异常情况是表明底下合上了电闸吗?

眼前的这些可都是实实在在的铁质物,导电性极强,再想起胜男队伍里那些死于非命的人,我心里就有些发憷了,一时连迈脚都感到十分的不自然。那已经爬到崖壁上的大个子老外见我们还愣在那儿不知所措,一个劲挥手用英语对我们喊道:“快!非常的危险!”

他话刚喊完,四周忽然变得嘈杂一片,伴着一道道灰色的光影,阵阵冷风“嗖嗖”地直往脸上刮,仿佛无数飘落的枯叶打在脸上。就在这时,我感到眼前一花,又一道灰影在我面前蹿过,不过这次它没有疾飞而走,而是直接落在了我对面的风师爷肩膀上。

这距离实在太近了,我刚看到那东西的模样,头皮就跟着一麻。妈的!这是个什么东西?如此近的距离,我只看到对面一双眼睛恶狠狠地瞪着我,那眼睛极其的巨大,足有西瓜大小,眼神也极其恶毒,它停在风师爷身上这样看着我,整个感觉就像风师爷顶着一个巨大的人头。

风师爷可不是个吃素的,他一见情况不妙,当即把左手腾出来,指尖的天龙钩上突然弹出了一把手指长的利刃,他二话不说朝着脑袋上方就是一刀,横着再猛地一撕。那东西发出一声凄厉的惨叫,突然变得十分的巨大,整个身子猛地扩张了几倍,露出了一张人脸。我一看当即就明白了,这他娘的根本就不是人头,这居然是一只巨大的蝙蝠!

这蝙蝠实在太大了,整个躯体足有一个正常人大小,翅膀一张开就像一副小降落伞,诡异的是这蝙蝠居然长着一张惨白的人脸。而我刚才看到的那巨大眼睛，其实是蝙蝠翅膀上的纹饰，搞不懂这东西究竟是怎么形成的。

那灰色人脸怪蝙蝠当下吃了亏，翅膀一抖便伸出了利爪，照着风师爷的脖子就横抓过去，风师爷一仰脑袋，随之一声惨叫，几道血痕已经上了脸，那人脸蝙蝠随之一抖双翼，像离弦之箭一样疾飞而去。我暗自庆幸风师爷动作快，换成是我，当下脖子估计都断了。

四周枪声大作，那些人脸蝙蝠越来越多，局势已经失控了，鹰戈一边瞄准飞来袭击的人脸蝙蝠点射，一边扯着嗓子道："快往崖壁上爬，这里不安全，妈的这东西太多了！"

我们自然知道这里不安全，但爬到崖壁上岂是容易的，这些人脸蝙蝠横冲直撞像箭一样，稍不留神指定中招。

就在这时，已经爬上了崖壁的胜男又大喊："快点，把东西都丢掉爬过来，我们的人就是被……"她话还没说完，我只听得一声惨叫，声音正是来自崖壁方向。

那个矮个儿黄种人整个身子突然飘了起来，像被蹦极绳弹起来一般，一只人脸大蝙蝠揪住他身上的肉，高高地将其向上抛起。这时，从崖壁上突然飞出了一只略小的人脸蝙蝠，它"嗖"地蹿了上去，翅膀一张一收，像荷叶一样将他的脑袋包在了里面。

那矮个子手舞足蹈地从空中摔了下来，重重地砸在了铁索上，浑身像抽风一般地剧烈颤抖，伴着"吱吱"的声响，居然有一股焦煳味扑鼻而来。

"我的妈呀！电！"三炮失声叫道，转瞬间那矮个儿浑身几乎都焦了，那人脸蝙蝠一张翅膀，从他脑袋上飞离开来，他的尸体直接坠入了深渊。

剩下的那两个大个儿老外这才意识到崖壁上其实也不安全，哆嗦着举枪向四周张望，大量的人脸蝙蝠停到了崖壁上，由于它们的身体颜色和崖壁十分接近，以现在的光线，肉眼根本就分不清。

这时，我突然眼前一亮，对面崖壁上不仅是蝙蝠，也有几个巨大的英文字母,而在英文字母的下方,是一道石阶,向山体内延伸形成通道。

“暗道在那边!”我一阵欣喜,指着自己的发现对他们叫道,话音刚落,就感到耳边一阵剧痛,耳底嗡鸣起来,一股腥热的液体直接泼洒到我的额头上,接着就看到服前不到一米的地方,一只人脸蝙蝠像坏了的风筝一样坠了下去。我心脏一阵狂跳,一转头只见鹰戈还保持着开枪后的姿势,他招了招手示意我们靠拢到一起,背靠背枪口朝外,以防背后受到攻击。那些人脸蝙蝠试图攻击,被我们打下了好几只,它们也学聪明了,也聚到了一块儿,大批大批地围着我们一个劲地打转。

“这下咱可光荣了!怎么办?”三炮当下拿出了狠劲,大声吼道,“看来这帮狗日的玩意儿是打算跟咱耗下去了,要不哥儿几个集中火力,拼完了就学五壮士,妈的,死之前也要拉几个鬼鸟垫背!”

龙少道:“不到最后我是不会放弃的,那么多困难险境我们都挺过了,现在不能这么轻易就认输!”

三炮苦笑道:“我也不想啊,可现在除了飞来一架直升机,好像没有别的活路了!死咱不怕,但咱不能太窝囊!要不我冲出去,引开那些鬼鸟,你们找空当逃出去?说实话,我情愿摔死也不想被这帮鬼鸟活活电死!”

我擦掉额头上的污垢,对三炮道:“你什么时候变这么高觉悟了?不过这法子也行不通,你还真把这些群居的蝙蝠当傻子了?就怕你光荣牺牲了,它们也不会上当。”

三炮听了急道:“这也不行那也不行,这样耗下去肯定不是个事啊,还不如来点痛快的!”

龙少道:“事到如今,只有一个办法了,和之前对付那些虫子一样,这些在黑暗中生存的物种,对强光都有很大的畏惧,只要我们能顺利进那条暗道就有机会!”

所有人当即表示了赞同,倒不是觉得这个办法有多好,人要到了绝境,一线生机都得牢牢抓住，任何办法都必须一试了。

鹰戈道："那还照老样子，我负责发弹，你们瞅准了空当往暗道的方向赶紧跑，时间应该差不多够了！"说话间，鹰戈迅速从背上摸出了枪，已经做好准备了。

第四十章　坠落

这一招不过是故伎重演,可眼下的确是唯一可行的办法,顶不顶事就得看我们的造化了,可以说这是我们唯一的机会,我不由得抓紧了衣角,自己给自己捏了一把汗。

照明弹“嗖”地腾空而起,直接从蝙蝠群里就穿了过去,强光伴着热浪再次袭来。听到那些人脸蝙蝠的惨叫声,我们的心里感到一阵快意,快速地适应了下光线,便朝着目的地急速爬去。

我很快追上了胜男,此时那两个大个头老外都已经不知道跑哪儿去了,好在这里的铁链很富余,各循其道都能爬到暗道那里。

可是我们离暗道的距离实在太远了,平地上跑还有个搞头,在这上面能勉强爬到那儿已经是实力派人物了,安全又快速根本是不可能的！我暗自叫苦,鹰戈这厮是想把我们逼出潜力吗？明显是按照兰博的标准在要求我们！

很快地,我最害怕的事情就发生了,那些人脸蝙蝠十分的狡猾,一见如此的强光,纷纷张开翅膀吸到了崖壁上,除少数中招坠落外,大多数都安然无恙。我们的攀爬浪费了不少时间,而照明弹的光度达到最高点后,呈现了盛极而衰的态势,光线慢慢开始黯淡,就像我们的生命之光在逐渐消失一样。

胜男看了看当下的情形,对我道:“只有一个办法了,我们从这里跳到通向暗道的那条铁链上!”

我听了当即头皮一麻,那铁链距离我们现在所在的位置足有三层楼那么远，就算跳上去也得摔得吐血，而更关键的是根本没法保证有这么好的准头，一旦失手那就下地狱了。

我还在犹豫，胜男已经快速地用登山绳将我们两人捆在了一起，我知道这是她下定决心要跳了，捆在一起成功的可能性大一些，只要有一个人能抓住铁链，另一个人就有希望。我不由得苦笑一声，心道你不怕我连累你吗？

照明弹已经缓缓地落了下去，照出了深渊底部那腾起的淡蓝色雾气。我发了发狠，妈的豁出去了，拼则九死一生，不拼则十死无生，来这儿本来就迷迷糊糊的，既然探求不出个所以然来，那就葬身于此吧，把我的灵魂也寄存在这儿。

胜男朝我打了个手势，示意我准备，现在也是最后的时机了，一旦照明弹的光散尽，那可就想跳都找不到准头了。

我猛吸了口气，双脚刚腾空，突然，崖壁上一只巨大的人脸蝙蝠一扇翅膀，朝着我的面门就袭过来。我大惊，赶紧收住脚躬身躲过它的攻击，要命的是此刻我们已经松开了手做出跳跃的动作了，我刚躲过人脸蝙蝠的攻击，就感到腰部猛地一勒，整个身子翻仰着就径直坠了下去。

这下我可欲哭无泪了，这样的下坠方式完全失去了准头，我实在无法形容这种急速坠落的感觉，只感到整个身子已经不属于自己了，整个灵魂都被硬生生地抽离身子，向着无底的地狱坠去。

我连绝望都没有机会了，刹那间大脑一片空白，高空坠落产生的巨大压力差直接让我晕厥了过去。

也不知道过了多久，我突然感到眼睛一阵痒痛，阵阵强光照得我几乎睁不开眼。我略感惊喜，从那么高的地方摔下来，我基本上已经不抱生存的希望了，实在没想到自己居然还有感觉。

我心中一阵悸动，小心翼翼地睁开眼，立即看到了刺眼的光线，我适应了一下，试探地望了望四周，顿时一种异样的感觉又充斥在我的心头。

我摸了摸自己的身子，虽然依旧疼得厉害，但似乎并没有什么严重的伤，而此刻我所在的地方，是一处大山峡谷丛林，其间屋舍林立，居然是一座古老的村寨。我简直不敢相信自己的眼睛，这裂谷底部怎么还有寨子？难道当真别有洞天，这底下还存在有另一个世界吗？

眼前的村寨看起来却有些古怪，这里的房屋都异常的老旧，有的已经十分破败了，到处布满了火烧的痕迹，像经历过洗劫一样。

怎么回事？我顿时摸不着头脑了，纳闷至极，不知不觉间，我已经走在了寨子中的石头小路上，沿着路小心地往里探。

整个村寨阴郁沉闷，感觉不到任何生机，走了没多久，村寨中开始出现三三两两走动的人，有的向我所在的方向走来，和我擦肩而过，看到我，他们都睁大了眼睛，眨也不眨地一直盯着我。

接着，四周的人多了起来，屋舍的门窗陆续地打开了，不少人或探出脑袋盯着我看，或走出门来，向着我所在的方向聚集，不一会儿，我已经被人群包围起来了。

所有的人既不出声，也没有任何动作，只这么面无表情地盯着我，好像把我当成一个十足的异类。这样的感觉极其恐怖，面对这么一大群人的诡异表现，比一群狼围着我更能让我感到毛骨悚然。我感到了不对劲，但又说不好哪儿出了异常，一时手足无措。

而这群人看起来也着实怪异，无论男女老少，皆毫无血色，神情呆滞，眼神却极其的怨毒，我当即就有种抬脚奋力逃命的冲动，可奇怪的是此刻我的双脚酸软无力，根本迈不开脚步。

就在这时，我脑袋一热，猛然间意识到了什么，对着人群扫视一圈。我的天，这些人虽然性别、着装各不相同，却都有着一张相同的面孔，和我一模一样的面孔，一瞬间，我仿佛看到了无数个自己。

“这是怎么回事?!”我惊惧地发出一声惨叫，那些人随即露出了诡异的笑容，伸手就抓向了我，开始撕扯着我的脑袋，还不住地喊着我的名字。

一阵剧痛让我清醒了过来，恍惚之间，我眼前的脸突然变了，由我的脸孔变成了一个女子的脸孔，此刻她正不停地晃着我的脑袋，我也渐渐清醒了过来。

我疑心我看错了，揉了揉眼睛再一看，果然没错，眼前正是胜男，而四周也不见什么山谷、村寨、人群，四周一片黑暗，什么也看不见。

做噩梦了！我长舒了口气，擦掉额头上的汗就想起身，岂料刚一有动作，便感到后背一阵剧痛。我这才想起来我们是从高空坠下来的，当下就以为骨头摔断了，十分害怕。好在我有点医学常识，稍后根据自身情况判断，便知道我虽然受了伤，但还不至于那么严重。这简直是奇迹，我实在不明白从如此高的地方坠下来，我们有什么理由可以活下来。

胜男秀眉紧蹙，问道："你没事吧？"

我小心地活动了下身躯和四肢，浑身依旧疼痛，但似乎并不影响正常活动，我奇怪之余反问她道："怎么回事？这里是什么地方？我还以为咱这下摔下来十死无生了呢！"

胜男没好气地道："你还好意思说，差点被你害死了，幸亏我们捆在一起，被底下连排的铁链挂住了。"

还算我们命大，原来我们摔下来的时候，刚好被连排的铁链阻挡住了，这底下居然也是连排的铁链，难怪会被我们当成是电线。也亏得这些铁链是密集的，否则以这样高空坠落的速度，非得被切成几大块不可。

想到这我又急道："咦，那我们现在在什么地方？这里是……"我一边说一边疑惑地望了望四周，这里明明已经是裂谷极深的地方了，却不是一片黑暗，居然还充斥着淡淡的红色的光，就像是在胶片冲印室里一样，很是诡异。

胜男指着右边的方向道："我不知道，看到你在空中就吓晕了过去，又没有落脚的地方，只好把你背进这个洞里。"

我心道小看人是不是？正待为自己辩解一番，突然看到这些红光正是来自洞外的方向。再仔细一看，我们所在的地方也并不是什么山洞，而是一处极长的巨大走道一样的建筑,走道的一侧是一根根石柱,十分的古老,石柱的颜色都几乎成了泥土色,而一道道红光正是顺着柱子的间隙渗进来的。

柱子外便是之前的无底深渊,此时星火点点,无数红色的光点像腾起的一颗颗火星在空中飞舞,我一眼就认出了这种东西,居然正是之前袭击我们的那种会发光的飞蜈蚣。

此时这些飞蜈蚣的数量极其庞大,飞出去足以遮天蔽日,光看一眼都让人胆寒。不过奇怪的是,这些飞蜈蚣仅仅在柱外飞行,没有一条越过那些立柱来攻击我们。我既庆幸又感到不安,难不成这里面有什么东西让这些飞蜈蚣也望而生畏?

想到这我不由得又提高了警惕,伸手就往身后摸,好在我背上的背包还在,里面的东西还未曾丢弃,我摸出了一根冷烟火,正准备打着了看看。

胜男伸手阻止住我道:“别浪费了,我都看过了,这里是一处古迹遗址,可能有上万年的历史,现在早就已经废弃了!”

遗址?什么遗址这么古老还藏得这么深?我大奇,不相信地道:“你这么确定?上万年的历史?这你都能看出来?”

胜男不和我多解释,一副爱信不信的架势,她接着道:“这也许就是南陵传说中的鬼影城,南陵的传说大多数都是来源于此,而鬼影城就是南陵文明的源头。”

一听她说这,我还是忍不住打着了冷烟火,四周被一阵淡黄色的光笼罩着,借着冷烟火的光,我很快看到了真实的情形。

第四十一章　深渊鬼窟

正如胜男所说的，这里的确是一处曾经有人类活动的遗址，不过这遗址看起来有些让人胆寒。

我没想到所谓的遗址居然有这么大，放眼望去整个山体都被挖空了，就像是虫蛀的一样，布满了大大小小的孔洞。山体的岩石呈现出赤红色，上面也布满了许多小孔洞，这是火山岩的典型特征。

遗址的建筑模式很特别，一层套一层，往山体内部渗透，那黑洞洞的入口似乎提醒在我们这里永无止境。此刻我仿佛看到了柬埔寨吴哥窟的另一个版本，很难想象这样浩大的工程是怎样完成的，就像是一个巨大的建筑被强行塞进山体里，最终与山体融为了一个整体。

"看来你说得没错，这些东西的历史非常的悠久，你说万年其实也不过分！"我惊骇地道，感觉此刻穿行在这上古遗迹中，自己渺小得像一只蚂蚁。

胜男道："其实我并不是在猜测，我之前见到过类似的遗址，我们的人还对遗址中的岩石元素进行过碳 14 测定，证实了遗址的存在时间超过一万年！"

"你们的人以前就到过这里？"我又惊又奇，一时还真不敢相信。

胜男皱眉道："你没听明白吗？我说的是类似，并没有说是这里，我们见到的那个遗址属于地上建筑，由巨石和图腾柱组成，我们还拍过上空的俯瞰图，那遗址从天空上看就像是一张人脸。"

听到这，我当即头皮一乍，这样的描述着实让我惊骇不已，我怎么会来到这里,全他娘的拜那张怪脸所赐,真没想到这一切居然如此富有戏剧性。

胜男进一步解释道那遗址其实就是南陵古城的遗址,它已经被密林掩埋在了茫茫群山之中,不见天日,后来在日军的一次空袭中偶然被日本飞行员发现,才使得沉寂多年的南陵古城得以重见天日。

胜男的话倒提醒了我,因为我原本从事的就是考古研究,而考古研究很重要的一点就是在传说中寻找可能。

眼下我们身处奇境,所有的东西都是亲眼看到的,自然不会是假的,于是我得出一个大胆的结论:南陵古城,其实是仿照某个遗址建造而成的,而不用说,这个遗址就是我们现在身处的这个。如果照胜男所说,南陵古城遗址的年岁已经超过万年,那这地底遗址的存在时间必然更为悠久,甚至很可能悠久得让人感到恐惧。

胜男赞同我的猜测,而且两人在这样的环境中,无论之前有何芥蒂,也不会刻意去隐瞒欺骗对方。

“这些遗址是什么人建的?会有人喜欢这种地底生活吗?”我诧异道,这些遗址现在似乎空空如也,极度的沉寂,却让我不舒服起来,总感觉它像极了某种东西的巢穴。我实在不知道有没有人喜欢这种暗无天日的环境,但或许,在这里居住的东西根本不是人。

胜男沿着那些岩壁摸索了一阵,随即道:“不知道有什么办法上去,这里是谷下几百米的地方,还是非常危险的!”

我点头称是,这里布满了可以通行的洞口,但我们自然不敢擅自闯人,即便里面没有危险,但那些洞口通道都纵横交错极其复杂,像迷宫一样,进去了非困死在里面不可,我们根本没有其他的选择,只能一直向前走。

我检查了下自己的背包,里面就剩下一只手电和几根冷烟火,外加之前阿东给我的那个天机营官印,其他什么也没有了,而这里也是除了石头什么也没有,不尽快走出去指定就活活饿死了,想到这我们不由得加快了脚步。

通道十分的漫长，足以证明这个遗址的规模绝对不会小，如果是地表的遗址还比较好解释，但这种地底遗址实在令人费解，上古先民们究竟是为什么目的修建了这样的遗址呢？

走了一段，胜男忽然停下了脚步，我抬头一看，只见通道居然到此为止了，前方是一座高耸的石窟门，比先前看到的那些洞口还要大上很多，就像是供火车穿行的隧道一般，极其深邃。而且此门显得气派不少，如果不是因为年岁悠久腐蚀得厉害，甚至能彰显出一种霸气，显然建造者在这上面下足了功夫。

这是最大的石窟门，两边则密布着无数一人多高的小石窟门，火山岩壁上似乎还有些浮雕的痕迹。

火山沉积岩其实是不适合雕刻的，历经多年的腐蚀，这里的雕刻基本已经看不清具体内容了，好在还有少数的可供参考，而我一眼就看出了其中有些内容似曾相识。

那内容正是拥有巨大身躯的四翅蜈蚣攀上了崖壁，无数人用梭镖、石头等武器对它进行攻击，正是诱捕的场景。这样的浮雕内容和我们之前在灵宫大殿看到的一样，实在没想到南陵人竟然如此山寨，连猎杀大蜈蚣这种事情也要模仿。

我道：“他们在猎杀这种蜈蚣，南陵人也有这样的传统，看来这些东西对他们的生活影响不小！”

胜男道：“你看清楚了，这是诱捕，不是猎杀！”

我眉头一皱心道这有什么区别吗？仔细一想却发现的确有区别，猎杀是想方设法将其杀死，而诱捕则多了一道程序，就是必须要捕捉到，所谓活见物死见尸。

胜男道：“他们的目的不是杀死这种蜈蚣，而是捕捉它，必须要保证捕捉到蜈蚣！”

胜男说得很肯定，我略一思索，再根据印象比对着眼前浮雕的内容，似乎确实如此,但我一时搞不懂这其中的缘由,南陵人为什么这么做呢?难道真的像三炮调侃的那样,生活太艰苦了,搞两条来改善集体伙食?

我搜寻着浮雕的内容,试图找找答案,但浮雕实在腐蚀得厉害,根本看不出什么实质性的东西。不过当下也没空研究这些了,怎么走出去才是关键,留给我们的时间实在太有限,不容我们再分心了。

胜男眉头紧锁,对我道:“看来四周都是封闭的,通道肯定都在里面,你有没有什么办法?”

我心道我能有什么办法,换了风师爷或龙少在这儿估计还能顶一下,我虽说也干考古,不过那都是过于正规的,遇到这种极富创意的上古遗迹只能干瞪眼。

我对胜男道:“这种遗迹我没有接触过,一时还真没有办法,你们在南陵古城里是怎么处理这种情况的?”

胜男回道:“那没法比的,我们进南陵古城用的可是当时世界上最先进的GPs通讯系统,还有一架直升机负责空中巡视,现在的情况怎么比!”

我听了心道你们什么来头?这么大的声势!不过我也来不及多想,接着对她道:“现在的确没你们那条件,不过我们创造条件也得上了,多耽误一秒我们就少一分希望,上古先民开凿这里的同时,肯定也留了向上的通道,我们顺着这里找或许还有希望。”

话说完其实我心里也没底,希望自然是有的,但却相当渺茫,好在渺茫不代表没有,眼下这种境况就如不会游泳的人落水,一根稻草也得死命地抓住。

我们小心地顺着石窟门探了进去,没走多远,果然发现里面是密集的岔道和门洞,就像走在古罗马斗兽场里一样。

我们一边走,一边收集四周散落的碎石,堆成箭头状,每走一段就堆一个,确保万无一失,以便遇到情况还能顺利返回。

越往里深入,门洞便越密集,慢慢地变得就像是蜂巢一样,一眼望去仿佛成百上千只眼睛死死盯着我们看。这里异常的干净,目前还没发现任何生物的尸骸粪便等物,除了红色的火山岩,这里简直就是一片虚无,没有任何生存痕迹。这非但没让我们安心,反倒更有一种让人窒息的压抑感,总觉得如此走下去,会不会就此消失得无影无踪,不知道去了哪个空间。

再往前走,门洞又开始减少合并,慢慢地又形成了一条大的通道,这条通道看起来较为考究,洞口是一对粗大的立柱,通道的墙壁上布满了“@”状的雕刻,每隔一段便有一对像羊头一样的无名石雕,因为腐蚀的原因,那些石雕都有些破相,看起来极不舒服,让人心里有种怪异的感觉。

不过看到这通道我还是有了一丝欣喜,我们之前看到的都是相同的情景,乍一看到不同,自然会有点感觉,因为不同点往往意味着突破口。

我朝胜男打了个手势,我们用碎石在入口处再做了一个记号,顺着通道便穿了过去。通道并不长,很快就被我们穿过,一个圆形的内室呈现在我们面前。

内室不算特别大,应该在两百个平方米左右,呈规则的正圆形,内室的石壁上照例是诸多一人高的拱形石洞,隔两米左右便有一个,呈环状排列,很是整齐,这样的拱形石洞有好几层,一直排到上方看不见的地方。

一看到这些,我不由得有些失望,原本以为能找个出口什么的,岂料又是这无休止的洞口。我懊恼地骂了一声,突然发现这些石洞和我们之前看到的有些不一样。

第四十二章　错乱

这些洞口虽说也是呈拱形,但宽度明显小了很多,基本只能供一人出入,而且排列得十分紧密,不像是作为通道来使用的。

而且看到这些石洞,我居然隐约还有一丝熟悉感,再凑上前仔细一看,不由得大骇。石洞果然是封死的,里面放置着一尊金属人像,我一眼就认出了那东西,那居然是一口人形棺。

我第一次见这东西是在灵宫后的一个祭祀室里,当时我们还戏称其为纳米材料,而眼前的这些人形棺也一样,表面光亮如新,几乎没有受到任何的侵蚀。

我对胜男道:"不要碰这些人形棺,里面可能都是活尸,这么多十分的危险!"我绝不是危言耸听,那东西的厉害我可是见识过,我们的武器都在坠落的过程中丢失了,眼下手无寸铁,随便蹦出来一个我们都顶不住。

"活尸?"胜男不信地道,"怎么可能,什么东西能保存这么长时间?封在这里面还能活?"

我虽然也觉得不可思议,但却不敢大意,我对她道我们现在处的环境不同,什么事情都不能按着常规的思维来理解。

"这东西我见过,南陵的先民也用这种东西,非常的邪门,我们还是小心为妙!"

我一边说一边环顾了下四周,发现周围全部都是这种石洞,无一例外地都摆满了这些人形棺,我们方才进的是唯一的入口,也就是说这里是个死胡同,有进无出。我不放心地又小心检查了一番，依旧如此，当下颇感失望，又不愿在这里再耗费时间，于是转身原路返回。

这里的岔道实在太复杂了，我们都有些沮丧，按照这样的走法，不知道什么时候才能找到出口，而且冤枉路走得越多，我们的体力消耗得越快，情况对我们越不利，难不成我们真的要困死在这里？

我不敢再想下去了，这时胜男开口打断了我的思绪，她问道："喂，你说你之前在上面见过和那种人形棺一模一样的东西？"

我很肯定地回道绝对错不了，那东西对我冲击力太大了，怎么可能记错，当然给我印象最深的还是那种人形棺的自净功能，当属世间罕见，如果有机会带出去一个，保准是轰动一时的重大发现。

胜男继续道："如果真是这样的话，我们可能还会多一点希望，你有没有发现什么特别的地方？"

我脑子一片混乱，也不想动脑筋，心道你有什么发现直接说呗，干吗还来考验我，动脑筋和说话都是劳气伤神的，咱们这情况可没精力再折腾了。

胜男也意识到了这点，很快也就不再卖关子了，直接道："你发现没有？从相似的古城到诱捕蜈蚣，再到这种人形棺，似乎南陵的很多东西都是完全仿照这里的遗迹，我认为南陵其实就是这个可能曾经存在的地底王国的地上版本！"

我点头称是，心道我也早就看出来南陵是山寨了，可这对我们又有什么帮助，所谓多一点希望又从何谈起？

胜男补充道，根据他们所掌握的资料，南陵最早的居民其实就是从地底下爬出来的，经过多年的繁衍生息，最终适应了陆上的生活，渐渐形成了以狩猎为主业的简易文明，最后受汉化影响，慢慢过渡到农耕文明，直至建立政权。所以这里很可能就是南陵最早的居民生存的遗迹。

胜男道："如果南陵的古城是完全仿照这里建的，那如果按正常的古城来看，出口会设在什么地方呢？"

我略一思索,觉得不无道理,但即便这样,要找到出口还是比较困难。胜男所说的这一切只能说明这个遗迹和南陵古城是存在密切联系的,很可能有直接相连的通道。但我们目前最大的困难还是时间问题,如果铆足了劲头去找,说不定能找到,但那时候我们已经饿得眼睛都没力气睁开了。

事情已至此已经别无他法了,我们顺着原来标示的路线返回,重新又添置了一些标记,以备不时之需。

走了一段,我便感到有些不对劲,这种感觉说不好,仿佛我们走的路和之前的不一样了。我只当是自己大脑错乱了,也没怎么在意,就在这时,胜男突然停下了脚步,弯腰去看之前我们布的那些标记,接着很吃惊地对我道:“奇怪,这些标记不对,和原来的不一样了!”

“这怎么可能!你该不会记错了吧?”胜男这么一说,我当即眉头一皱,之前那种感觉便越加明显了,但我还是安慰她道,“这里的岔道都很乱,你记错也是正常的。”

胜男很肯定地道:“不会的,这些记号都是我标的,我记得很清楚!”胜男解释了她所做记号的特点:这些标记都是十字形的,用大块石头表示反方向,用小块石头作指示箭头,十分有规律,记号左边放一块大石头,右边放一块小石头。胜男在丛林中也是这样做记号,她说这样特征明显的记号才能最大限度地避免被动物等各种因素破坏。

再检查完几个我们留下的标记后,胜男的面色变得凝重起来,一边摇头一边不敢相信地对我道:“不可能的啊,这些记号好像被人动过!”

胜男强调的是记号被“人”动过,我自然也意识到了这点,因为我看到的所有标记不是单纯地遭到破坏,而是方位和指示方向都发生了改变,如果按着这样的标记走下去,是不可能回到之前的出发地的。对方显然发现了我们做的这些标记的规律,有意识地误导我们,除了人以外,其他东西是不可能做到的。

这里竟然还有其他人?我不由得吃了一惊,那会是什么人呢,阿东那小子吗？想着我又觉得不可能，且不说在这里碰上他的可能性有多大了，就算真的是他，大大方方现身就是了，没必要和我们玩躲猫猫啊，总不至于是存心消遣我们吧！难不成，这里居然还存在着上古的先民？

傻子也知道这种可能性有多低，可到底是什么人这么做呢？他的目的是什么？就是单纯地想困死我们吗？可直接偷袭我们把我们干掉不是更简便吗？何必费这劲！

胜男也在纳闷，这时我猛然间想到了什么，随即道："这样做的目的只有两个，除了搅乱我们的视线困住我们外，另外的可能就是通过这些标记来指引我们抵达某个地方！"

胜男听了若有所思地点了点头，显然赞同我的猜测，不过我还有些顾虑，又补充道："对方会指引我们去什么地方？会不会又是个陷阱呢？"

话刚说完胜男不假思索地道："不会的，既然他这样做了，就绝对不应该有陷阱！"

我听了随即问道你怎么这么肯定？胜男自信地对我一笑回道："这就是直觉，女人特有的直觉！"

我苦笑一声，心道你也别太迷信什么女人的直觉，万一你这直觉不准，咱可就报销了，还是理性一点的好。

胜男随即也补充道："不难想到的，我们现在四处都是破绽，根本就没有和对方对抗的实力，要摆平我们太容易了，完全没必要这么麻烦。"

这话不难理解，也的确有几分道理，我们稍微宽了宽心，同时也横下了心，顺着对方给我们标的方向走。

按着标记的指引方向，我感觉我们离之前的入口越来越远，渐渐地在往遗迹的深处深入，似乎在进入某个核心部位，而这种感觉简直比趟地雷阵还要难受，我觉得此刻的我们似乎正向着地狱迈去。

我们摸索深入了足有二十分钟，这时候，前方的标记忽然消失了，眼看着似乎又是断头路。我心道总不会是咱走得太快了,做标记的人跟不上咱的节奏导致的吧?

我们一边四周张望着,一边摸索着继续向前走,我正待说话,突然感到脚下一打滑,整个身子猛地一沉,径直向前栽去。

我还没来得及恐惧,整个身子就像掉进了冰轨一样,不受控制地急速向下滑去。我伸出双手四处乱抓,却抓不到任何东西,于是下意识地伸手护住脑袋,接着就感到整个身子猛地一震,重重地撞到了某个坚硬物上。紧接着又是一下,一个软软的躯体砸到了我的身上,接着就是一阵急促的喘息声。

我听出来这是胜男的声音,这才知道她和我一样失足坠了下来。之前那一番可叫做天翻地覆,我感觉自己几乎是被抛石机抛出去,再硬生生地砸到岩石上,全身的骨头几乎都散了架,疼得不得了,当下连起身的力气都没有。

我牙齿都被磕掉了,血水倒流进了气管,呛得我止不住大咳起来,一边四处摸索一边对胜男道:“你怎么样?”

“我还好,没想到会这么不小心!”听她的口气,我断定她的情况比我好很多,这还得感谢我恰好给她当了垫板,最重的一下帮她挡了。

胜男问道:“你没事吧,我们的冷烟火还在不在?”

我麻木地伸出手摸了摸,背上的背包依旧在,冷烟火只剩两根了,感觉还没有损坏,应该可以用。我当然明白胜男是什么意思,她肯定认为现在所在的地方不安全,想看下四周的环境。

从产生的回声来看,我感觉我们现在所处的地方非常的空旷,而且非常的大,似乎原本紧密的山体中突然有了一个巨大的空洞。

我抽出一根冷烟火,挣扎着爬起身,迫不及待地打开,光亮迅速地腾起,向着四周扩散开来。接下来,眼前的一幕让我简直不敢相信自己的眼睛。

第四十三章 灵魂寄存

冷烟火的光一散开，我顿时看到一道道金黄色的光扑面而来，晃得人睁不开眼，就像是掉进了金堆里，黄金反射出绚丽的光芒一样。怎么回事，真掉进黄金堆里了？我惊愕之余借着冷烟火的亮光四处张望，很快有所发现。

这里的确是一处巨大的坑洞，呈陷落状，就像是被陨石撞击而形成的一样。而我的面前，是一座巨大高耸的塔状物，层层级级扶摇而上，一直到看不见的地方，塔上密密麻麻全是整齐的孑L洞，放满了一口口人形棺，而环绕四周也是高耸的阶梯，就像足球场的观众席一样，而无一例外地，这些阶梯上也是布满了放置人形棺的孔洞，一眼望去成千上万，极其壮观！

我止不住发出一声赞叹，为南陵先民的智慧。赞叹的同时也感到有些恐惧，被这么一大群东西包围在中间，着实有种极度不舒服的感觉。这里难不成是南陵先民的群葬窟，不然怎么会出现如此多的人形棺？

疑惑间，我们又快速地穿过群棺，想抵达坑洞的边缘地带，却发现事情还远远不止如此简单。这个坑洞比我们想象的要大得多，根本找不到边际，群葬窟只是最中心的位置，而群葬窟的外围大片区域，充斥着大片的矿床和许多说不出名堂的奇异石头建筑，还有一座座高耸的塔状物，数目极其的多，就像是无数个古刹聚集到了这里一样。

“这些是矿床，这里是冶炼金属的地方！”眼前的景象已经很明显了，无需再作过多的猜测。

胜男随即道："那事情很明白了，这些人冶炼的金属，很明显就是这种像黄金一样的东西，他们特意冶炼金属制作这种人形棺。"

我对她道还不仅如此，这里的确是神迹，很可能是人类冶金文明的重要基地，同时伴随的还有与金属有关的崇拜和重大祭祀活动，而这种传统会一直流传下去，一直到很多代，他们的后人南陵居民也一直保持着这种传统。

此刻，南陵传说中的"灵魂寄存"我相信有了解释了，所谓的灵魂寄存其实不过是一种崇拜，上古的金属崇拜，这种金属能够有效地帮他们存尸体，使尸体能够万年不朽，这些人形棺其实也代表了不朽的灵魂！胜男赞同地点了点头，但也不是很释怀的样子。事情是不是真的如此，似乎已经不重要了，或许我们会永远在这里陪伴这些不朽的灵魂了，不同的是我们比较惨，连个人形棺也没有。正绝望之时，突然四周传来了一阵躁动，接着便是几声清脆的金属撞击声，但很快就消失了。这里异常安静，黑暗中任何风吹草动都逃不过我们的耳朵，这突如其来的响动着实诡异，我不由得把心都提了起来。难不成这是个陷阱，有人有意诱捕我们当实验品？我一边四处张望一边伸手想从身上摸出件武器，结果什么也摸不到，一时有些慌乱。但当我听出那声音是金属撞击扭曲发出时，脸都绿了，心道不会是那东西要出来了吧？真是怕什么来什么，我刚觉得不对劲，突然身后一阵金属迸裂的巨响，接着伴着"吱吱"的异响，一个不明物体正快速地向我们接近。

"快跑!"我一把拉过一旁的胜男，此刻整个身子都麻了，也顾不上疼痛了，没命地向前跑。胜男不知道那东西的厉害，一边跑还一边很纳闷地问我怎么回事，我喘着粗气回道那可是比粽子还厉害的主儿，不跑就没命了。没跑多远，我们不由得都停下了脚步，一看前方顿时就傻眼了，这里已经是坑洞的边缘了，三米多高的坎子直愣愣地挡在那儿，我跑得太快，加之此时光线很微弱，险些一头撞到上面。

"上！爬上去！已经没地方跑了!"胜男急道。我一看这高度就傻眼了，虽说不是什么不可逾越的障碍，但对于已经受伤的我来说，上去还是颇为费力的，我助跑着爬了几次都没爬上去，反而摔得鼻青脸肿，苦不堪言。

胜男见状道：“让我来吧，我先上去，然后用绳子拉你上来，不过你得作点牺牲！”说完不等我答应，就远远地跑开作助跑状。我此刻没空去考虑这女的会不会不仗义，上去了就丢下我自己跑路，毕竟这是唯一的办法了。

我原地屈膝弯腰，胜男猛跑了几步，重重地踩在了我的后背上，一个纵身就跃了上去。她用的力度极大，我险些让她踩得吐血，待费力地直起身时，胜男已经放下了绳子，大声道：“快点，那东西追过来了！”

我一听这越加焦急，也顾不上疼痛了，抓起绳索就往上爬。刚爬了一半，我即觉得背后一阵疾风，那感觉和之前那种人脸大蝙蝠扑上来无异。我顿时后背一阵清凉，心道阎王爷的小鬼来抓人了，刹那间手脚发软，连攀爬的气力也没有了，握着绳索的手几乎就要抓不住了。胜男的体力也消耗得厉害，此刻拉着我也有些吃力，她咬着牙示意我快点。我也一咬牙正待一口气爬上去，突然后背一紧，一个东西直接落到了我的后背上。

那东西奇重，这突然的一下险些让我松手掉下去，而当我意识到这就是追来的那恐怖东西时，顿时就傻了。这下死定了，大罗神仙来也救不了我了，此刻我能感到那东西的恐怖气息，似乎咧开了獠牙在向我的脖子贴近。我还想作一番挣扎，一扭头，突然发现了不对劲，趴在我背上的根本不是什么粽子，好像是个人，我能清楚地感觉到他身上像雨衣一样的塑料衣物。

这着实让我大骇，我正待说话，突然那人身子往后一缩，伸手一把扯过我的背包，接着迅速地松开我的身子跳了下去，一阵疾跑消失在了黑暗中。

这一切只是一瞬间的事情，但我清楚地看到此人的装束是一袭黑衣，身手极其敏捷，似乎有备而来。这时，胜男又在上面催促了，我赶忙揪紧了绳子爬了上去，坐在地上一边喘气一边极度疑惑起来。

这里居然有人？刚才那个分明是人，而且我还有种似曾相识的感觉，记得刚发现石俑阵的时候,石俑堆里也站着一个身着黑色雨衣的人,当时我以为是阿东,可从后来阿东惊诧的表情来看似乎不是,那分明是另外一个人。

这个人到底是谁?到底是什么意图?不伤人只抢东西,着实令人费解,这里面出现个人已经够奇怪的了,而这人居然还干出这么匪夷所思的事情,实在让人摸不着头脑,而且从他两次的表现来看,这人很忌惮我看到他的面目,好像有意在回避着什么。

在这里玩拦路抢劫?不可能啊,我背包里没什么家当,就剩下一只手电、一根冷烟火,再就是天机营官印……对了!我脑海中突然一道灵光闪过,天机营官印!一定是这东西!那人的目的一定是为了抢这个东西!

我顿时有了种恍然大悟的感觉,因为我清楚地记得,第一次见到这个黑衣人的时候,正是阿东给我讲述这个官印的来历并把它交到我手中时。我一直以为这个黑衣人是阿东,现在看来肯定不可能了,因为阿东实在没必要将这东西送给我,然后再以这种匪夷所思的方式抢回去。

什么人最可能出现在这里,而且对天机营官印如此觊觎?我犯起了寻思,一时不知道如何是好。

那天机营官印对于我来说并没有多大作用,不知道阿东交给我的用意是什么。不过眼下最糟糕的是我的光源被那人夺走了,在黑暗中,没有光源不仅仅是麻烦,还让人十分绝望。

好在胜男身上有备用的小手电,不过这种手电光度不大,电池也撑不了太长时间。这一路连逃带吓得几乎让我虚脱,加之又饿又渴,我们走了没多久,我便再也撑不住了,就地躺倒呼呼直喘气,胜男的体力也损耗过度,浑身瘫软下来,也迈不动脚步了,很自然地躺在我的旁边。

我舒缓了下呼吸,苦笑了一声,转脸对她道:“喂,之前光记得跑路了,到现在都不知道你什么来头,马上就要携手共赴黄泉了,怎么也得报个出处吧?”

胜男听了嗔怒道:“谁跟你共赴黄泉!留着点力气找出口吧,在我们饿死之前找到出口,我们就有希望!”胜男言辞犀利,这种乐观和坚定不是寻常女子所能拥有的,看得出她肯定受过某方面的训练。

她虽这样说,但我明显感到她口气也有些不对劲,显然她也明白我们顺利找到出口的可能性极其渺茫。而形势对我们来说非常的不妙,我们既不能坐以待毙,又不能漫无目的地乱窜,那样会过度消耗体力,只能死得更快。

饥饿止不住地袭来,嗓子干得几乎就要往外冒火,体力的透支,无望的出口……我似乎感到死神露出了狰狞的面孔,在向我们慢慢走近了。

我对胜男道我已经饿到愿意用我老婆去换一块面包了,说完即扇了自己一巴掌,丫的这下饿晕了头了,一个劲地胡说八道,这种猥琐的想法都蹦了出来,何况我目前还是单身。

我安慰胜男道:“如果这回能出去,我去‘梅龙镇’包个包间,咱俩吃个一天一夜,你吃多少我请你多少,不撑破肚皮谁也不准走!”

胜男道:“俗气,谁稀罕那些东西,要请就请我吃火锅,最好最地道的川味,特别辣的那种,辣到浑身出汗、嘴唇发紫才行!”

我听了顿时肚子一阵咕噜,狠狠地咽了下口水,我听到胜男说的这些,不由得有些神往起来,那些曾经习以为常的东西,此刻都变得令人神往。我与这个女人从素不相识到积怨成仇再到如今的同命相怜,一切只不过就是几天的时间而已,原来几天都可以改变这么多东西,这就是命运的伟大力量。

我转眼望了望胜男,那张脸清秀可人,原本坚定要强的表情此刻荡然无存了,取而代之的是惶恐和哀愁,望之楚楚动人。命运?我无奈地笑了笑,难道这就是命运安排给我们的最终归宿吗?

怨恨、追求……此刻什么都不重要了,我们此刻只有食欲。饥饿让我思维混乱起来,我想起了之前看到的一个故事:

一对男女攀登雪山,不幸出了事故,二人都被困在了一个坑洞里,女的双腿被大石头压住,双腿失去了知觉。而那男的每天都安慰女的,将仅有的一点食物全部都给了那女的,不断给她鼓励,给她活下去的勇气,同时每天用手刨挖堵住坑洞的石块。

他们顽强地坚持了下来,几天后,坑洞终于被挖开了,男的顺利地逃了出去,可他并没有带女的走的意思,只是告诉她:感谢你的勇气,是你救了我,只有你活着我才能活下去!女的不知何故,借着照进来的光线低头一看,才发现自己的双腿已经皮肉俱无,只剩下一根根碎骨上沾着肉屑。

在这样的环境中想到这个场景,我反倒一点毛骨悚然的感觉也没有,我试想着如果真的到了万不得已的时候,我们是不是也得做出食对方肉这种恐怖的事情?

黑暗中,我似乎看到胜男拿着匕首,将我身上的肉割下来一块,再将血淋淋的肉塞到嘴里,面无表情地咀嚼着,目光中还带着感激,感激我赐予她食物。我看到了自己殷红的血流了出来,不住地往地上滴,发出"滴答滴答"的声响。

奇怪的是我并不感觉到疼痛,只是脑袋一阵眩晕,意识也渐渐模糊起来,世界离我越来越远。血仍然不住地流着,"滴答"声不断,接着,那血呈现出了奔涌状,发出急促的流水声响,声音越来越大,越来越清晰。

我猛地一惊,脑袋一下子清醒了很多,刚才的那一幕实在太真实了,那"哗哗"的流血声依旧回响在耳边,十分的真实,我忍不住检查下自己的身子,看看是不是真的被刀割破放血了。

奇怪的是,那声音依旧不断,回荡在耳边久久不散去,我吃了一惊,难道真的饿晕了头,受心理暗示出现幻觉了不成?我狠狠地又扇了自己一耳光,疼得我直咧嘴,这才确定自己是清醒的,可那声音不但没有消去,反而越来越急促了。

我一怔,一旁的胜男这时候也出声了,声音中还带着惊喜:"水!是水!好像是流水的声音,这里竟然有水!"

我当下激动不已,真是天无绝人之路,这的确是个好消息,这里处于地下,水绝不会平白无故来的,如果不是地上水的渗透作用,便是地下暗河,有道是“水往低处流”,只要顺着暗河走,不愁找不到出口。

一看到有生的希望,整个人的精神顿时振奋起来,疲劳饥饿都抛到了脑后。我们循着声音,很快在冶炼场地的一隅,发现了一个巨大的蓄水池,一道细流正从顶上一处岩缝中流下,不住地注入池中。

我刚看到这还感到奇怪,这地底岩洞里怎么还会有如此巨大的蓄水池?不过我很快就开了窍,这里如果真的是冶炼金属的场所,自然是离不开水的,所以有蓄水池才正常,没有反而不正常了。

胜男道:“这些水是长年累月从那些岩缝里渗出来的,平时的流量应该很小,如果遇到大雨,流量就会突然增加,所以才能这么容易被我们发现。”胜男的脸上露出了欣喜,显然在感激上天赐予的生存机会。

我看了看那陡峭的岩壁,不由得又皱起眉来,我估摸着现在我们已经深入地底数百米了,要从这些岩缝里爬上去,还真不是件容易的事情。

不过我们这次同样没有选择的余地,生死就在此一搏了,我们渴得嗓子几乎要冒烟,也顾不上太多了,就着流下的甘泉大尝了几口,火山沉积岩多孔,有很多消毒的矿物质和很强的过滤作用,所以我不担心这里的水不干净。接下来,我们丢弃掉身上多余的东西,轻装上阵。

胜男让我小心不要掉进蓄水池中,她警告道火山内部多硫化氢、氯化氢等气体,这些气体极易溶于水,天长日久会使得水有很强的腐蚀性,掉下去很可能就会被烧掉一层肉。

我知道她不是在危言耸听,当下越加小心起来。渗出水的岩缝并不很宽大,而且由于经年累月的冲刷,缝内的岩石极其光滑,连个可供攀附的地方也没有。在这样的岩缝里爬行,挑战地心引力,当真是个高难度动作,这绝不仅是在挑战我们的体力,也是在挑战我们的意志。

这样的攀行对于精力充沛的人来说都显得太难了,更别说我们这样又伤又累、饥肠辘辘的人了，要不是求生的意志在苦苦支撑着，我们不可能坚持得住，不过这样着实过于辛苦，很快我们的体力又透支了，手脚酥麻得几乎没了知觉。

我们就地爬上一块侧伸出的岩石，在上面作短暂的休息，这里的水流显得急促了很多，这是个好现象，说明上面的岩缝会比较宽大，攀爬起来要更容易一些，而我们的选择没有错，只要逆着水流的方向爬出，就有希望得救。

我已经想象出了这样的情景：二人经过一番苦苦攀爬，精疲力竭之时终于找到了出口，刚一出去，就见龙少一帮人正围着火堆烤山鸡，我一把冲过去抢到一只狼吞虎咽起来。

想到这我狠狠咽了下口水，只听得胜男道："不知道这个出口是通向之前的那个古墓还是通到外面，出去后我们还得另作打算，我们还没找到南陵王的陵寝，我的任务还没完成！"

我哭笑不得，心道这厮真有点不到黄河心不死的态度，这都什么时候了，还考虑着什么南陵王陵寝，你是嫌死里逃生还不够刺激，想再玩命"二进宫"吗？

"真有点想不通你啊，这么拼命为了什么？"我嘟囔道，心里却纳闷至极，这里的东西真的魅力如此之大？古人、先人、日本人，再到龙少、胜男、科学家、探险家，前赴后继，执拗向前，我实在想不明白是什么让这些人如此痴迷，他们苦苦追寻的东西到底是什么？

我当下也不追问，还是节省点气力跑路吧，毕竟无论何种情况，活着出去才是最根本的条件，出不去自然什么事情都免谈。我自嘲地笑了笑，伸手接了一捧水洗了洗脸，冰凉的水泼在脸上，清爽宜人，我略感惬意地甩了甩头，脑袋也清醒了不少。

这时，我突然感到手臂一紧，扭头一看，胜男抓住了我的手臂，一个劲地示意我不要出声，目光紧盯着前方，十分紧张的样子。

我感到了一丝不祥，赶忙一扭头，忽然看到前方不远处的一处岩缝里，一个白色的人形影子正攀附在光滑的岩石上，缓慢地向着我们所在的地方爬过来。

第四十四章　玉尸

胜男快速地闭掉了手电，朝我这边靠拢过来，我们摸索着缓缓地往后退，直到后背贴到光滑冰冷的岩壁上。

我疑心那是某种地底动物，而长期在这种黑暗的环境中生活的动物，视觉神经都会严重退化，直至失去作用，完全靠听觉、嗅觉、触觉等其他方式来感知周围的环境，就像生活在深海的海洋生物一样。

我们屏住呼吸竖起耳朵，仔细聆听着四周的动静，还好除了阵阵水流声外，并无其他异常，那东西似乎并没有接近。我微微松了口气，轻轻伸出手去抹掉不停溅到我头上的水。

当时我只是下意识地一撩，岂料手指一凉，突然就感到手中抓满了一团黏糊糊的东西，接着手臂一阵奇痒，好像无数只蚂蚁在爬。我一阵恶心，下意识地甩了甩手，无意间一把抓住了一团湿漉漉的像毛发一样的东西，阵阵冰凉的黏液不停地往我手臂上脸上滴。

我心里"咯噔"一下，顿时就毛了，赶忙缩回手，惊恐地往上面张望着。胜男似乎也觉察到了异常，她没有出声，突然就打开了手电。我只感到眼前一闪，头顶的上方突然探出了一张脸，那张脸完全被头发所遮盖，距离我仅有一尺左右，和我脸对脸地对上了。那张脸样子极其恐怖，似乎没有骨头支撑，五官尽数扭曲，整张脸扭曲坍塌下来，就像是溺水死亡的人被泡得浮肿惨白的脸。此时这张脸像燃烧的蜡油一样，不住地往下滴着脓液，我抓到的那种恶心的黏液就是这东西。

我吓得惨叫了一声，那东西被我一惊，把脑袋一缩，身子也往后缩了两下，攀在我头顶伸出的岩石上，头朝下倒立，胜男吓得手一抖，手电的光圈落到那东西身上，使我一眼就看到了它的样子。

这东西周身纯白光滑，如玉质的一般，局部居然还有些透明，惊骇之余我突然觉得这东西有点眼熟，正是那种从人形棺里出来的东西嘛，我不知道这只是从哪里窜出来的，会不会是刚才底下跑出来的那一只？

我顾不得多想了，当下转身就对胜男道："快跑！"

胜男也不含糊，当下也不知道哪来的力气，沿着岩缝就往上爬去，我一扭头，那怪尸正仰着头盯着我们，一动也不动，既没有追过来，也没有发出任何声音，似乎一点反应都没有，只是一直这样目不转睛地死盯着我们看。

被它这么看着，我心里直发毛，它要是直接扑上来攻击我们我还能好受点，这样死死盯着，我不知道它想搞什么鬼，一时手忙脚乱起来，连碰带摔地折腾了好几跤，险些失手从岩缝中坠下去。

我的身上顷刻间就被擦伤了好几处，疼得要命，不过此刻我顾不上这些了，眼看着已经被胜男落下了一大截，赶忙拼命地追上去。

上面的岩缝有了些变化，居然越来越窄，我吃力地追上胜男，忽然她停了下来，吃惊地对我道："不好，前面被堵住了，出口太小根本过不去！"

我心道不是水流越大，通道越大吗？怎么说变小就变小！我疑惑地探出脑袋一看，顿时气得几乎要哭出来：前方的通道原本是宽大的，但不知道从哪儿冒出来一堆大大小小的石头，将出口堵住了，只留下一个像狗洞般大小的小洞口，以正常人的体形，根本就不可能出得去。就在这时，脚下传来了阵阵粗重的喘息声，有东西像幽灵一样朝着我们所在的方向袭了过来。

"那要命的东西上来了！快……"我本想催促胜男快点，突然才想起洞口太小我们根本出不去，当下万念俱灰，这真算是叫天不应叫地不灵了。

我伸手想摸件东西防身,岂料四周连块石头都摸不到,不由得一阵苦笑,眼看着那怪尸沿着岩壁像壁虎一样灵活地爬过来,我一时同归于尽的心都有了。

"快点,我们爬出去!"胜男突然发话,接着一把扯下自己的外衣,腾出手将凌乱的头发束到脑后。

"什么?爬……爬出去?"我大吃一惊,当下疑心她是不是脑子被石头挤了,这么窄的洞让我们爬出去,你当我们都是黄鼠狼啊?

但接下来我便看到了让我吃惊的一幕:胜男身子突然软了下来,摆了个像练瑜伽一样的姿势,单腿探进那个洞口,接着像鳝鱼钻洞一样钻了进去,虽然整个过程还是有些吃力,但最后她还是成功地钻了过去,在洞口那边对我喊道:"把身上的东西都扔掉试试看,应该可以的!"

我望了望自己的身躯,当即愁眉不展,虽然我这身子不至于像三炮那样臃肿,但也含蓄不到哪儿去,想钻这个洞,刮掉两层肉都未必能行。

人要是被逼到了一定份上,反而淡定了,事已至此我反倒豁出去了,强作镇定地望了望那洞口,用手将底端的碎石清理出,那洞口便越扒越大,但是还不能清理得太多,因为上方最大的几块巨石都是由这些碎石支撑着的,一旦底部被掏空便会压下来。石块压下来堵住洞口还是次要,怕就怕在我钻洞的过程中直接压下来,那可就惨了,直接摊了煎饼。我索性将上半身脱了个精光,就着那洞拼命往里钻,虽然非常吃力,不过若是忍得住疼痛不怕被划伤,还是能勉强通过的,我费力地扭动着身子往外爬,不一会儿整个身子都探进了洞里,终于将手伸到了洞外,胜男见状握着我的手便拼命往外拽。而洞到中间居然又窄了些许,我感觉我被几块未清理的碎石卡住了,整个身子像被卡进了烟囱里,丝毫动弹不得。

正为难之时,我突然感到脚踝一紧,一股巨大的力量直接将我向后扯。我大惊,知道是那怪尸追上来了,当下拼命地蹬着腿,挣脱那东西,接着艰难地将双手抽出来,扒着地面将身子往外抻。

后面的怪尸丝毫不肯罢休,一个劲紧跟着我,大概是觉得手脚不方便,它居然也把身子探了进来,脸直接挤在我的鞋底上。身下的碎石不时地被我当障碍物清理掉,我只感到身子上方的巨石左右摇晃起来,发出清脆的撞击声,每到这时,我的心一下子就跳到了嗓子眼,着实害怕自己被做了肉饼。

这洞长不过一米多一点,我却爬得满头大汗,好不容易将半个身子探了出去,我双手撑地猛地一抽,胜男再配合着猛地一拉,我终于将双腿也从窄洞中解放出来。还没来得及松口气,那怪尸的脸也从洞里探了出来,伸手又抓住我的腿,不住地将身子往外钻。

我抬起自己的另一只脚,朝着那怪尸的脸一顿猛踹,直把它的脸都踹变了形,满脸蜡烛油一般的黏液不住地往下滴,可这鬼东西似乎就粘上我了,死活不松手,反而离我越来越近,眼看着整个上半身就要钻出来了。

我望了望四周,随手掏出一块石头就想去砸,岂料我刚抽回手,上方的大石头突然晃了两下,接着几块一起坍塌了下来。那怪尸被巨石压中,一声怪叫,整个脑袋在我面前一下子被压成了碎肉,眼珠子都迸了出来。我就地一个打滚坐起身,看着那怪尸的惨状,不由得有些心有余悸。我的体力着实透支得厉害,脑子一片空白,连劫后余生的庆幸感都没有。

就着仅有的一块平坦地方,我倚着岩壁稍事休息了一阵,同时回忆了下我们爬过的距离,计算着距离谷顶到底还有多远。

据我估算,我们下得并不算太深,太深的谷底空气会比较稀薄,不适合人类生存,而这里存在上古遗迹,所以不可能会太深,我估计我们现在距离谷顶的直线距离不会超过二百米。

当然这只是直线距离,水流的路径自然不会像矿井那样直上直下,所以我们要走的距离走远远大于二百米。我把我的看法告诉了胜男,想征求下她的意见,同时也互相再鼓励鼓励,争取尽早顺利逃出生天。

我说完后,胜男却毫无反应,似乎对我所说的一切并不关心。我一怔,赶紧挪到她身旁一看,此刻胜男倚着岩壁,双眼紧闭,脑袋也耷拉了下来,居然睡了过去。

我以为她太累了,赶忙伸手去摇醒她,要知道我们此刻身体处于高度的疲劳和紧张状态,越是这样反倒越要保持清醒的状态,万万不能轻易入睡,无数野外探险者在绝境中就是在这样的睡梦里被死神带走的。

我一边大喊着她的名字一边摇着她身子,都不见她有半点反应,我这才感到事情的严重性:她居然昏厥了过去。

这一下可把我吓坏了,我慌忙探探她的鼻息和脉搏,还好呼吸还算正常,脉搏却显得有些微弱。

我微微松了口气,其实这种事情我应该能考虑到的,胜男虽然体质不错,但毕竟是个女人,这样的环境中拼的其实还是身体素质,如此大的体力透支和心理压力使得我都已经快崩溃了,她能坚持到现在已经很不错了。

"胜男! 胜男!"我一边拍打着她的脸一边叫着她的名字,"你可千万别出什么事啊,你不是还有任务没完成吗? 不是还要我请你吃最辣最地道的火锅吗? 你不用为我省钱,我请你吃全国最地道的,吃完了我还得找你算账,你上次差点害死我们,哥儿几个还没找你报仇昵,你不能这么轻易就死了!"我嘴上叫着,心里突然感到一阵莫名的酸楚,虽然我对这个女人谈不上有什么感情,甚至还有些咬牙切齿的感觉,但此刻我却真实地感到了酸楚,我真的不希望她就这么死掉,死得毫无意义。

不仅仅因为她是一个年轻的生命,拥有美貌和智慧,也因为这不到一天的相处。

无论我们之前有多少仇恨和误会,但在这一天里,我们互相依偎共同进退,没有任何私心,没有产生任何的矛盾。

有时候,情谊这种东西并不需要经年累月的积淀,在患难之中,每一次携手都是最宝贵的情谊。

此时的胜男斜靠在岩壁上，显得柔弱不堪，完全没了之前害我们时那种盛气凌人的态度。我难受之余也想到了问题的严重性：再不及时得到救治的话，胜男必定真的永远沉睡下去了，而我也极可能很快变得和她一样，毕竟我们处在同险境之中，时间久了发生这些其实是正常的，不过是先后次序问题而已。

第四十五章　逃出生天

眼下胜男的情况很严重，而且我之前只是估算了大致距离，并不能保证会尽快找到出口，种种困境已经不允许我再多作停留了。

我必须得豁出去了，当下咬了咬牙，搜索着身上仅有的东西，只剩下一截登山绳了，这是之前丢弃装备的时候留下的，幸亏这绳子不长，我直接缠在了腰上，没装在包里被抢走。我和胜男上半身都衣不遮体，我却顾不上这些了，将她直接背到身后，然后用绳子捆好，心里对她道你再坚持一阵，既然上天给咱们两个安排了地府一日游，完事了就必须得一起返程，今天我就是爬也得背着你爬回去。

这也算是一番豪言壮语了，但要想真正做到，难度是可想而知的。我此刻的体力状态就差让别人来背我了，胜男虽然不是很重，但现在背起来还是让我累得够呛，每走一小段路都要停下来喘气。此刻我的脑中除了寻找出口的念头，几乎就没有其他意识了，以至于我光着上身和半裸的胜男紧贴在一起，触到她光滑细腻的皮肤时，居然都没有感觉。

就这样走走停停，折腾了足有十几次，随后，渗出水流的岩缝变得大了起来，同时我听到湍急的水声，接下来岩缝越来越大，最后居然变成了一处巨大的山洞，而水流此刻已经变成了地下暗河，那些水正是从这暗河中渗下去的。

暗河的水势不算急，平稳地流淌着，明显是活水，我什么也顾不上了，毫不犹豫地跳进河水中，索性掌握好身子的平衡，在河里作起了漂流。

河水一开始还较为平缓,没多久便急了许多,我开始后悔跳下来了,此刻在湍急的河水中已经很难掌控自己的身体了,我们被河水急速冲向下游。

很快,一点亮光透了进来,我很快发现远处有一个出口,这些亮光就是从那里透进来的。我伸手拼命地抓,总算被我抓住了一块突出的岩石,我用尽最后的力气爬了上去,朦胧间四周的情形已经尽收眼底了。

这洞体异常开阔体,暗河一直延伸到远方的黑暗中,不知道通向哪里,不过我根据记忆回忆了下我们走过的所有的路,再结合常识,我判定这条暗河很可能和南陵王陵里的暗河是相通的,此刻我们所在的应该是上游的位置,如果不是我及时爬了上来,很可能会被冲回原来的地方。

我看到了洞内岩壁上大量的巨幅浮雕,浮雕的损毁并不严重,很多内容都看得很清楚,雕刻得极为形象逼真。

浮雕有不少内容依旧和猎龙祭祀有关,一大群人手持武器捕捉谷底巨型蜈蚣,与之前不同的是,这些浮雕上多出了一个很特殊的人,似乎是他们的首领。这个人在之前我们看到的灵宫浮雕上似乎并没有出现,他身形异常魁梧,既高大又粗壮,体形比其他人物要大上许多,他的脸很特别,头上还长着像麋鹿一样的角,看起来十分的怪异,不知到底是真的还是佩戴着面具。

从浮雕的内容上来看,这种捕捉蜈蚣的活动异常频繁,似乎是他们日常的活动之一,而且捕捉这种巨型蜈蚣居然和祭祀有密切的关系,这种活动居然还作为一项传统流传了下来,一直到南陵时期南陵人依旧遵守着。之前胜男分析过,这种活动的目的不是猎杀蜈蚣,而是捕获,我不明白这些人捕获这种蜈蚣到底有什么用途,但我相信肯定异常的重要,重要到和这些人的生死存亡都有密切关系,以至于这种捕猎成为一种至高无上的神圣祭祀活动。

这些巨型蜈蚣到底怎么处理,我在浮雕上并没有找见。剩下来的内容大多都是大规模冶炼的场景,我相信我之前的猜测没有错,这里之所以出现如此大规模的金属冶炼,正是因为这里是人类冶金文明的发源地之一,这里的先民很有可能是上古时期中原的南迁部落,他们最早掌握了金属冶炼的方法。

浮雕有一些内容我看不懂,有一幅浮雕刻的是一个巨大的十字图案,四周排满了很多人,这些人不是随手乱排的,看起来似乎还非常有规律。我有点考古的常识,当下猜测这是上古时期的一种原始记事方法,在没有文字的时代,人们创造出很多种特殊的记事方法,而不仅仅局限于结绳记事。当然这只是我的猜测,这十字图案我不是第一次见到,知道它也和祭祀有关系,说不定和捕猎蜈蚣之间还有某种关系。而这些雕刻的具体含义,也许永远都成了谜,恐怕只有万年前的当事者才能明白了。

我顺着一路走一路看完那些浮雕,接着向着光射进来的方向跑去,刚跑到洞口,我浑身酥麻,再也站不住了,一头栽倒在地,居然顺着洞口滚了下去。

四周都是倒塌的石雕碎石,就这样滚下去我居然还感觉不到疼痛,我再次看到了久违的丛林和天空,长舒了一口气,当下困得几乎都睁不开眼,只听得耳边风声雨声雷声交织狂响,一片嘈杂。接着,那些声音又越来越小,渐渐地就听不见了,似乎这个世界离我越来越远。

我实在不敢相信我居然还能醒来,更不可思议的是,我看到了深绿色的军用帐篷顶,帐篷外风雨大作,却依旧火光闪烁,人影幢幢,一幅忙碌的景象。低头一看,我正躺在暖和的睡袋里,浑身已经清洗干净,身上的伤口也做了处理,酥麻得都没有了知觉。

我以为我又在做梦,但很快就反应了过来,眼前的情形真实得不得了,我即便大脑进水也不至于分不清到底是现实还是梦境,当下只是觉得奇怪,一时居然有些茫然不知所措。

就在这时,帐篷掀开了,一个人迎面走了进来,我一看顿时又惊又喜,差点没哭出来:“三炮,怎么会是你?咱这不会是在地府见面了吧?!”

来者正是三炮,他的出现着实有些突兀,按理说他们一行人的情况比我好不了多少,应该也处在极度危险中才对,怎么会这么轻易就全身而退了呢?

三炮看我醒来,上前一把抱住我,颇为激动地道:“兄弟我之前还琢磨着呢,从你掉下山崖后,咱这辈子恐怕只能在地府见了,谁料啊,阎罗王他老人家不收咱们。嘿嘿!”

我奇怪地问道:“别娘儿们了,怎么回事?你们的人……”我话刚出口,突然一阵饥饿感又袭来,赶忙又改口急道:~陕给我弄点东西祭五脏庙,老子快扛不住了!”

三炮伸手递过手中提着的袋子,我一把接过扯开,里面速食面、烤山鸡、花生米、罐头应有尽有。我眼睛都绿了,当下跟饿死鬼投胎一样,顾不上什么形象了,抓着东西就往嘴里送,风卷残云一般。

三炮道:“你丫的真是个狠角色,两瓶葡萄糖还治不了你的肚子。亏得你丫的精明,怎么就让你找到这儿了?看来老沈你还是命不该绝啊!”说完坏笑着凑过来道:“会不会是感情的力量催的啊?”

他这一问我立马想起了什么,赶忙问他胜男怎么样了,三炮调侃着回道你的相好没事,有你这么好的公鸳鸯,她怎么舍得有事。

我这才想起我和胜男捆在一起的样子,两人衣不遮体,被发现的时候一定极其的狼狈。现在恐怕我就是长一百张嘴也说不清了,索性也就不作解释了,将话题绕到其他地方,三炮给我简单讲述了下我坠崖后他们的经历,我听了之后,觉得简直有些不可思议。

原来就在我和胜男不慎坠崖后,三炮他们和那些怪蝙蝠斗了一阵,都顺利地钻进了崖壁的暗道里,谁料到那暗道十分的复杂,不但有很多岔道,而且有机关,之前的那两个老外其中一个也报销了,鹰戈被巨石机关压断了一只胳膊,他们所有人都受了伤,被困在了岩洞之中。

就在弹尽粮绝几近绝望的时候,他们居然在一个岩洞中碰到了龙少的前哨部队,这才获救。更让人啼笑皆非的是,龙少的前哨部队是因为在丛林中迷了路,才误入那个岩洞的,而顺着那个岩洞再往深处走不到百米,居然就是南陵王的陵寝所在。

我听到这差点把刚吃到嘴里的东西喷出来,这帮人当真走运,迷了路都能误人南陵王的陵寝,这误入得也太有水平了。想着我们这帮所谓的主力,费尽周折,险些丢了性命都没找到正主儿躺的地方,却让后备力量如此轻易地就发现了,我哭笑不得,不知道这是不是南陵王有意在讽刺消遣我们。

三炮道:"现在那帮人都在忙乎着干活呢,兄弟我这回总算赶上了末班车,这南陵王也算是地头蛇了,好东西当真不少,兄弟我顺了不少件,放心吧,这买卖是你介绍的,咱哥儿俩谁跟谁,好处少不了你的!"

我望着他兴奋的表情,苦笑了一声,心道这倒不用,我来这里的目的跟你不一样,可不是为了明器。

我听着窗外人声鼎沸,感觉有些不对劲,随即对三炮问道:"怎么会有这么多人?龙少安排的前哨部队里没这么多人吧?"

"哎呀!你不说我还忘了告诉你了!"三炮一听这,面露神秘地对我道,"这是大部队来了,这回动的可是真格儿的!"

第四十六章　起源(上)

我一头雾水,根本不知道他在说什么,急忙问道:“大部队？什么大部队？什么动真格儿的?”

三炮回道:“你不知道,龙少这家伙背后靠山大有来头,他们的人救了我们之后,就用卫星电话发了讯号,来掘南陵王的坟。别说那帮人效率还真叫一个高,我们只等了一天,就有一大群人跟我们会合,好家伙,那帮人有枪有炮的,真不知道什么来头,足足折腾了一晚上,刚把南陵王刨出来了!”

原来,参与挖掘南陵王陵墓的已经不仅仅是龙少带来的队伍了,后续的增援队伍规模相当可观,不但人数众多,装备也极为精良。而且据三炮所说,这帮人似乎不直属于龙少,他们的头领是一个叫扎果德钦的白发老头。

我颇为纳闷,心道事情被这么一搅和就越来越乱了,谁能想到半路上杀出个白发佬,不知道那厮到底是什么来头,但从三炮的描述中不难得知,那老头的来头似乎还不小。

帐篷外大雨滂沱,人们依旧异常忙碌,我祭完了五脏庙,体力和精神都好了不少,就想出去看看,挖掘王陵这等壮举我还真想见识见识。三炮对我道晚了,你小子闷睡了一天一夜,现在都到收尾的阶段了,没什么好看的。

我想想也是,加之外面风雨交加,于是就放弃了这个想法,索性和三炮在帐篷里就着他摸出来的明器研究了半个晚上,然后又呼呼睡了过去。

第二天,我早早地爬了起来,走出了帐篷,四周一看才发现,我们宿营的地方是一处巨大的地上遗址，四周充斥着残垣断壁和高耸的老旧图腾柱，以及齐腰深的杂草。因为雾气太重的缘故，没法看得清远处的情形，但不难发现这个遗址非常的正规，而且规模不会小。

我突然意识到这很可能就是南陵古城的遗址，当下不由得骇然，忍不住摸了摸自己的脸。没错，肯定没错，这里一定就是南陵古城遗址，那个形状和我的脸一模一样的传说中的古城，此刻就踩在我的脚下。我居然踩在自己的脸上！这种感觉让我毛骨悚然，四周一片寂静，我直感到气氛变得极其诡异起来，就连那些搭建的帐篷，此时看起来都像是一个个坟包。

我忽然想起了什么，赶紧返回自己睡的帐篷里将三炮揪了出来，让他带我去找龙少他们。

龙少他们一行人都受了伤，三炮只是轻伤，其他人的伤相对严重一些，此时都需要静养，不过我此时实在顾不了那么多了，索性直接闯进了龙少的帐篷。

帐篷内龙少、鹰戈、风师爷几人都已经醒来，正围在一起整理成堆的资料，看到我进来，他们先是一怔，接着眼中便有了些异样，我说不好那是种什么眼神，但看到他们我还是感到高兴。虽然分开只有两天，但我却有种恍若隔世的感觉，眼前的一张张面孔似乎都是许多年未曾看到的。

龙少对我做了个西式的胜利手势，淡然地对我道："我们成功了，我们已经找到'龙魂'了！"

我并不吃惊，毕竟南陵王陵寝都被掀了，"龙魂"这东西自然也得露出庐山真面目，我很好奇这千百年来人们苦苦追寻的"龙魂"到底是什么。

我问了下情况，大致和三炮对我描述的差不多，原来我们现在所在的地方，正处在南陵王陵寝的正上方。扎果德钦的人已经顺利完成了挖掘南陵王陵寝的工作，并拍摄了大量的照片和影像资料，眼下他们整理的这些都是些文献资料和照片。

"到底是怎么回事？"我问道，我此刻心中的疑问实在太多，一时都不知道该从哪里问起。

龙少笑着道:“说起来真的难以置信,事情相当的复杂,我一时还没办法把整个事情给你解释清楚,你先看看这些东西!”龙少一边说,一边递给我一盘录影带,并示意风师爷将播放设备调试好,接着伸手指了指那盘录影带。

这是一盘老式录影带,像二十世纪七八十年代的东西,不过保存得不错,很可能年代还要久远一些。

“这里面是什么?不会是我吧?”我看到那黑乎乎的录影带,当即哆嗦了一下,脱口而出就是这句话,一时居然不敢伸手去接。我对这东西既渴求又抵触,因为我曾经发现很多有关我的录影带,但唯独缺失了1998年那一年的,我疑心这就是1998年的录影带的其中一部分。

龙少等人对我的反应感到很奇怪,显然都没料到我会有如此大的反应,或许他们根本不知道我的诡异情况,面面相觑之后,龙少轻声道:“这事情解释起来很困难,你看看就会明白很多,其实里面的东西根本就不是人!”

听到这话我心里“咯噔”一下,就连风师爷和鹰戈的脸色也变了,显然这盘录影带除了龙少外,他们都还未曾过目。我用颤抖的手将录影带放进带舱里,风师爷接上蓄电池的电源,稍稍进行了下调试。这时,龙少向在场的其他人挥了挥手,示意他们离开,显然是想和我单独分享画面中的内容。鹰戈和风师爷倒没什么意见,当即起身离开,三炮显得不怎么情愿的样子,嘟囔了几句悻悻地走了出去。这时候,显示屏抖动了几下,很快显出了画面。

画面是一大团漆黑,只有两道像眼睛一样的亮光在扫视着四周,显然拍摄场地是个一片黑暗的环境,借着那两道亮光我发现四周都是红色的火山岩,当即就明白过来,这录影带拍摄的可能正是那裂谷底端的情景。我不知道这是用何种非常规手段拍摄的,但我发现录影带经过了处理,中间那些无聊的过程都被剪切掉了,仅仅过了一分钟,我便看到录影带中的画面有了变化:四周突然腾起了阵阵浓雾,很多个巨大的影子扭曲在那些雾气中,不时地还有几个脑袋探出来，贴到镜头跟前。

我看得很清楚，那些影子正是谷底那种巨型的蜈蚣，从比例上看，这些蜈蚣比我们在灵宫里看到的不知道要大上多少，但这些画面明显告诉我这些蜈蚣都是真实存在的，看来我们之前看到的那些浮雕壁画并没有夸大渲染。

镜头在缓慢地向前推进，这裂谷底下的岩石结构和布局很奇特，跟完全天然的岩石有些不同，我甚至还看到了镶嵌在崖壁上的不少像城楼一样的奇特古建筑。镜头所过之处的崖壁上布满了大大小小的洞口，无数条大蜈蚣或栖息在一旁吞云吐雾，或不停地钻洞出洞，有的还张开翅膀艰难地飞起来。更夸张的是，我看到一条蜈蚣用巨大的钳口凶猛地啃食着那些岩石，好像在吃石头一样，这时一条体形很小的蜈蚣从它旁边游过，被它一口咬住，撕成了两半，大口大口地吃了进去。四周的崖壁已经被啃食得像蚁巢一般，蛀满了孔洞，不用猜也能知道，这些肯定都是这些蜈蚣的杰作。

这情景太让人有身临其境的感觉，我看到那无数只脚，. 仿佛感到几百条蜈蚣在身上爬，当下身子直起鸡皮疙瘩，不知道是什么人拍这些谷底的蜈蚣，总不会是《动物世界》栏目组吧？

我当然知道自己是在无聊瞎想，龙少这时候不会无缘无故让我看这种东西的，难道这画面里隐藏着某种重大玄机？

就在这时，龙少卡住了画面，对我道："基本就是这些了，后面的情形和这些都差不多，这是二十世纪八十年代的时候，国外军方用微型仿真机器人在那裂谷底下拍摄的，最深的地方达到三千多米，你在画面中三千米深的谷底看出什么东西了吗？"

我心道能看到什么？除了一群浑身是腿的东西，就光剩下石头了。我此刻大脑发涨，憋不住了道："我说龙少爷，你就别卖关子了，哥儿几个死里逃生已经吓死了不少脑细胞了，现在实在费不起那个脑子了。"

龙少看了看我的脸色，淡淡地笑了一下，表情依旧严肃地道："其实一切问题的关键就在这谷底下，我们也是从南陵王主慕室里的壁画上才得到的启示，其实，‘龙魂’是一种抽象存在的东西，它不是实物，而是一种力量，一种足以让所有人无比敬畏的力量，而这种力量的来源就是这谷底！”

力量？我越听越不明白了，虽说抽象崇拜也很常见，但一般都只限于精神上的，那种力量其实是精神力量，甚至可以说是一种唯心主义，南陵人当真如此厉害，把抽象崇拜都升华到了唯物主义境界了吗？

龙少似乎很有耐心给我慢慢解释，他又给我看了一些南陵王主墓室壁画的照片，那些照片有些内容我似曾相识，也涉及到裂谷底部的情形，但单纯看这些照片和看录影带一样，没有条清晰的脉络，反而会无端地产生更多的疑问。

龙少道：“其实这世界是神奇的，你拼命追求某种东西，却怎么也想不到它以让你不可思议的方式存在。如果没有后来的发现，我们根本不可能想象得到‘龙魂’会是怎么样一种力量，而这种力量的来源，就更难想象了！”

我看龙少似乎有意在制造神秘感，我可以理解，他追寻了很多年的秘密真正到手后，肯定不会仓促告知我们，而是像写小说一样描述一系列故事，不断吊我们的胃口，他自己则享受着这种过程。

不过我当下实在没那个耐心，急问道：“那这种力量和画面中裂谷底那些蜈蚣有什么关系？难道这种力量来源于蜈蚣？”

龙少点了点头，回道：“是的，不过更准确地说，这种力量不是来自于蜈蚣，而是来自于蜈蚣体内的某种物质，那是一种结石！”

第四十七章　起源（下）

“结石?”我怀疑自己听错了,一个劲问道,“什么意思?是身上长的结石吗?蜈蚣身上也有这东西?”

说完转念一想,倒也没什么不可思议,刚才在那些画面中我们也看到了,成天啃那些石头,想不长结石都难。

龙少道:“没错,就是结石!那些蜈蚣在地底天长日久地啃食地岩,体内都聚集了大量的结石。而且这还和食物链有关,还记得那种会飞的小蜈蚣吗?那种东西也是在地底生活的,它们同样也有啃食地岩的习惯,而这种蜈蚣又是那种人脸蝙蝠的主要食物。

“地底的巨型蜈蚣数量如此庞大,而根据地底的环境,根本不可能有其他物种给它们提供充足的食物,所以它们的生存方式基本是大吃小、小吃幼,那些岩石已经进入了食物链,而体形最为巨大的蜈蚣,就是食物链的最高级别,它们体内沉积的这种岩石最多。”

我有些纳闷,忍不住问道:“那这和‘龙魂’又有什么关系呢?难道这地下的石头有些不寻常?”

龙少道:“对,一切都跟裂谷底下的那些石头有关,这些并不是普通的岩石,我们都见识过了那种飞蜈蚣和人脸蝙蝠的攻击力,它们的样貌和攻击方式都非常的奇怪,人脸蝙蝠甚至体内带有高强电流,它们的这种能力,正是和裂谷底端的那种岩石有关!”

龙少进一步陈述,我才知道他说的这一切并不仅仅是猜测,而是事实。二十世纪八十年代初期,一支国外的探险队在考察南陵古城遗址时,偶然捕获了一条体形庞大的蜈蚣,正因这蜈蚣拥有骇人的体形,才被探险队重视,将其送回国内进行研究。

不久后,军方科研机构提供了一台地下探险机器人,他们将机器人装置摄像头,放入裂谷深处,不但拍摄了大量的影像资料,还采集了裂谷底部的岩石样本,这些东西同样都被送回国内进行研究。

很快,研究人员就有了惊人的发现,那巨型蜈蚣经过解剖,发现其体内存在大量坚硬的石块,局部都已经半金属化了,他们经过比对,证实了蜈蚣体内的结石所含的元素和谷底岩石样本的一样。他们经过进一步提炼、过滤,从中提炼出了一种新的金属元素,命名为X金属,自此,他们对这种新金属进行了十多年的研究。

听到这,我似乎明白了什么,当即问道:“难道,这种金属X就是那种制作人形棺的材料?”

看到龙少点头默认,我又产生了疑问,这种金属应该是十分罕见的,它存在于岩石中,含量必定也相当的低,而我真实地看到了地底的那些人形棺,数量极其惊人,这又是怎么达到的呢?就算把底下那些蜈蚣都捕杀光了,也提炼不出如此多的X金属啊!

龙少见我发现了问题所在,当下道:“你的疑问很有道理,这就是这种X金属的特殊性,那些人形棺其实是合金,只含有少量的X金属,真正高纯度的X金属,不是所有人都能够享用得到的!”

我恍然大悟,其实龙少的意思已经很明显了,真正高纯度的X金属,当然只有最高统治者才能享用,也就是上古部落首领,或者是后来的南陵王。我知道含这种金属的合金棺能够很好地保存尸体,使其多年不朽,甚至可以保持无意识的活尸状态。这样已经是极其难得的了,真不知南陵王享用最高纯度的X金属,能达到什么状态,难不成既可以保证万年不死,也可以保持清晰的意识吗?要真这样,他们这帮挖掘南陵王陵寝的人岂不是挖出了一个几百岁年纪的大活人!

龙少告诉我他们只是挖出了南陵王的影棺,里面只有一尊南陵王的金属雕像,并不是人形棺,而是实心雕像,他们没有发现南陵王的尸身。他们分析认为,南陵王的陵寝就处在南陵古城中心位置的正下方,南陵王绝不会把真身放在如此容易被挖掘到的地方,很可能南陵王的尸身在那个裂谷的底端,而裂谷崖壁上那些横木栈道和悬棺洞,正是为了抬送南陵王棺椁下葬而设的。

事情到了这里,似乎有些明朗化了,不少问题似乎已经迎刃而解。我理了一下思路:上古的先民南迁来到莽山境内,发现了这巨大的裂谷,同时偶然发现了裂谷中的这种X金属,而这些先民正是最早掌握冶金技术的人类,他们提炼出了X金属,用于制造各种器物,经年累月之后,他们发现了X金属具有的神奇诡异的力量,于是充分利用X金属的特性来保存尸体。同时,他们为源源不断地获得X金属,开始进行大规模捕猎地底蜈蚣的活动,并将其一直流传下去。

后来,这里诞生了南陵王朝,他们继承并发扬了使用X金属的技术,并且发现这种金属的纯度越高,产生的奇特效应越明显。随后的蜈蚣龙崇拜、鬼龙吐珠、灵魂寄存种种传说的根源,都来自于这种X金属。

我突然感觉遗漏了点什么,虽然这件事情的牵涉面太广,古往今来都能扯上,根本就没法理福.清。但是,我意识到其中有一点似乎是问题的关键,不能不提出来。

我对龙少道:“如果纯度不同,这种X金属的效用会有什么变化,高纯度的X金属能提供什么?”

龙少听了这话,脸色当即一变,我看到他眼神中竟然透出了一丝惶恐,好像我触到了什么让他感到恐惧的东西。

许久,他才恢复了淡定,轻声对我道:“这实在是让人难以置信的,没有什么东西比这种力量更让人感到害怕了,一直以来被称做‘龙魂’的,就是这种高纯度X金属提供的力量!你还记得我曾经和你说过的前世感应吗?”

我当即骇然,立刻反应过来,一种惶恐不已的感觉立即袭上了心头。

“你说的是记忆遗传?高纯度的X金属,不但能保存人的肉身,还能通过遗传的方式,将记忆信息传递给下一代?”我抚了抚额头,尽是冷汗。记忆遗传?这怎么可能!

龙少道:“这仍旧是伊涅塔·贝莱德的理论,他提出的伊贝函数,其实是从上古先民的一种十字标记得到的灵感,那是古人用来记事的方式,类似于结绳记事,而这种记事恰恰和X金属有关。伊涅塔·贝莱德创立伊贝函数,其实正是总结了那些记事的规律,这种函数所蕴含的,正是古人智慧的结晶,按照现代科学来说,这正是古代人研究得出的函数关系。”

伊涅塔·贝莱德全程参与了X金属的研究,他发现了这种金属的神奇力量,于是他提出理论:受到神奇力量影响的人,可以将记忆局部甚至完整地遗传给下一代,使人实现遥不可及的长生梦想。

无论在什么人看来,这一切都是极其荒谬的,所以伊涅塔·贝莱德刚提出他的理论时,所有人都认为他是疯子,他穷尽一生,无非是想证明自己的理论是正确的。虽然他不停地受到批判和质疑,但他依然坚持自己的理论,甚至用自己进行人体实验。

他最终才发现,这种X金属具有很强的放射性,可以放射出某种奇特的射线,他又通过对数据的总结,发现古人的十字记事方式,表示的正是X金属的射线波长和衰变周期的关系。

我继续问道:“那些字母是什么意思?AIIH,是怎么回事?”

龙少道:“应该是日本人根据资料破译的码,按着英文字母的排序,A是第一个字母,I是第九个,而H是第八个,所以连接起来应该是1998。日本人破译了这样的码,转换成英文字母作为自己的行动代号!它正是根据伊贝函数计算得出的一组数据,可能指代的是年份,和X金属的衰变周期有关,1998年正是这种衰变会产生一个峰值的年份,受X金属影响的人,在这一年可能会出现某些诡异的变化!"

我还是有些疑问,悚然而又很突兀地对龙少道:"你怎么忽然间知道了这么多?就好像这一切是你的经历一样!"

龙少颇有深意地苦笑了一声,无限惆怅,接着不声不响地从兜中取出一张照片,伸手递到我的面前。我接过一看,这张照片不是我之前看到的那张,照片上只有一个人,一个身着西装的外国老者,样貌精瘦,精神矍铄,而更让人称奇的是,此老者的样貌和龙少极端相似,此刻看着这人,我仿佛看到了五十年后的龙少。

"这是什么人?"我大感惊愕,当下却已经料到其中必有文章。

"扎果德钦,我的祖父!这次考古活动的总负责人!"龙少看着我的眼睛,强调道,"这是他在缅甸用的名字,他还有个英国名字:伊涅塔·贝莱德!"

"原来如此!"我惊叹道,"真是不可思议,要不是看到照片,我真不敢相信这种力量居然有这么强大!"

龙少苦笑一声,道:"是的,因为强大,所以被人所痴迷,从古至今,越来越多的人参与到了角逐之中,但是,通常人们苦苦追寻的东西,其实并不像想象中的那么好,所以,人只要有了贪欲,就变得愚不可及!"

我听龙少说得颇为恳切,似乎话中有话,遂不动声色地望着他,听他继续说下去。

"你要知道,这样的记忆信息的遗传是有问题的,如果你的大脑中不经意地跳出原本不属于你的记忆碎片,这样的情形该有多么让人恐惧,没有经历过的人真的无法去体会!可以说,我祖父经历的一系列实验其实并不是成功的,我,拥有他的部分记忆,但并非全部,我其实仅仅是一个失败实验的产物,而且这样的实验留下了很多后遗症!

“这样的实验理论上虽然行得通,但实际操作起来是十分困难的,人体是多么复杂的庞大系统,怎么可能做到尽善尽美。遗传信息的定向保存,也会带来很多不利的因素,首先就是遗传病的发病率大大增高,我本人就患有先天性色盲、先天性强直性脊柱炎等几种遗传病,而我和祖父仅仅相隔两代,如果间隔更长的话,遗传病的发病率会因累积而越来越高,甚至远远高于近亲婚配。而且X金属产生的辐射对人体也不是没有损害的,我其实一直在承受着这种损害,射线会侵害人的染色体,我很多时候看起来,其实更像是个女人!所以,这种记忆遗传的可行性虽然存在,但方法并不像我们目前掌握的那么容易,单纯依赖这种射线肯定是不够的,南陵人肯定掌握着一套系统完善的方法!我相信,这世上不是只有像我这样的失败品,肯定会有成功的!”

龙少说完这最后一句,目光便凝聚到了我身上,意味深长地盯着我看,他的眼神颇为怪异,似乎努力想望穿什么。

我被他望得有些发毛,浑身不自在起来,同时感到了一丝沉重,道:“所以,你们这次的行动,就是继续寻找这种方法?”

“是的,我们需要找到方法,既能让我们成功,又能消除一系列失败所产生的严重后果,这是伟大的科学实验,我们必须得这么做!”龙少表情坚定,此刻他的目光和照片上的科学家伊涅塔·贝莱德一样。

“但愿这次的收获能够帮助到你们,也希望你们能够早日成功!”我诚恳地表达了祝福,心中却有种说不出的滋味。

……

尾声

一切都在风雨中落下了帷幕，自始至终，我都没有见到那位饱经沧桑的老人，那位伟大的科学家，不过他现在可以释怀了，因为他的理论有了事实依据，有了可以说服世人的资本。他的目的是什么并不重要，重要的是他为此付出了毕生精力，他曾为科学献身，充当科学的实验品。

在紧张忙碌了几天后，所有的人员陆续撤出，我和龙少等一行人在走出丛林后，沿公路驱车前往保山市，在腾冲县落脚疗养。几人泡着温泉享受美酒佳肴，一连过了三个礼拜的腐败生活，不但伤养好了还养出了一身膘。几天后，我们淘了些当地有名的玉器，随后踏上了归途。

龙少一行人回到他们设在香港的公司总部，我和三炮一路北上回京城，胜男早已在两周前离开，不知去向，临走时还给我留了话：随时准备用最辣最地道的火锅款待她，伺候好了有意外惊喜。一句话说得我心里七上八下的。

三炮这一炮打得挺响，他摸来的几件上好金器玉器都被龙少以高出市价两成的价格买了下来，他收益颇丰，很够意思地分了一点给我，我表示无功不受禄不想要，三炮索性在琉璃厂折腾起了铺子。给了我百分之二十的干股，让我给他当二号掌柜。

随后安逸的生活并没有让我释怀，因为这次西南之行中，龙少所追寻的得到了，三炮所追寻的得到了，可是我呢？我依旧在无知的怪圈中徘徊，不知道还要持续到什么时候，我一度认为那张古怪的脸会困扰我一辈子。

直到两个月后胜男的突然到来！

北京东四一家最正宗的重庆辣火锅店里，我木讷地看着胜男直辣得双颊潮红、樱唇发紫，心里琢磨着她带给我的所谓意外惊喜到底是什么东西。最后，胜男满意地一抹嘴，一边不住地吐着气，一边递给我一个宽大的方形盒子，对我道：谢谢你的火锅，这就是奖励。

我接过东西，戏道这里面到底是什么？请吃一顿饭有这么高的奖励？

胜男嗔怒道："本来和人家谈好的，要你拿东西来换才可以，现在就算冒着风险拿来白送给你了，别得了便宜还卖乖！"

我一听，当即明白过来，问道："是阿东……"

胜男点了点头，随即道："几年前我们公司和你们七号公馆有过一次合作，交换了不少研究资料，这些东西就是那些资料之一，你看了就明白了。我们在云南行动之前，和当地人也做了交易，他们同意用一种东西和我们交换那些资料！"

我吃惊地道："你说的是天机营的官印？原来在那时候。阿东和你们之间就已经有了交易！"

"是的！你现在也知道了，他们那帮人在拼命地守护着一个秘密，同时又在维护着你，他们愿意交换，也是为了不让你的秘密泄露出去！所以，阿东、黑衣人……他们都是同一股力量，他们的任务，就是守护你的秘密！而我将最后的秘密交付给你，他们也就没有后顾之忧了，自然就消失了，我也不再参与这一场博弈。"

"我的秘密？"我大感惊愕，再伸手触到那冰冷的盒子时，只觉得一股酥麻感顺着手臂传递上来。

胜男紧盯着我的眼睛，强调道："是的，和南陵有关的，你与南陵之间的秘密！历史上有些民族有五官图腾，统治者的面部肖像会用于多个方面，祭祀、崇拜，甚至有些城池也按照他脸的轮廓进行修建！"

我大惊，这下再也坐不住了，竟然从椅子上站了起来，胜男伸手将我按回座位上，接着道："不管你看到什么，你都要保持正常的心态，看完后立即毁掉它，继续过你正常的生活！"

胜男的话让我有了种强烈的预感，我带着这种预感快速回到家中，第一件事就是扯掉盒子外面的封袋，果然，我的预感灵验了，我看到了一只黑色的铁皮箱子，上面赫然有一组数字：1998。

此刻我谈不上惊喜或是激动，我只知道我要以最快的速度看到里面的内容。我第一时间调试好了播放设备，将带子放进了带舱内，短暂犹豫之后，我终于下了决心，正待按下播放按钮，突然，一个声音从我身后传来：

"你真的要看这些东西了吗？或许你没有这个必要！"

我很奇怪我当时的感觉，家中平白无故地多出了一个人，突兀地阻止我的行动，我却并没有感到一丝吃惊，好像这时候这个人就应该出现似的。

我循声向身后望去，看到了一个人的身影，一袭黑衣，有些熟悉。他缓缓地从黑暗中向我走近，再缓缓地抬起了头。

终于，我清楚地看到了他的脸！

（全书完）